林漢仕著

文史哲學集成

否泰輯眞

文史哲出版社印行

國立中央圖書館出版品預行編目資料

否泰輯真 / 林漢仕著. -- 初版. -- 臺北市 :
文史哲, 民80
面 ; 公分. -- (文史哲學集成 ; 243)
ISBN 957-547-084-2 (平裝)

1. 易經 - 批評, 解釋等

121.17 80004202

㉔③ 文史哲學集成

否泰輯眞

著者：林漢仕
出版者：文史哲出版社
登記證字號：行政院新聞局局版臺業字〇七五五號
發行所：文史哲出版社
印刷者：文史哲出版社
台北市羅斯福路一段七十二巷四號
郵撥〇五一二八八一二彭正雄帳戶
電話：三五一一〇二八

實價新台幣五〇〇元

中華民國八十年十一月初版

ISBN 957-547-084-2

自序

否泰輯眞一書，乃繼易傳評詁，乾坤傳識一系列易經傳傳後之新鑄，且以易傳爲秉本者有綜理、廣玩、匯眞將陸續鋟版，期易經文字之詁訓，集兩千年大賢於一處，共議其宏旨，而摺得其涯岸也。讀者諸君，亦得廁一足以發願焉，古今同倡，易道或能放大光明於郅世，是即焦里堂所謂變衰世爲治世也。

本書題爲否泰輯眞，實則含屯、需、師、否、泰、豫等六卦。上溯子夏、鄭玄之易傳，下迄今兩岸豪傑之英識，都爲一冊，其收輯也，確然做到：「地無分南北，人無分古今」，强迫出席，任由馳騁，既毋須高譚多數尊重少數，亦無懼少數必須服從多數。各抒所得，无權勢之壟斷，無人情之包庇，純學術研究比較，你言我語，皆可循目獲得徵信焉！是書也，雖未顏之曰比較易傳，實則比較易傳矣！本書輯者無易家師承之累，自毋須墨守一家家法，畫地自限，侷促於狹隘門戶者可比。以理是循，間有發現，不待坐而待旦，即披誠心以佈固陋，欲聊盡三家村冬烘先生河東白豕之獻，汲汲以呈大雅，恭肅回響，許否之聲皆願與聞焉。茲檢一例以爲發越：

泰卦九二、包荒、用馮河……。

林漢仕案：包荒共得十九說，或以時位立言，或以文字引伸，以「包」爲瓠瓜者，因下文「馮河。」似與莊子：「五石之瓠，以爲大樽而浮江湖」之瓠同，惠施自云「瓠堅不能舉，瓠落無所容。」當非二所有，尤非孔子所謂徒縣之瓠瓜。「包」，瓠之說不得也明矣！又以天地之心包賢容衆，包八荒，逑九二之量，所以致泰也。然於爻辭下文不能一氣。否亦有包承，注家八見，字書十數說中，仍不若說文包之原始義也，說文包謂「象人裹妊，已在中，象子未成形也。」賈誼鵩鳥賦：「禍兮福所倚，福合禍所伏，憂喜同門，吉凶同域。」史記日者列傳：「天不足西北，星辰西北移，地不足東南，以海爲地；日中必移，月滿必虧。」易經爲君子謀者，無乃持贏守缺，明禍福同門之理乎？初九拔茅，九二春風吹又生矣，新茅茹孕育其中。在勢者明「吉凶同域」之義，包孕之可也，天運堯桀同門，共蒙生養之德，君子滿朝，小人亦應運而處焉，故謂之包荒。如地支午之旺而藏子水，亦猶桓公相管仲，十豎刁，易牙亦無所如何矣！

「用馮河」，獨傅公隸樸能排衆議，謂九二「暴虎馮河的人也用。」某以爲是「專用」，並以暴虎馮河者爲有所爲，有理想之「實行家」。九二之敢用徒手渡河，恃於勇而短於謀之「實行家」，蓋其舵仍操之在九二也。

又論九三，无平不陂，无往不復，否泰必然相尋，謂物理循環！某以爲其言似有過當，蓋以人之靈，祇知遊走兩極端，視先哲執中之訓不顧，千載以下，衆口一辭，夫子不爲之氣結者幾希！衆人求好之心，正落入「不能留芳百世，寧可遺臭萬年」之變態心理也！无平不陂乃說明必須艱貞之理路，平者必陂，往者必復，乃人謀鬼謀不善者之戒辭，善則長平不陂，長往不剝矣！

蹶辭匪一，待您品評。比年不爲衣食愁，得全力馳騖，路遙而任重，坐堂餘暇，仍得著猛鞭於是也！

廣東蕉岭林漢仕南生謹誌于一九九一、六、廿一　台北溫州街寓所

否泰輯真　目次

屯卦

䷂屯，元亨利貞。勿用有攸往、利建侯。

初九，磐桓，利居，貞，利建侯。

六二，屯如邅如，乘馬班如，匪寇婚媾，女子貞，不字，十年乃字。

六三，即鹿無虞，惟入于林中，君子幾不如舍，往吝。

六四，乘馬班如，求婚媾，往吉，无不利。

九五，屯其膏，小貞吉，大貞凶。

上六，乘馬班如，泣血漣如。

䷂屯，元亨利貞，勿用，有攸往，利建侯。

彖傳：屯，剛柔始交而難生，動乎險中，大亨貞。雷雨之動滿盈，天造草昧，宜建侯而不寧。

象曰：雲雷屯，君子以經綸。

虞翻：坎二之初剛柔交震，故元亨之初得正，故利貞矣。之外稱往，初震得正，起之欲應，動而失位，故勿用有攸往，震爲侯，初剛難拔，故利以建侯，老子曰善建者不拔也。

王弼：剛柔始交是以屯也，不交則否，故屯乃大亨也，大亨則無險，故利貞。往，益屯也。得王則定。

正義：屯，難也。初相逢遇，故云屯，難也。以陰陽始交而爲難，因難，物始大通，故元亨也。萬物大亨乃得利而貞正，故利貞也。但屯之四德劣於乾之四德，故屯乃元亨，亨乃利貞。乾之四德，無所不包。此即勿用有攸往，又別言利建侯，不如乾之無所不利，此已上說，屯之自然之四德，聖人當法之。以屯難之世，世道初創，其物未寧，故宜利建侯以寧之。此二句釋人事。

程頤：屯有大亨之道而處之利在正固，非正固何以濟！屯，方屯之時未可有所往也，天下之屯豈獨力所能濟！必廣資輔助，故利建侯也。

蘇軾：因世之屯而務往以求功，功可得矣。而爭功者滋多，天下之亂愈甚，故勿用有攸往，雖然我則不往矣，而天下之欲往焉者皆是也，故利建侯。天下有侯，人各歸安其生，雖有往者，夫誰與爲亂。

項安世：屯之四德不足於利，故申勿用，有攸往，利建侯，言其利止於建侯。其利爲有限，但以建侯爲宜，餘不當用從可知也。

朱震：屯臨之變自震來，四之五震者，乾交於坤，一索得之，剛柔始交也。四之五成坎，坎險難，剛柔始交而難生也。初九正也，四之五得位，大者亨，以正而利也。以天地觀之，剛柔始交，鬱而未暢，雷升雨降，其動以正，則萬物滿盈乎天地之間，有不大亨乎，此以初九，九五釋元亨利貞也。君子宜守正待時，故勿用，有攸往，此言初九也。九五在上，六四正位，分民而治，建侯也，雖則建侯而未始忘乎險難。

朱熹：震一陽動於二陰之下，故其德爲動，其象爲雷。坎一陽陷於二陰之間，故其德爲陷，爲險，其象爲雲，爲水。屯，難也，物始生而未通之意，故其爲字，象屮穿也始出而未伸也。震動在下，坎險在上，是能動乎險中，在險宜守正而未可遽進，其占爲大亨而利於正，未可遽有所往。

李衡引石介云：剛柔始交則貴者不必上，賤者不必下，不可謂貞也，難生也。動乎險中也，不可謂亨，此雲雷之時。卒至於雷雨之動滿盈，然後能免乎險而屯難解，故曰屯，元亨利貞，大亨貞，要屯之終而爲言也。

梁寅：屯，震下坎上。震，動也，故可以大亨。坎，險也，故利於守正。勿用，有攸往者，以在坎險之中，宜守其正而俟其亨，不可躁動也。利建侯者，震陽卦一君而二民，有立君之象也。

吳澄：屯之字象草上穿出地而下猶未伸，物始生艱難未暢達之時也。內卦乾始交坤成震，外卦乾一陽陷於二陰，有所艱阻。元亨謂九五，利於正主事。卦變艮，三往五，陽陷於二陰之中，故勿宜用之有所往。初一君居內爲二民之主，諸侯之象，故利於筮立君。

來知德：初九以貴下賤，大得民也，此利建之侯。又乾坤始交而遇險陷，故名爲屯。氣始交未暢，物勾萌未舒，世多難未泰曰屯，屯者難也。萬物始生鬱結未通，故其字象屮穿地，始出未申也。震動在下，坎陷在上，險中能動，是有撥亂興衰之才，故占者元亨。然在險中宜守正未可遽進，震性多動故戒之也。初九陽在陰下成爲卦主，能以賢下人，得民而可君者，立爲主斯利矣，故建侯者立君也。險難在前，中爻艮止，勿用攸往之象。

王船山：屯者艸芽穿土初出之名，初九一陽生三陰之下，三陰坤体，九五其上有出地之勢，上六一陰使不得遂，故爲屯。本卦震首得陽，可通九五，剛健中正，陷陰不失，足以利物，故乾之四德皆能有之。時方屯難，初陽潛於地，五陽陷陰中，道不得伸，與乾初勿用同，無輔雖在天位不足以飛，是以勿用。有攸往也。九五得位道孤，以建初九爲輔。初君君，長子，皆元侯之象。又凡事在艱難資剛克之才以濟己於險，亦可通。又占而困勉之學，宜資師友以輔仁，亦此理也。

毛奇齡：兩坤交一乾得震，此剛柔交之始，乃坎爲再交，動得險成陷，是始交難生。所謂既元亨又利貞者，誠以震爲雷，坎爲雨，陰陽交而雷雨作，自能動盪盈滿天地之間。勿用攸往者，坎在下爲水，在上爲雨，爲雲。水在雷上，雲雷屯，必水在雷下然後可曰雷水解。此天地初開，國家肇造之際，宜有承乾出震，應運而興之一人，由侯而王，端在此際。又引唐鶴徵曰震動坎勞，皆不寧之象。

李塨：以乾剛交坤柔，始交得震，再進爲坎險，陷難以生也。曰元亨利貞者，大險中而能震動，萬物資始，大亨以正之道也。利建侯者，下雷上雨，動盪滿盈，乃天道肇造，陰陽相薄，萬物勾萌之際，必有乘乾出震者建之以參贊天地，雷震百里，諸侯之象。屯磐旋故勿用決躁而往。

李光地：震陽動陰下爲始交，坎陽陷陰中爲難生，震繼以坎，是剛柔始交而難生也。屯者物始生而未通，然生意滿盈。有必通之勢，故曰元亨。正固者亨屯之本，故又曰利貞。時方屯塞未可事遠，故又曰勿用有攸往。然屯非無事之時也。必得其人統理然後可出險，故又曰利建侯。

焦循：建猶健也，謂鼎二之五。

曹爲霖引思庵葉氏曰：屯具四德之全何也，曰此開天首出之主也。引誠齋傳：屯求亨之道有三，惟至正爲能正天下之不正，故曰利貞；惟無欲速爲能成功之速，故勿用有攸往；惟多助爲能克寡助，故曰利建侯。

劉次源：屯者，物之始生，象屮穿地而未申。屯又訓盈，萬物各自立命，以人爲靈，配以屯三才，並各建元，消息盈虛，與時偕行，終則有始，故亨利貞。貧窮有命，吉凶由人，勿用有攸往。不知命无以爲君子，此易教所由興。渾沌之始即有酋長部落之爭，故利建侯，置守國。

李郁：元謂乾元，指初九。陰陽交故亨，正而有應故利貞，剛不宜長，故勿用有攸往。震爲長男，主器莫如長子，故利建侯。

吳汝綸：屯有數義：屯者盈也，物之始生也，雜卦，屯見而不失其居；彖剛柔始交而難生；晉語，屯者厚也，左傳屯固比入，皆屯之義也。太玄擬之以礥以閑。礥，生物之難也；閑者，陽氣閑于陰。二義皆本易傳。說文屯，難也；廣雅屯，聚也。蓋盈而聚，聚而厚且固，皆一義引申。惟難爲異義。

胡樸安：乾有元亨利貞四德，坤亦元亨利牝馬之貞，屯者人類之始生，人爲天地之心，當然亦有元亨利貞四德。勿用者不能用，有攸往者，獵禽獸而有所往也。四德勿用，只用利之一德，建侯而已。率衆田獵，艸昧之世，酋長時代也。

屈萬里：引說文：屯，難也，象草木之初生，屯而難。法言寡見篇：春木之芚兮。利建侯，利立君侯也。造，始也。不，丕也。屯即純字，故有經綸之象。綸作論，同音通用。作綸爲正。

程兆熊：於此有一切的興起，有一切的生成，有一切的樹立，有一切的長存。然於此，更儘有其無窮無盡的一個過程。惟彼辛勤的工作，才是眞實的生命；惟彼眞實的生命，才是屯難的世代裏之「承先啓後繼往開來」的啣接，以通向無限，又通向永恆。此所以是「利建侯。」

高亨：元、大也。亨即享字。古人舉行大享之祭，曾筮遇此卦，故記之曰元亨。利貞猶言利占也。筮遇此卦，舉事有利，故曰利貞。筮遇此卦，不可有所往，故曰勿用有攸往。建侯者建立諸侯也。古者封侯授國，新侯嗣國，皆自天子命之，統曰建侯。筮遇此卦，建侯則利，故曰利建侯。

傅隸樸：乾四德是四件事，坤四德是三件事，屯四德僅兩件事。元亨即大亨，利貞即宜貞。

黃慶萱：有事物始生就有險難，必須克服才能得到成果。筮得屯卦，表示陽氣初動，萬物開始亨通。

徐芹庭：屯者乾坤始交而遇險陷也。故氣始交未暢曰屯。險中能動，是有撥亂興衰之才者故大通。大難方殷，無君益亂，故當立君統治，建侯也。

黎子耀（杭州大學歷史系教授）弓矢交加，雷雨滿盈，草木蒙昧，象周雖滅商，仍有患難宜建侯守土。

李鏡池：屯，難也。以難義爲連貫，不利出門，主要說明行旅有困難，利建侯屬附載。

徐志銳（吉林省哲學研究所）周易六十二卦陰陽相雜，構成矛盾統一。屯爲產難之卦，以卦体釋卦名及卦義。

金景芳：屯是難，這難不同，它可發展到元亨利貞，但現在不要攸往，侯是國君，但不是周代國君，注疏中「百人無主，不散則亂。」正是講利建侯。

沙少海：雷雨並作，形成天地間險難，但雷雨有元大，亨美，利物，貞正之德。不利出門，利建諸侯。

林漢仕案：字書屯之義有⑴物之始生也。⑵聚也。⑶盈也。⑷眾也。⑸從也。⑹厚也。⑺說文：難也。象草木之初生屯然而難，从屮貫一，一地也，尾曲。⑻束也。⑼阜也。⑽戍也。⑾守也。⑿邨也。屯有十二義，而雜卦另有「屯見而不失其居。」序卦「有天地然後萬物生焉，盈天地之間者唯萬物，故受之屯，屯者盈也，屯者物之始生也。」雜卦說明屯之狀態，序卦蓋即盈義。屈萬里更有「

屯即純字，故有經綸之象。」

六十四卦中具元亨利貞四德者有乾、坤、屯、隨、臨、无妄、革、七卦，最妥貼之斷句，仍以元亨利貞爲宜。文言之謂體仁足以長人，元也；嘉會足以合禮，亨也；利物足以和義，利也；貞固足以幹事，貞也。元，善之長，亨，嘉之會，利，義之和，貞，事之幹。

程傳：元者萬物之始，亨者萬物之長，利者萬物之遂，貞者萬物之成。至王夫之亨爲烹，高亨貞猶占，屈萬里貞，問也，即眞誠，又訓常。四字不能爲四德矣。試以「屯，元亨，利。貞勿用，有攸往，利建侯。」爲句讀，意謂屯卦之時，元始亨通，元訓爲始，孔穎達引子夏傳云。元始者初始也。亨不訓爲烹，文言所謂嘉會足以合禮。其謂初爲民主，以貴下賤，（李塨）二乘初剛，初與二有實質關係矣，始通之也，利謂利兩情相悅乎！而其嘉會之禮甘甜毋庸置喙矣！貞之謂卜問，訓常皆佳，蓋謂各有所應，勿以常用，又繼續有所往而自誤誤人也，許勉之擺脫少男情懷之羈絆，前程遠大，利以建侯乎！字書屯，難，从屮貫一，尾曲。卦辭則以屯始亨通而利，屈萬里以始祭享，始通於神明也，始告於神靈而享之，其謂有生命之始乎？利也。貞問之則告以勿用，少壯之時，戒之在色乎？利建侯也者，希望之辭也，女公女侯之命也。屯之有衆義，從義，曲義，見而不失其居之義，屯之爲難，爲平凡，小足於如餓者易食，渴者易飲可見矣！

有攸往之往字，虞翻謂「之外稱往。」朱震謂「守正待時，故勿用有攸往。」梁寅謂「坎險之中，守正俟亨。」來知德謂「初九以貴下賤，爲卦主。」吳汝綸謂「太玄擬之以礩，以閑。礩、生物之難也；閑，陽氣閑於陰。」胡樸安「元亨利貞四德不能用，只乘一德，建侯而已。」俱對樸之「大亨宜貞。」顯然於卦辭易趣。徐芹庭稱「屯，險中能動，是有撥亂興衰之才，故大通。」又謂「大難方殷、無君益亂。」其自立乎？被擁立乎？爻文舍初九利建侯外，六二之班如，六三之往吝，六四之班如，九五之大貞凶，上六之班如，泣血，烏有「撥亂興衰之才」！烏有「大通」之實！吳汝綸之「礩閑」注謂：「行屬木，礩，難也，冬至之節，陽氣微動生萬物，礩而難也，初一日入女宿二度也。」又謂「閑行屬金，冬至氣終於此，小寒起於此，陰雖盡於下猶壯於上，故能防閑礩礩焉。閑初一日入女宿六度。」鄭衍通謂「屯之內外體星次相連，乃正二月之卦。」時令與太玄所稱不配，而卦氣六日七分說，十一月冬至，女宿，而十二月則入牛宿，同屬十八日二十一分。吳之用太玄解易，猶卦氣圖與鄭衍通星象座標圖也，無助於易爻之解！即紀日又互有參差也！

依傳統句讀：「屯，元亨利貞，勿用有攸往，利建侯。」屯雖具元、亨、利、貞四德如乾坤等七卦，然依新書容經篇：「勿用」解釋爲「不可」也。勿用有攸往，不可有所往也。故其初九爻辭「利居」，「利建侯。」往後歲月雖不停，爻辭仍遞進，皆在勿用有攸往警戒之內，然而依然往者，非吝則凶，甚而泣血漣如矣。其元亨利貞四德，罩不住爻辭「利居，利建侯」也。利建侯也者，依古今大家之見爲一爵祿也、王弼之得王。梁寅之立君。王船山之元侯。毛奇齡之由侯而王。李塨諸侯之象。劉次源渾沌之始即有酋長部落之爭，故利建侯，置守國。屈萬里之利立君侯。徐芹庭立君統治，建侯也。金景芳謂「侯是國君，但不是周代國君。」幾乎眾口一辭如注疏中之謂「百人無主，不散則亂。」利祿之主。屯，眾家稱之難，曲也，束也，具元亨利貞四德而戒之勿用有攸往，是四德不足以排難也，難之不能排而有餘力建侯、「大家」亦不能察而理出利建之籍，自顧之不暇而有餘力他顧者，猶墜海中不能抓住救生筏卻望搶救他人也，是「利建侯」若非一祝禱之辭，祝爾公，祝爾侯之謂，則此一「侯」字當有另解，侯，經傳稱侯義有：逆順，何，射侯，惟，侯王，王侯，乃、而易卦中之侯，如親諸侯，利建侯行師，不事王侯，康侯用錫馬蕃庶，能研諸侯之慮，與本卦利建侯，能用「王侯」一以貫之？其中若以斥侯，射侯解是否更爲允當？觀乎屯初九之磐桓，利居，貞，利建侯。由磐桓，利居兩句，即可見無侯者氣象，其一往無前，馬革裹屍之雄風未之見，天下眞有白吃午餐矣！屯乃憂難之卦，初之應四，六二之應五，然六二之乘剛，至初九之磐桓，利居，六二之十年乃字，蓋畸戀乎？近水樓臺乎！易之作者爲君子計謀之曰「利建侯」，利建一侯也，有目標（侯），庶發而有的，發乎情，止乎禮也，侯，矦古今字，侯即射矦，射布，今謂之靶子，目標也，然初九利建而未建，致有屯邅，班如，往吝，泣血之悲，一連串之不如意，起因於無目標之射也，其落空又豈出意之外耶！

初九，磐桓利居，貞，利建侯。

象曰：雖磐桓，志行正也。以貴下賤，大得民也。

馬融：槃亘，旋也。

虞翻：震起艮止，動乎險中，故盤桓。得正得民，故利。居貞謂君子居其室，慎密而不出也。

王弼：處屯之初，動則難生，不可以進，故盤桓也。處此時也，其利安在？不唯居貞建侯乎！夫息亂以靜，守靜以侯，安民在正，弘正在謙，屯難之世，陰求於陽，弱求於强，民思其主之時也。初處其首而又下焉，爻備斯義宜得其民也。

孔正義：磐桓不進之貌。宜利居處貞正，亦宜建立諸侯。又息亂以靜者，解利居貞也。守靜以侯者，解利建侯也。安民在正者，解貞也。

程頤：初以陽爻在下，乃剛明之才，當屯難之世，居下位者也，未能便往濟屯，故磐桓也。方屯之初，不磐桓而遽進則犯難矣。故宜居正而固其志。凡人處屯難則鮮能守正，苟无貞固之守，則將失義，安能濟時之屯乎！居屯之世，方屯於下，所宜有助，乃居屯濟屯之道也。故取建侯之義，謂求輔助也。

蘇軾：初九以貴下賤，有君之德而无其位，故盤桓，居貞以待其自至。惟其无位，故有從者，有不從者。夫不從者彼各有所爲貞也。初九不爭以成其貞，故利建侯以明不專利而爭民也，民不從吾而從吾所建，猶從吾耳。

朱熹：磐桓，難進之貌。屯難之初，以陽在下，又居動體，而上應陰柔險陷之爻，故有磐桓之象，然居得正，故其占利於居貞，又本成卦之主，以陽下陰爲民所歸，侯之象也。故其象又如此。占者如是則利建以爲侯也。

項安世：凡卦皆有主爻，皆具本卦之德。屯自觀卦變，以初九爲主，故爻辭全類卦辭。他卦主爻放此。又居貞者其事也，行正者其志也。初九以陽居陽，故爲居貞。動而求四，則六四又正，故爲行正昭德。晁公武曰初九躁而往則難愈深，怠而止則難不息，故跡當盤桓，志當行正。建侯所以定民志也。按陽貴陰賤，以初求四即以貴下賤，所以得民心也。

朱震：初九屯之主也。剛正，上有正應。震，動体，進則犯難，成巽爲進退，九居四不安，故盤桓，子夏傳盤桓猶桓旋也。盤桓不進，利於守正。不進非必於退也，志在行其正也。初九不忘上行之謂志，志剛中也。志行正也，可不盤桓以待時乎？九退復初，以貴下賤，大得民也，故曰利建侯。建侯，萬世之利也。

李衡引石介：利居，宜不失其居也。利貞，宜不失其貞也。以貴下賤，居正而天下從之，則宜建侯而經綸天下矣。

梁寅：初九爲成卦之主，故其爻辭亦彖辭之意，磐桓即彖之勿用有往也。利居貞即彖之利貞也。利建侯即彖利建侯也。觀利建侯之占，則又與乾之利見大人意同。

吳澄：磐石也。桓，杙也。四坎之下，畫爲石，互艮之中，畫爲木，四下應初。初，地之下也，象磐石之根著於地，桓木之埋豎於地也。震爲足，初剛變爲柔，則足弱不能動，猶磐石桓杙之在地不可動。居者靜處未可動。春秋傳云：弱足者居。居貞若建而爲侯則不可居矣，春秋傳云侯主社稷，臨祭祀，奉民人，事鬼神，從會朝。初之磐桓，非終不動者。磐桓居貞，以剛變爲柔，取義建侯，以不變取義。

來知德：鴻漸于磐之磐，大石也。中爻艮，石之象。桓，大柱也，震陽木，桓之象。八卦正位，震在初，乃爻之極善者，國家屯難得此剛正之才倚爲柱石也，故曰磐桓。震爲大塗，柱石在大塗上，震欲動，艮止不動，故有柱石欲動不動之象。所以利居貞而又利建侯，非難進之貌也。

又九當屯難之初，有剛正大才，生於其時，故有磐桓之象。然險陷在前，利于居正守已，若爲民所歸，勢不可辭，則又宜建侯以從民望，救時之屯可也。居貞者利在我，建侯者利在民故占者兩有所利。

王船山：磐，大山，桓，郵亭表木，午貫交植，若今之華表，皆不動者。初九一陽處三陰之下，堅立不可動搖，潛而未行，故有此象。所謂勿用攸往也。居貞之利，志之定也。利建侯，九五宜建之以爲侯也，建侯得正，則君民交受利矣。

毛奇齡：屯下爲震，震爲動爲健，所謂帝出乎震，繼天德而行健者。屯難遷延不能進，磐桓無足怪者。第初分自觀與上相易，又分自萃與四相易，上四皆高位，俱下爲初，似乎以貴下賤者，屯難宜居貞，震百里又當善建，推震初爲卦主，以屯之卦辭爲初之爻辭。卦曰貞，爻亦曰貞；卦日建侯，爻亦曰建侯；卦曰利利，爻亦曰利利。所謂處利，出亦利，此豈磐桓之所能已也。

李塨：八卦正位震在初，卦之所謂利貞建侯者正指此爻也。磐盤同，不進也。初爲民主，互坤爲衆爲民，得民則君矣，故利建侯。

李光地：屯有動乎險中之象，而初九動之主，卦主也。又震体爲長子主器，有侯之象。方屯初居下位，故盤桓難進，惟利守正固而已。在人則利建以爲侯，與乾二五之利見大人同例。

丁晏：釋文磐，本亦作盤，又作槃，作般。磐桓故作盤桓，槃桓，般桓。說文槃，籒又作盤。

焦循：侯，君也。

曹爲霖：盤桓，張橫渠以爲柱石是也。魏明帝徵管甯詔有盤桓利居，以居爲句，存以備考。又引誠齋易：初九以剛明之才居下位，在下則遠君，建侯非我職也。初九患無志耳，有有爲之志而輔以建侯之助，何職之拘！何位之俟哉！故濟屯者志爲大。

劉次源：初爲屯主，陽欲進而磐桓，進則遇險，故利居貞，躁妄以圖功，禍即由此生。

李郁：磐桓，進退貌，乾四交於坤初，一進一退，故曰磐桓，來初得位，故利居貞，震爲長子，故利建侯。

吳汝綸：此卦以初爻爲主，卦之繇與初無異，而九五乃適相反，磐桓利居貞，即勿用有攸往也，初利建侯，五屯其膏，亦相反。

胡樸安，磐桓即徘徊之轉音、利、宜也，貞、事也，利居貞、欲使各有所事。宜建立一人爲侯以領導之。

楊守達：左傳閔公元年：初，畢萬筮仕於晉，遇屯之比，辛廖占之曰吉。屯固比入，吉孰大焉，其必蕃昌。震爲土，車從馬，足居之，兄長之，毋覆之，衆歸之，六體不易，合而能固，安而能殺，公侯之卦也，公侯之子孫，必復其始。

程兆熊：由無限之蒼茫，而來不斷之磐桓。於磐桓之際，前既不見古人，則所期只在來者。於是一切以當下爲起點，則上天下地，一已居中，便儘有其志行之正，而一點一滴做些事情。且因其一己心情之無限沉重，而只覺對一切應有其絕對謙卑，此所以「大得民」。

高亨：般者回也，旋也，周也，環也。爾雅釋言：「般、還也。」史記索隱般，猶轉也。漢書顏注盤結而交互也。文選李注盤，旋繞也。桓疑借爲垣。說文垣，牆也。般垣猶言周垣耳，周垣所以爲固也。占問居處謂之居貞，居有周垣則安故曰磐桓利居貞。建侯所以屏藩王室。王室之有侯國，猶居之有垣。詩板：「大師維垣。」是其意也。故又曰利建侯。

李鏡池：磐桓猶徘徊。說明行難。利居貞，占問安居而得吉利之兆。

屈萬里：磐，熹平石經作般。子夏、荀、虞、陸績作盤，馬融作槃，案同音通用。漢上易：「子夏傳曰，盤桓猶桓旋也。」

金景芳：初九卦主，朱子認爲「難進之貌」是對的，貞作正解。程傳「屯初不盤桓遽進，則犯難矣，故宜居正固其志。」也是對的。

鄭衍通：初九交酉正，日落矣。盤桓進退貌，謂春分又進於酉正，如此井三十一度由利入貞，春分日落酉正，望月入軫宿終度而見於東方，故利建侯。

傅隸樸：磐桓是觀望不前。並非退卻心存僥倖，而是待敵不利而對己有利，故利居正養德，用封爵建侯去延攬鼓勵，廣羅人才。至德即居貞。服事殷是磐桓。

徐志銳：磐桓即盤旋，屯卦爲物之始生險難，只能進進退退，盤旋不敢輕易進，思想行動未偏離正道。

沙少海：徘徊，徬徨，回旋不進貌，說明行走之難。貞正、思想上居于正道。統治者建諸侯拱衛王朝。

黃慶萱：磐桓，衍聲複詞，難進之貌。居止，利居不利往。初九一陽居二三陰下，陽君、陰民、有君下民、爲民公僕之象，所以宜封爲侯。

徐芹庭：磐大石、桓大柱、磐桓、柱石也。國家屯難得剛正之才倚爲柱石，故曰磐桓、如唐郭子儀是也。震爲大塗，柱石在于大塗之上，震動艮止，有柱石欲動不動之象。是以利居貞又利建侯。

林漢仕案：曹爲霖引魏明帝徵管寧詔有「盤桓利居。」以居爲句。曹不敢違眾意，蓋古今易家皆以利居貞句，故著「存以備考」。查係明帝詔青州刺史：「寧抱道懷貞……盤桓利居，高尚其事。雖有素履幽人之貞，而失考父茲恭之義。」試郁郁乎吾从眾，拾明帝之詔解爻意，並以此取句讀：「盤桓利居，貞，利建侯。」「盤桓利居者，釋文以磐作盤，槃，般。磐桓、馬融「旋也。」」孔穎達「不進貌」。程頤「居正而固其志。」朱子「難進貌。」朱震「盤桓不進，利於守正。」吳澄「磐石，桓杙，在地不可動，居者靜處未可動。」王船山「磐，大山，桓，郵亭表木，午貫交植，若今之華表，皆不動者。」曹爲霖引張橫渠云「盤桓爲柱石。」李郁「磐桓，進退貌。」胡樸安「磐桓即徘徊。」高亨「般桓猶言周垣也，居有周垣則安。」傅隸樸「磐桓是觀望不前。」徐志銳「磐桓即盤旋。」沙少海「徘徊，徬徨，回旋不進。」以上磐桓皆利居之狀而非主導，高尚其事爲主導也。貞則責問之矣，非以正自修，以固自期，以居貞可利，居正養德之謂也。然則其磐桓之意在處下无其位，王弼所謂屯難之世，初處其首而又下焉。程頤之謂初以陽爻在下位者也。蘇軾所謂有君之德而无其位。以一海濱孤微蒙安車，蒲輪之君，應則寧无前日危志頓成「終南捷徑」之譏，不應則「逋違臣隸顛倒之節！」則仍所以磐桓者，在夙宵戰怖之餘，以居止爲合時位之宜也。宜者，所以利也。處不能仰答「恩養之福，無地自厝。」其磐桓「光寵並臻，優命屢至」之際，擇居止乞蒙聽放爲利，雖彼責之「幽人初有素履之貞，失考父茲恭之義。」而其志行所欲得全也。安居之詔，德高矣。光祿勳之任，寵其賢矣，易家故以初爻爲卦主，以貴下賤，得正得民。程子云：「初以陽爻在下，乃剛明之才，當屯難居下位者也。東坡沿象辭初九以貴下賤者，項安世云屯自觀卦變，以初九爲主。毛奇齡云初分自觀上萃四，皆高位。李郁之乾四交於坤初。上九與九四來初，初之所以本貴也。楊樹達之引左傳遇屯之比，初由陽變陰矣，陽沒陰出則不能以貴下賤矣。以變爻位解卦，湊合其意，王弼之所以要掃象也。初本陽爻上承三陰，已難能矣，何必卦變自觀與萃。猶之彩色電子鍋與塑膠成品，第論其鍋與成品之性能作用可也，不必探鍋之鐵與膠是煉自大冶，大慶抑美國德州或中東，徒增混淆與不可靠性。是初之貴，承三陰而應乎？

磐桓，眾意皆以磐旋、進退之意，吳澄等有異解，吳云：磐，石也。桓，杙也。象磐石根著地，桓木埋豎地之不可動。來知德即據以云磐，大石也。桓，大柱也，而覓得艮石震木之象。王船山之磐，大山，桓若今華表，豎立不可動搖。曹爲霖引更早宋張橫渠云磐桓，柱石。磐桓如山，如柱石，是貞利居矣！居者止也。如山如石如華表之止不動，奈何震本動，震百里？又奈何夫子之所謂執一，執一即無權以許卦主初九，寧無呆滯之譏？傅隸樸之言磐桓非退卻僥倖，是待敵不利而對己有利，兵家所謂善戰者，立不敗之地，而不失敵之敗也。善守者藏於九地之下也。傅之言是也。初九之雌伏，非服於雌，蓋有不得已者。高亨言般之回環，桓疑借垣，牆也。回環以牆故安。初之立不敗之地，其意亦在。籍回環之牆以自安，利居也。高亨引詩「大師維垣」似又過當，蓋初氣侯未成，雖望之如大旱之見雲霓，然終究處潛龍勿用之地，殷殷寄望之切，非所宜也，潛居以幽人之貞，其卜問，貞正，貞固，皆有厚望焉。

又以貴下賤另一解，陽本貴也，陽本貴而處初，陰本賤也，陰本賤而據二三四爻，以賤乘貴，貴爲賤所乘，是之謂以貴下賤。貴陽壓於賤陰之下也。然易理不執一，觀乎泰卦之所以泰，陰上陽下也，是初九之下於陰，泰之質其矣。曹爲霖引誠齋易：「初九在下則遠君，建侯非我職。」易家多以初陽，以貴下賤，得民而民歸，侯之象也；或以震爲里，侯象；或以利建侯之占。船山先生：「九五宜建之以爲侯。」李塨「初爲民主，得民則君矣。」侯，人臣也；君，人主也，初之志未得隴，有人代之望蜀矣！是利建侯也者，許初之質也，猶之云此吾家小王子、千里駒、眾貴之而烘託初，許於遠景決非久居下位之人物，令自重自珍。蓋將然非必然也，是利建侯爲將然之許而非今日其可之時乎。程子云「取建侯之義，求輔助也。」輔助者何，輔吾以志耳。蓋險在前而陰賤小人乘之，其天將降大任於是人乎哉！

初爻之利建侯意終未暢，蓋本卦爲屯邅難生之卦，欲求安居尙不可得，如之何其震百里大光明於天下，問題出自一「侯」字耳，侯，經籍中可解作君王，王侯，亦可解作候人逆順，爲王者斥候、射矦、說文从人从厂、象張布矢在其下。本爻文倘以射侯解，蓋謂射有侯而矢無枉發，初之應四，四爲侯也，弗之應而比近鄰、六二之乘剛、六二有應而貞不字，十年歲月不爲不久矣，其磐桓、班如者，違反社會倫理制度而不惜也。君子之議、利建一矦，矦立而害除，功夫日進而往吝，泣血漣如之象一概其餘矣！然而歷史興亡軌跡循環依舊者，正是不可與有言也。侯之爲射侯，今人言之爲標靶也，再引伸爲目標、理想、言初之宜有一遠景在前也、利建之議，君子爲之謀也、然而末之應者，一往鶻突，班如之一而再，再而三矣！可爲剛愎者戒！可爲貪得一時之利者戒，爲一時之利而棄一世之福，惜哉！

六二，屯如邅如，乘馬班如，匪寇婚媾，女子貞，不字，十年乃字。

象曰：六二之難，乘剛也。十年乃字，反常也。

馬融：乘馬班如，班班，旋不進也。匪寇婚媾，重婚曰媾。

荀爽：屯如邅如，陽動而正，故屯如也。陰乘于陽，故邅如也。

鄭玄：馬牝牡曰乘。（原文作乘馬般如）

王肅：乘馬班如，班如，槃桓不進也。

九家注：十年乃字，反常也。陰出于坤，今還爲坤，故曰反常。陰出于坤，謂乾再索而得坎，今變成震，中有坤体，故言陰出于坤，今還于坤，謂二從初即逆，應五順也，去逆就順，陰陽道正乃能長，故曰十年乃字。

陸績：字，愛也。時通則道亨，正匹也。

虞翻：屯邅盤桓謂初也。震爲馬作足、二乘初，故乘馬。班蹎也，馬不進，故班如矣。匪寇婚媾句。匪，非也。寇謂五，坎爲寇盜，應在坎，故匪寇，陰陽德正，故婚媾。字，妊娠也。三失位，變復體離，離爲女子，爲大腹，故稱字。今失位爲坤，離象不見，故女子貞不字。坤數十，三動反正，離女大腹，故十年反常乃字，謂成既濟，定也。

王弼：志在於五，不從於初，屯難之時，正道未行，初相近而不相得，困於侵害，故屯邅。屯時方屯難，正道未通，涉遠而行，難可以進，故曰乘馬班如也。寇謂初也。无初之難，則與五婚矣。故曰匪寇婚媾也。志在於五，不從於初，故曰女子不字也。屯難之世，勢不過十年者也，十年則反常，反常則本志斯獲矣，故曰十年乃字。

孔正義：屯難，邅迴、如語辭。六二欲應九五，畏初九逼之，不敢前進。班如：子夏傳謂相牽不進也。馬季長云班旋不進也。言二欲乘馬適五，正道未通，故班旋不進。馬季長云重婚曰媾。鄭玄云媾猶會也。女子、六二也，女子以守貞正不受初九之愛，字訓愛也。十者數之極數，極則復，故云十年也。

程頤：二以陰柔居屯之世，雖五應在上而逼於初剛，故屯難邅迴，如辭也。乘馬欲行也，欲從正應而復班如不能進也。班，分布之義，下馬爲班與馬異處也。二當屯世雖不能自濟，而居中得正，而應在上，不失義者也。然逼近於初，陰乃陽所求，柔者剛所陵，柔當屯時，固難自濟，又爲剛所逼，故爲難也。設匪逼於寇難，則往求於婚媾矣。婚媾正應也。寇非理而至者，二守中正，不苟合於初，所以不字，苟貞固不易，至于十年，屯極必通，乃獲正應而字育矣。以女子陰柔、苟能守其志節，久必獲通。況君子守道不回乎！初爲賢明剛正之人，而爲寇以侵逼於人何也？曰此自據二，以柔近剛而爲義，更不計初之德如何也！易之取義如此。

蘇軾：志欲從五而內忌於初，故屯邅不進也。夫初九屯之君也，非寇也。六二之貞於五也，知有五而已，苟異於五者則吾寇矣，吾焉知其德哉，是故以初爲寇，曰吾非與寇爲婚媾者也，然且不爭而成其貞，則初九之德至矣。

朱熹：班，分布不進之貌。字、許嫁也。禮曰女子許嫁笄而字。六二陰柔中正，有應於上，而乘初剛，故爲所難而邅回不進，然初非爲寇也，乃求與己爲婚媾耳，但己守正，故不之許，至于十年，數窮理極，則妄求者去，正應者合而可許矣。爻有此象，故因以戒占者。

項安世：凡卦爻稱馬者皆陰爻。易中陽爻皆稱車。蓋馬本地類，於辰爲午，即坤初六之氣也。屯六二震馬，四、上坎馬，屯稱乘者，卦中四陰爲乘也。二四上居柔，故皆班旋而不行。當屯之時，柔者皆不能行也。班邅磐桓皆屯之象，左氏傳有班馬之聲，班亦旋也。杜注以爲分者非。又六二柔順中正，守常而不知變，謂初九爲寇而不知其乃婚媾也。方難之初，近乘初九，方興之震抗而不荅，故獨有迍邅之象，雖不得爲濟世之才，亦可謂人所難能矣。故曰六二之難，乘剛也，初九上歷純坤，始得君位，與二相應坤爲十，故曰十年乃字，反常也。又六二稱女子者，見賢而不從，世難而不救，此女子之貞。男子以濟世爲貞，不以小諒爲賢。

朱震：九五屯之主，六二中正應，共濟乎屯者也，故曰屯如。二乘初，九欲往應，五迫於剛强，邅回而不能去，故邅如。乾變震作足之馬，震爲足，乘馬也。初不應五，二欲應之，與馬別矣，故班如。春秋傳班馬之聲，杜氏曰班，別也。五坎爲盜，據山險，寇也。男曰婚，女曰姻。媾，男女合也。九五應六二婚媾也。五自初九視之，有險難之象，寇也，自六二視之，匪寇也，婚媾也，特以乘剛耳。五之二成兌、兌，女子也。二之五成坤，坤爲母，女子而爲母，字，育也。坤爲年其數十、六二守正，不苟合於初，而貞於五，是以不字。屯難之極，至于十年、二五合、剛柔濟、兌女乃字。屯本臨二之五、合則九反二、六反五、坤爲常，故曰反常也。

李衡引陸云：初雖難二，非欲爲寇，以二近己欲爲婚媾，屯之情可以見矣。女子者，明未有所從，字，孕育也。此未可以適變，猶亂之臣，不從撥亂之君也。引牧云二以險在前，故謂之寇，非初爲二梁寅：二處動体而乘初之剛，有險在前，故曰邅如班如，言欲動而不能也。以陰居陰、柔順之至，故又曰匪寇婚媾，言二迫於初陽而爲陽所求，陽非爲寇，乃求爲婚媾也。居中得正，非輕動者，故又曰女子貞不字，言其能以貞正自守，而非其正應者不從也。九五剛中，與二爲應，故又曰，十年乃字，言相求以道，則始雖有難而終必合也。

吳澄：如，語助。邅，遲回不進。二有正應，然逼近初剛，欲進不能，故屯邅。乘馬，四馬也。班，分也，猶班師之班。卦四陰四馬之象：下二陰震馬，上二陰坎馬。四陰爲五所隔，四馬分散一車有二服二驂則行，分散則不行矣。坎有寇象，五爲二之正應，非寇也，乃婚媾。二以柔居柔，女子也。字，許嫁也。禮記女子許嫁，笄而字。二爲初剛所逼不得往從五。其占爲女子婚事不成。二三四互坤，坤數十，過坤十數，則逢五正應而許嫁矣。

來知德：屯邅皆不能前進之意。班回還不進之意，震于馬爲馵足，班如之象。應爻坎爲盜寇，指初也。婦嫁曰婚，再嫁曰媾，皆五也。變兌爲少女，字者許嫁也，此女子則指六二。貞者正也。不字者不字于初也。乃字者乃字于五也。中爻艮止，不字之象。中爻坤土，土數成于十，十之象。又六二柔順中正，當屯難之時，上與五應，但乘初剛，故爲所難，有屯邅班如之象。使非初之寇難，即與五成婚媾，不至十年之久矣。初之難六二守中，不肯與之苟合，所以不字，至于十年難久必通，反常正應矣。

王船山：邅，遲回不進，車駕四馬曰乘，屯陽御四陰，以動而涉險，故三言乘馬。班，相別而往也。

女子許嫁而字。初震動欲出而二以陰居其上，止之不進，與初異志，如乘馬不相隨而分歧路，蓋疑初九之爲寇已也。夫陽欲交陰以成生物之功，豈其相寇哉，欲相與爲婚媾爾，而二倚其得中，不與之交，如女子年已及期，義當有字而亢志不字，至九五陽已居尊而下與相應，乃不得已順以從之。所以猶以爲貞者，得位居中，非爲邪也。

毛大可，屯有四陰，惟六三無所移。二四與上皆乘剛爻，有似乘馬者然。二乘初應五，五本正應何庸乘初？乃不幸當屯難之時，邅迴不前，安能上從？今所乘雖曰乘馬，上有正應，若別有所駕者然。班，別也。謂九五也，在坎中，爲寇盜，實則婚媾也。二正位故曰貞，與九五正應爲婦，一至五爲大離，離爲大腹，互体二三四爲坤，坤亦爲腹，則求孕不遠，字，孕育也，舊作許嫁，誤。屯難時貴居貞，貞即不字。惟是屯邅而進，躊躇乘馬以求上應，坤盡則九五見，成大離。十者陰數之盡，地數十，反常者反乎常道，所謂邅迴也。屯也。又按說文字，乳也，徐鍇註即以易貞不字爲據。左傳大不字小，亦作字養如孳乳解，漢鄭氏虞氏輩皆註曰字，妊育也。無別義。

李塨：六二與五正應，進當適五，然初爻陽剛而二乘之，則乘乾馬爲其所縶，屯如邅如，兩顧班如。然觀九五屯膏未光，不王而寇，諺云成王敗寇，坎爲盜寇象，初九居貞，非寇也，剛下柔、男先女、貴下賤，實婚媾也。故二雖以初非正應，守貞不字，至十年乃終許于初焉。字者許嫁而字也。二五應爲常道，字初則反常矣。

李光地：當屯之時，以柔乘剛，多難之象，是以邅迴未進，班布未行也。匪寇婚媾、明九五之爲正應，但六二守正，時未至則不苟合，如女子之幽貞而未許嫁，至於十年然後可以許人，君子之安於屯塞，守身以待時者宜如是也。

丁晏：釋文班，鄭本作般，爾雅釋言般，還也。郭注左傳有般馬之聲。今傳作班。漢書禮樂志般裔裔，師古曰般讀與班同。

焦循：邅轉也，謂轉而變通。乘馬謂鼎成泰、坤乘乾也。班旋也。匪猶非。女子謂鼎，字猶養。女子貞則鼎與屯並成兩既濟，不復有始故不字。

曹爲霖引誠齋傳：此王導相晉事也。上有無明二君，下有王敦强臣，乃以寬大之度，柔順之才處强臣，上非乘剛遇寇而何？惟導守正不撓，下不比敦，待時觀變，上不危國，久而寇自平焉。

劉次源：屯邅其難行也，班如其布列也。險在前陰昧不能自主，故蹶也。五本婚媾，匪仇敵也。占者宜靜以俟之，不可欲速也。

李郁：邅如，難行貌。班如，不進貌。馬、陽物，二乘震初，故曰乘馬。初不進，故曰班如。古社會掠奪婚姻風盛，故疑爲盜寇者，坎爲寇，五來求二則非寇，是婚媾。六二不欲輕進，故貞不字，字者許嫁之謂。展轉共歷十年再至乃字，言其濡滯之久也。

吳汝綸：二乘初爲難，三遠初爲窮，四應初爲明，屯邅，連綿字，廣雅屯驙，難也。乘馬班如，猶言車班班也。不字，不嫁也。貞者常也。與貞疾恆不死之貞同義，十年乃字者，美惡周必復，故象云反常，謂復常也。

胡樸安：邅如班如，率民田獵情形。馬融曰邅如，難行不進之貌。子夏傳班如，相牽不進貌。此說可用。一則步行田獵，一則乘馬田獵，其不進者，非不進也，道路岐嶇難進也。匪寇婚媾者，上古男女雜處，互相殘害，今所建侯率領而同田獵，往日寇，今日婚媾矣。字、事也、字愛也、有所生育，棄之不愛也。十年一反野蠻人之常態，故曰反常也。

屈萬里：屯，當讀爲迍。眉引九歌，湘君：邅吾道兮洞庭。王逸注：邅，轉也。又眉批：字，虞氏訓爲妊娠，是。女子孑貞不字：守其處女之常，故不娠。

程兆熊：遙遙此心，慇慇此志，加以無窮盡的途程，和一步一步的行履，由此而旋乾轉坤，又全憑一點一滴。六二的一切的艱難，會乘乎剛而無可言說。十年的一切的期待，會反乎常而無可言說。

高亨：引王逸注離騷屯爲陳，屯如猶屯然，狀乘馬而來者之多也。邅如猶邅然，狀乘馬來者之轉行也。般如猶般然，回旋之貌。謂乘馬而來者屯然而擁至，邅然而轉行，又般然而回旋，非劫財之寇賊，乃娶女之婚媾。今人謂此寫古代掠婚之事，殆是歟！字爲許嫁之義，故若問女子不許嫁之事，則十年乃克許嫁也。

李鏡池：屯邅猶逡巡，行路艱難的樣子。副詞。蹇連，艱難之意、同迭韻連語。匪寇婚媾，不是搶劫，而是爲婚姻來的。是原始社會中期對偶婚。不字不生育。

金景芳：乘馬班如也是盤桓不進狀態。女子不字，字，舊釋不孕，朱子笄而字嫁，王引之訓妊娠，十年是數之極，不可能變爲可能，字是育的意思。

鄭衍通：屯如難行貌，邅如轉進貌，班如即般如，徘徊貌，匪讀爲彼。乘馬班如。日在震也，匪寇婚媾，月在坎也。月來就日爲婚媾、過坎即被劫象。字孕也，男女交始孕，孕乃合朔之象。朱笄字乃命名。

傅隸樸：初九嫉敵視六二、女子堅守貞節，字是愛的意思，十年這一段段過去，如願嫁所愛人了。此字爲出嫁之意。借貞女喻忠臣。如謝安桓溫故事。

沙少海：班固幽通賦：「紛屯邅與蹇連兮，何艱多而智寡」。聯綿詞，形容詞詞尾猶現代「的樣子」。匪借爲非，貞，卜問。一伙人乘馬徘徊，不是搶劫，爲婚姻來，女子婚後不妊，恐被休棄，進行占筮。

徐志銳：六二不具備出險難條件，自身也无力出險，乘馬欲進，班如復止。應九五相得，未到解難之時，二與初亦一剛一柔，兩爻不是敵寇而是婚媾。但柔順剛，逆而不比，故女子貞不字。字、訂婚後用簪子挽髮髻，十年才許嫁正應九五。借九五力量脫險。

黃慶萱：屯如邅如，兩如字都是副詞語尾。三四五爻互艮，六二受艮山所阻，所以屯如，六二乘剛，爲剛所留，所以邅如。九五乘馬，向六二求婚。貞不字對初九言，十年乃字對九五言。於修辭爲借代不嫁。

徐芹庭：婦嫁曰嫁，再嫁曰媾，變兌爲少女，字者許嫁也、貞正也、坤土數成于十，難久必通而字正應。

林漢仕案：學術之可貴在循理表達，其殿堂寬敞，王公之言與小子之調同値，各彈中心之蘊積，北曲，西音，蠻聲，夷奏得雜陳，無須嚴諸侯，畏人而折腰，後生同人，即其裁判也。「小子鳴鼓而攻之」徒見笑汝胸襟之小，女有遮天之能，蒙蔽祇及一時也。是故百鳥可以爭鳴，萬花可以齊放，蔚成奇景，斯之謂文化大國乎！執一之言，近似之譯，蓋以賢愚之資自相比阿可也，毋須一眾家耳目，齊聲同步。

本爻異見甚多，茲遂一述說如后：

文分三階段比較，第一、屯如邅如，乘馬班如，第二匪寇婚媾。第三字之義，乳乎？愛乎？

第一、屯如邅如，乘馬班如：

孔穎達以如字爲語辭，意即屯邅，乘馬，班。屯何爲難？卦辭說之詳矣、屯如、邅如、荀爽以「陽動而正，故屯如；陰乘于陽，故邅如。鄭玄：「馬牝牡曰乘。」王肅：「班如，槃桓不進也。」虞翻：「屯邅，盤桓，謂初也。二乘初，故乘馬。班蹎也，馬不進故班如。」王弼：「二志五，不從初，初近不得，困於侵害、故屯邅。正道而通，難遠行而進，故乘馬班如。」孔穎達：「班如，子夏傳謂相牽不進。馬季長云班旋不進，二欲應五，畏初逼不敢進也。」程子：「二迫於初剛故屯難邅迴。班，分布之義，乘馬欲行，復下馬與馬異處，爲初剛所逼，故爲難也。」蘇軾：「志從五而忌初，故屯邅不進也。」朱熹：「班，分布不進貌。二陰應上，乘初剛，故爲所難而邅回不進。」項安世：「稱馬皆陰爻，易爻稱車。四陰爲乘，故皆班旋不行。左傳班馬聲，班亦旋。杜注分、非。

二乘初，雖不爲濟世才，亦人所能矣！六二之難，乘剛也。」

朱震：「九五屯主，二應而共濟屯，故曰屯如。二乘初，五迫於剛，邅回不能去。乾變震爲足，乘馬也。初不應五，二欲應，與馬別矣，故班如。春秋傳班，杜注別也。」梁寅：「二動体，乘初剛，險在前故邅如班如。欲動不能也。」吳澄：「邅，遲回不進。乘馬，四馬也。班，分也，猶班師之班。四陰，四馬也，爲五中所隔，四馬分散，車不行矣。」來知德：「屯邅皆不能前進，班回還不進，震爲靲足，班如之象。」

王船山：「四馬曰乘，屯陽御四陰，動涉險，故三言乘馬，班，相別而往也。毛奇齡：二四上皆乘剛爻，有似乘馬者，二之乘初，屯難之時，邅迴不前，上有正應，若別有所駕者然。班，別也。」李塨」二五正應，當適五，然初剛二乘之，則乘乾，馬爲其所繫，屯如邅如，兩顧班如。」李光地：「柔乘剛，多難之象，是以邅迴未進，班布未行。」劉次源：「屯邅其難行，班如其布列，陰昧不能自主，故蹶也。」

李郁：「馬，陽物，二乘震初，故曰乘馬，初不進故班如。」吳汝綸：「二乘初爲難，三遠初爲窮，屯邅連綿字，廣雅屯驙，難也。乘馬班如猶言車班班也。」

胡樸安：乘馬田獵，道路岐嶇難進也。」屈萬里：「屯當讀爲迍。」高亨：「王逸注楚辭屯爲陳，屯如猶屯然，狀乘馬而來者之多也。邅如猶邅然，狀乘馬者之轉行。般如猶般然，回旋之貌。」李鏡池：「屯邅猶逡巡，行路艱難的樣子，副詞。金景芳：「乘馬班如也是盤桓不進狀態。」鄭衍通：

「屯如，難行貌，邅如，轉進貌。班如，徘徊貌。」沙少海：「屯邅，表示艱難的聯綿詞，猶逡巡，欲進不進貌。如，形容詞詞尾，等於『的樣子』，班如同。」徐志銳：「六二不具出險難條件，欲進，班如復止。」黃慶萱：「兩如字都是副詞語尾。」以上易家眞言，再濃縮眾說，俾便對照：

荀爽：陽動而正故屯如，陰乘于陽，故邅如。

王肅：班如，槃桓不進也。

虞翻：初屯邅槃桓，二乘初班躓不進，故班如。

王弼：二志五困初侵害故屯邅，正道未通難進故班如。

孔穎達：子夏傳相牽不進爲班如。馬季長畏初迫不敢進。

程子：二爲初剛所迫，故邅迴，班分，與馬異處。

朱子：二應上，乘初剛，故爲所難而邅回不進。

項安世：四陰爲乘，故皆班旋不行。初才亦人所難能矣！

朱震：五屯主、二應共濟故屯如，五迫於剛邅回不能去。

梁寅：二動体，乘初剛，險在前故邅如班如，欲動不能。

吳澄：班猶班師之班，四陰四馬也，爲五隔分散。

來知德：震爲馵足，班如之象。

王船山：屯陽御四陰，班，相別而往也。

毛奇齡：二四上乘剛似乘馬，二五正應若別有所駕者然。
李塨：初剛二乘之，則乘乾，馬爲其所繫，兩顧班如。
李光地：柔乘剛，多難之象，是以未進，未行。
劉次源：陰昧不能自主，故蹶也。
李郁：二乘震初，故曰乘馬、初不進，故班如。
高亨：屯爲陳、屯如猶屯然，狀多，邅轉，般回旋貌。
李鏡池：屯邅猶逡巡。
鄭衍通：屯，難行，邅、轉進，班、徘徊。
屯如，邅如，班如，吳汝綸以屯邅連綿字，李鏡池云副詞，其解不進之意大體相似，高亨有異說，以屯爲陳，謂陳馬之多。其下狀馬轉行，回旋，則高亨之說，仍與各大家吻順。然其所以屯邅班如者，孰是爻也屯如邅如，則有異辭：
初屯邅，二班如。虞翻意。
二志五，困初侵害故屯邅，正道未通難進，故班如。王弼意。
相率不進，畏初迫不敢進爲班如。孔正義引。
班，分，與馬異處。程子。
五屯主，五迫於初剛，邅回不能去！朱震說。

班猶班師之班，爲五隔分散。吳澄。

班相別而往也。王船山。

二五正應，若別有所駕。毛奇齡。

二乘初剛，初不進故班如。李郁。

從上剝柝中，言屯邅者有初、二、五也、言班如者有初、二洎四陰也。又班有分，別回還之義，程子之與馬異處、吳澄之班師。別又有相別與別駕之不同。以爻論爻雖嫌隘，然比較顧外爻而覆射二，直接而易明也。又初九以爲屯主者朱震也，又以五屯主著文，寧無嫌濫乎？一巢而有二主，彼此不相容矣！至云震爲馵足，班如之象者，亦有削足適履之患，爻有屯如邅如，說卦有震馵之象，而下卦震，似其意矣，然則奈何六四之班如？上六之班如？試必求其旁通，或錯綜！而其對畫，變卦，覆轉，半象，爻辰，升降，幾何不能化險爲震矣！又二之志五、應五也，初九之以貴下賤，長子主器，又爲屯主，二之乘初剛，其所以逡巡者曖昧於見一山而高一山，東食西宿之奢願？於人情論，初婚戀之甘，甜蜜雋永，幻夢重重，漢武帝之母王皇后，琵琶三唱之昭君明妃，可供掌上舞之趙飛燕，唐楊貴妃、曹魏明帝母甄夫人，寧无班如之戀？是六二之於初也，亦若是而已矣！終將歸五者，五君也，二五應也。屯邅之作遲回不進，陷於困境者情也，乃自縛之情，非外力所以强加之者，初之剛明，五之中正居尊，慧劍之難斬也，六二之三角關係，陷屯邅，班如，不亦宜乎！

匪寇婚媾，女子貞不字，亦有多說：

象以十年乃字，反常也。

馬融以匪寇婚媾爲重婚曰媾。

九家注：反常爲陰出于坤，今還爲坤。

陸績：字，愛也。

虞翻以匪爲非，寇謂五，坎爲寇盜。陰陽德正，故婚媾。字，妊娠也。離爲大腹，今離象不見故不字。

王弼：寇謂初也。无初難則與五婚矣！志五不从初故女子不字。難勢不過十、十年則反常。

孔正義：鄭玄媾猶會也。女子，六二也。字訓愛。

程頤：婚媾，正應也。不苟合初故不字，十年屯必通，乃獲正應而字育矣。

蘇軾：初九屯之君，非寇也。六二貞於五，異於五者則吾寇矣，故初爲寇。

朱子：字，許嫁也。禮女子許嫁，笄而字。初非爲寇，乃求與己婚媾，已守正不許，十年數窮，正應合，許矣。

項安世謂初九爲寇，不知乃婚媾，初九上歷坤得君位，與二相應。坤，十，女子見賢不從，世難不救，女子之貞也。

朱震：五屯主，坎爲盜，據出險，寇也。媾、男女合也。五自初九視之，寇也。六二視之，匪寇也。

李衡：初雖難二，非欲爲寇，近己欲爲婚媾。字，孕育也。引牧云：非初爲二之寇也。

梁寅：陽非爲寇，乃求婚媾也。貞正自守，非正應不從，十年乃字，九五剛中爲應，終必合也。

吳澄：坎寇象，五爲二應，非寇也，乃婚媾。其占爲女子婚事不成。逢五正應而許嫁矣。

來知德：應爻坎爲盜寇之象也，指初也。婦嫁曰婚，再嫁曰媾，婚媾指五也。字，許嫁。貞正也。不字初也。

王船山：女子許嫁而字。初陽欲交二陰成生物之功，而二不與之交，女子及期，亢志不字。

毛奇齡：五在坎中的爲寇盜，實則婚媾。二正位故貞，離大腹，坤亦腹，字，孕育也，作嫁、誤，貞即不字。又按說文字，乳也。

李塨：九五不王而寇、坎爲盜寇象，初九居貞，非寇也。實婚媾也。十年乃許初，字初則反常。

李光地：匪寇婚媾，明九五之爲正應。

劉次源：五本婚媾，匪仇敵也，古者宜靜俟之。

李郁：古社會掠奪婚姻風盛，疑盜，坎爲寇，五求二則非寇，是婚媾。

吳汝綸：不字，不嫁也。貞者常也。反常，復常也。

胡樸安：上古男女雜處，互相殘害，今建侯田獵，往日寇今日婚媾矣。字，事也，愛也。十年反野蠻常態。

屈萬里：虞氏訓字爲妊娠，是。十年守其處女之常，故不娠。

高亨：今人謂此寫古代掠婚之事，殆是歟！字，許嫁。

李境池：原始社會期對偶婚，不字不生育。

金景芳：字，舊釋不孕，朱子笄而字嫁，王引之訓妊娠，字是育的意思。

傅隸樸：字，愛的意思。此字出家之意，借貞女喻忠臣。

沙少海：貞，卜問，女子婚後不妊，恐被休棄，進行占筮。

徐志銳：二與初一剛一柔，不是敵寇，而是婚媾。字，訂婚後用簪子挽髮髻，十年才許嫁正應九五。

黃慶萱：貞不字對初九言，十年乃字對九五言。不字借代不嫁。

徐芹庭：婦嫁曰嫁，再嫁曰媾，字者許嫁，貞正也。

寇，婚媾，字之義必先釐定，貞，十年，反常庶克依附有物也。而媾義，會邪？男女合邪？再嫁邪？重婚邪？易傳可有大家？孰謂某爲重鎭？汝權傾一時，鄒忌又美於城北徐公之讚，所謂畏我，有求於我者也！毋庸自醉，是汝止此一時。本有大家之號若朱子，程子，今排比眾說之中，仍有大家風範在，而其說未必中的，不能因人多徒眾，强小數服從多數，亦不可以彼眾昏之日，我乃獨醒之人而標新立異。政治家有句口號：「服從多數，尊重少數。」雖然，少數仍舊被擠排，易家皆有林肯決心解放黑奴、放手一搏之大志，「貴己所是，擇善固執。」一票通過出兵，漠視閣員反對聲浪，無以名之此一易家精神，姑命之曰「穿山甲哲學」何如？

匪寇婚媾，馬融以爲重婚曰媾，虞翻以五爲寇，蓋坎爲寇盜。陰陽德正，故婚媾。王弼以初爲寇。媾，鄭玄云會也，馬融重婚，程頤云婚媾，正應也。蘇軾云初九屯君，非寇也，六二貞五，故初爲寇。項安世以初爲寇，歷坤得君位，相應爲婚媾。朱震以五爲寇，情敵初九之見也，六二視之匪寇矣。媾謂男女合也。李衡謂初九非寇，近已欲婚媾也。梁寅：陽非爲寇。來知德以應爻坎爲寇，指初，媾謂婦人再嫁。李塨謂九五不王而寇，初居貞非寇，實婚媾。胡樸安謂往日寇，今日婚媾矣。高亨古代掠婚事，殆是歟！徐志銳云二與初一剛一柔，不是敵寇，而是婚媾。

上說約而言之，

九五爲寇，蓋坎爲盜寇。

初九爲寇。

掠婚爲寇。

折衷二者之間者蘇軾、項安世也、蘇氏以初乃屯君，非寇，無奈六二心布所屬，故以初寇，項氏以初即是五，五即是初，初時、時機未至，姻緣情份不到火候，九五君位相應，故爲婚媾。朱震云兩情敵間，初視五爲寇。毋寧云初，五彼此視爲寇，兩兩不相容，然離六二爻辭解象矣！梁寅之陽非爲寇，爻文明著「匪寇婚媾。」蓋謂曾被誤以爲寇，梁意有不得者矣！來氏以應爻五坎爲寇，又云指初，則不知所云矣！胡樸安與項安世之見相似。揆諸卦爻之意，芳心未得之時視作寇，六禮既備則一体矣，項安世之言是也。至以「媾」之言重婚，會也，男女合也，再嫁也，徐芹庭即沿來氏云婦嫁曰嫁，再嫁曰媾。查國語晉語言：「今將婚媾以從秦。」左傳隱十一年：「唯我鄭國之有請謁焉，如舊昏媾。」曁左傳廿五年：「爲父子兄弟姑姊甥舅媾姻亞，以象天明。」察諸文意，皆無婦嫁之義，雖然子圉侄妻，重耳之婚，正重視從秦好以圖返國也，非謂婚重婚婦人子圉妻，繆公女也。左傳注「重婚曰媾。」疏云「媾與昏同文故先儒皆以爲重昏曰媾。」來氏誤以婦再嫁爲重婚，徐芹庭亦不察而隨之在後，果爾，則九二之與初九亦曾經六禮之聘，再與九五另結連理，九五不以檢破爛爲意乎！九五眞有曹阿瞞者德量矣！馬融之云「重婚曰媾」者，婚媾同也婚即媾也，再以男女合解媾，則未有婚而不媾也。婚媾即婚合也。愛情長跑，昔日之寇盜，草莽英雄，即今成敗之際，仍爲寇首，既已媾矣，婦人從一而終之義，未有不助之者也，助夫非助寇也，助其事業之有成也，從前芳心之未得，近水樓台，雖得其身，未得其心，今剛而中正，居尊位，身心皆許之矣，故云匪寇盜也，實婚媾之也。

「女子貞不字，十年乃字。」字之義有：生也，乳也，養也，愛也，妊娠也，飾也，孳乳浸多也，形聲相益謂之字，冠而字之，敬其名也，猶名也，字以表德，字而笄之也，字所以相尊也。王引之經義述聞云：「女子貞爲一句，六二居中得正。不字爲句，猶言不孕。不字者，屯邅之象，非以不字爲貞也。女子年廿亦笄而字之，不得以不字爲未許嫁。經傳及唐以前書無以字爲許嫁者。九家易曰陰出于坤，今還爲坤，故曰反常也。李鼎祚解曰二從初即逆、應五順，去逆就順，陰陽道正，乃能長養，故曰十年乃字是也，何必（虞）三變成離而後稱字。」本文所引名家之見：陸績：字，愛也。虞翻：字，妊娠也。王弼：志五不從初，故曰女子不字。孔穎達：女子以守貞正不受初九之愛，字訓愛。程頤：二不苟合於初，所以不字。朱熹：字，許嫁也。禮女子許嫁笄而字。朱震：字，育也，貞五，是以不字。李衡：字，孕育也。梁寅：女子貞正自守，非正應不從也。吳澄：字，許嫁也。其占爲女子婚事不成。來知德：不字者不許嫁于初也。毛奇齡：字，孕育也，舊作嫁，誤。又說文字乳也，左傳字，養如孳乳解，鄭氏字，任育也，無別義。李光地：女子幽貞未許嫁，十年後許人。焦循：字，猶養也。吳汝綸：反常，復常也。胡樸安：字，事也，愛也，有所生育，棄之不愛也。十年一反野蠻人之常態，故曰反常。屈萬里：守處女之常，故不娠。李鏡池：不字，不生育。沙少海：女子婚後不妊，恐被休棄，進行占筮。徐志銳：字，訂婚後用簪子挽髮髻，十年才嫁五。黃慶萱：不字對初九言，十年乃字對九五言。

依王引之斷句「女子貞，不字。」不字乃不孕，故爲屯邅，夫如是，初爲婚媾矣。經藉纂詁解，字有生、乳、養、愛、任娠、孳乳、字而笄等義，而前代名家釋義，皆不出是，六二乘震初馬，乃婚媾也，只顧纏綿繾綣於愛固執暫不生育，古今貪圖行樂而擱置「無後爲大」責任者所在多有，十年乃字，十年，數之極，坤數十，歷十年乃字，言其十年光陰如夢蝶，人入中年，始受孕育子正視人生責任矣！又初之應四、二之應五、今二乘初剛，兩小無猜，皆少男女也，若夫過乎四與五仍求所悅，其男女之媾會，婚外情乎！是萬惡之首矣！

六三，即鹿無虞，惟入于林中，君子幾不如舍，往吝。

象曰：即鹿无虞，以從禽也，君子舍之，往吝，窮也。

馬融曰：吝，恨也。

王肅：即麓无虞，麓，山足。

虞翻：即，就也。虞謂虞人掌禽獸者。艮爲山，山足稱鹿，鹿林也。三變體坎，坎爲叢木，山下故稱林中。坤爲兕虎，震爲麋鹿，又爲驚走，艮爲狐狼。三變禽走入于林中，故曰即鹿无虞，惟入林中矣。君子幾不如舍往吝者：君子謂陽已正位，幾近，舍置，吝疵也。三應于上，之應歷險，不可以往，動如失位，故不如舍之，往必窮矣。

王弼：三既近五而無寇難，四雖比五，其志在初，不妨已路，可以進而无屯邅也。見路之易，不揆其志，五應在二，往必不納，何異無虞以從禽乎！雖見其禽而無其虞，徒入于林中，其可獲乎。幾，辭也。夫君子之動，豈取恨辱哉！故不如舍往。吝窮也。

孔正義：即，就也。虞謂虞官、如人之田獵、欲從就於鹿，當有虞官助已商度形勢可否，乃始得鹿，若无虞官即虛入于林木之中，必不得虞。此是假物爲喻。三欲从五，如就鹿也。五自應二，不自揆度五之情納已以否，是無虞也。往五、五不納，是徒入于林中。幾，辭也。君子之動，自知可否，豈取恨辱哉。不如休舍也，言三舍求五之心勿往也。往吝者往有悔吝也。

程頤：六三以柔居剛，柔既不能安屯，居剛而不中正則妄動，雖貪於所求，既不足以自濟，又无應援，將安之乎！如即鹿而无虞人也。入山林者必有虞人以導之，无導之者則惟陷入于林莽中，君子見事之幾微，不若舍而勿逐，往則徒取窮吝而已。

蘇軾：勢可以得民從而君之者，初九是也。因其有從而建之使牧其民者，九五是也。苟不可得而强求焉，非徒不得而已，後必有患。六三非陽也而居於陽，无其德而有求民之心，將以求上六之陰、譬猶无虞而以即鹿，鹿不可得而徒有入林之勞，故曰君子幾不如舍之。幾，殆也。

朱熹：陰柔居下，不中不正，上无正應，妄行取困、爲逐鹿无虞，陷入林中之象，君子見幾不如舍去，若往逐不舍，必致羞吝、戒占者宜如是也。

項安世：金華劉剛中曰：『鹿指上六，鹿之性善求其類，上者三之類也。』上有必亡之勢，則君子見幾而止矣。六三猶與之偕亡，亦可鄙也。又凡爻例上爲往，下爲來。

朱震：六三柔不當位，不安於屯。若上六變而應三艮變巽，離，有結繩爲網罟之象。上六不應，譬之即鹿无虞人以導其前，豈惟不得鹿，陷于林莽中矣。艮爲山，震爲木，林也、三四爲中，林中也。六三有從禽之欲，不知事有不可貪求妄動，是以陷于林中而不恤，故曰即鹿无虞，以從禽也。君子、初九也，知不可往，故見幾而舍止也。六三徒往而窮，自取疵吝。

李衡引崔憬云：君子見動之微，逆知无虞則不如舍勿往。引牧云：屯難之世，二以有應而往猶不得字，況其无應乎！三當茲而有求焉，何異於无虞以從禽也。當舍正從權之際，惟君子能行之。

引胡瑗：六三以陰居陽，上又无應，欲往求於五，五屯其膏，自與二爲應，必不見納，若下求於初，初又有四之應、則是以不正而妄動，上下皆不獲其安。

梁寅：三不中不正，无應而妄求，此小人之道也，而以君子言之者，以君子之道勉其人也，若占者爲君子，固當以小人之道爲形矣。

吳澄：即，就也。三互艮，下畫，山之足也。虞掌山澤之官，四當三之前，在艮山之間，虞人之象，然應初比五，與三不相得，不爲三之嚮導，故三即鹿而无虞人也。平地有竹木曰林，互坤爲平地，互艮爲木，震竹也，震坤艮之交，故象林，坤之中畫，故曰中，就山麓而獵者必資嚮導，若无虞人嚮導，則有陷入林中而已！幾弩牙也，逸書云若虞機張。楚辭矰弋機而在上。凡設械以取禽獸皆曰機。舍，釋也。謂君子設機取獵，不若舍置不爲，若往未必有所獲，徒取羞也。

來知德：中爻艮爲山，山足曰麓，三居中爻艮之足，麓之象。三四爲人位，虞人之象。无虞者，无正應之象也。震錯巽，巽爲入，艮爲木，下震爲竹，材中之象，言就山足逐獸无虞，入乃陷入林中。坎錯離明，見幾之象。艮止之象，舍而不逐也。又云：六三陰柔不中，下正又无應故有即麓无虞，入于林中之象。若往逐而不舍必即羞吝。

王船山：君獵，虞人翼獸以待射，无虞，鹿不可必得也。林中車絓馬阻之地。舍止也。六三當震体之成而爲進爻，上六窮陰不相應，坎險在前，往无所獲，而有所礙，故有此象。三柔无銳往之象，類知幾而能止者，然体震而躁進，不保其能舍，則有往咎之憂，窮於已謂吝。

毛大可：九家易以屯爲十二月卦。此以秋冬之氣而行春令，雷伏地中，三不能無田禽事，震象爲鹿，時非纘武，虞官不至，坎在前爲蒺棘，三爻當震終，互艮之首，艮止也，動止相尋，幾不如舍，屯難未解，往即吝窮耳。又云：一爻而具離震坤坎四卦，則弓矢車馬，旗鼓戈兵之象備。

李塨：六三不中不正，又无應與。三居人道，當爲虞人，變坎隱伏則无虞矣。无虞何以從禽？君子見幾以爲與其震動，毋寧艮止，不舍而往，徒吝窮耳。悔將改吝不改。有以羞解，吝嗇則羞澀矣。

李光地：虞，山之主也。即鹿而無虞以導之，則惟陷於林中而已。當屯之時，以陽爲主，六三無陽剛之比應，動極不能自止，前遇坎險，故有此象。然居內體，涉險未深，故又戒占者以見幾舍去，勿有攸往以取羞吝也。

丁晏：鹿，王肅作麓，虞注山足稱麓，麓林也。本義以爲鹿豕之鹿，據郭京易然古注皆訓山足，不必據郭京僞書也。

焦循：虞，度也。无虞，无度，即无權也。假其辭爲田獵无虞人，易辭例如是。

曹爲霖引誠齋易傳：三无剛明之才，居震動之極，妄意濟屯之功業。蓋功無幸成，業無孤興，管幼安所以不仕於魏，非無憂世之心也。鹿譬則功，虞人譬則應也。

劉次源：鹿性善走，三動極也，動不以禮，不待虞人而自逐鹿，陷入林中迷不得出，君子見幾而舍之，決也。貪得而往，必致羞辱。

李郁：即就，獵鹿也。舍止，虞人所以蹤跡禽獸者。三雖欲往而上六非應，故曰往吝。

吳汝綸：逐鹿而無虞人，無可得禽，空行空反而已！果居子也，殆不如舍而勿往。幾，辭也，蘇子瞻以爲殆也。淮南子說，君子舍之以爲懼失仁義。

，惟入于林中，從禽而已！君子即所建之侯，能見幾而作，或舍鹿，或舍虞，不舍則吝矣，窮也。

楊樹達引淮南子繆稱訓：君子非仁義無以生，失仁義則失其所以生；小人非嗜欲無以活，失嗜欲則失其所以活。故君子懼失仁義，小人懼失利，觀其所懼，知各殊矣。易曰：即鹿無虞，惟入于林中；君子幾，不如舍，往吝。

屈萬里眉注：鹿，麋鹿之鹿。眉引周禮天官太宰：虞衡作山澤之材。疏：當山澤者謂之虞。幾，即見幾而作之義，釋文鄭云：機，弩身也。按作機，非是。又引白虎通：禽，鳥獸總名，毛傳：從，逐也。

程兆熊：對理想的追求，誠如對小鹿的追逐。惟一時無獵獲之人，即萬古有林中之歎。能姑舍之，則當下就是永恒，眼前即是無限，又何所往？又何所窮？

高亨：即鹿猶言從鹿逐鹿。引惠士奇解虞云「逸周書五虞，一鼓走疑，二備從來，三佐軍舉旗，四采虞人謀，五後動撚之，撚蹂也，蹂其後而從之，此從禽之所以必有虞人也。」今逐鹿無虞人之助，鹿入林中不可獲矣。幾近古通用，疑皆借爲祈。說文祈，求福也。君子幾不如舍，言君子求鹿不如舍之。吝難也。言所求在難得之數，徒勞無功，不如勿求。

李鏡池：鹿借爲麓，山腳，虞掌山林，熟悉山林如老獵戶。惟，考慮。幾，機智。吝漢易作遴，難行也。打獵到腳下，沒有嚮導，不進入林中，機智不去。

金景芳：屯難時必須守正，不可輕舉妄動，貿然行動必象逐鹿，无虞人引導，進入林中出不來。

鄭衍通：象誤鹿爲禽，後儒沿用傅會。「幾」即小也，虞訓近，王語詞，程朱以見機釋之，牽强穿鑿，殊不知爻各自有旨，不可混也。鹿讀爲麓，山腳也，虞月之象徵，君子日也。舍星宿，六三啓蟄入營室十四度，室宿共十六度，故君子幾不如舍。

傅隸樸：六三愚而好自用的人。鹿指君位，逐鹿指九五言，三想親五，無知丟臉。即鹿獵鹿，虞爲天子司獸官，王者狩獵必以虞人相從。惟，徒然。幾同即。

沙少海：貴族行獵，沒嚮導不要入樹林，君子機智，認爲不如不去，進去是困難的。（與李鏡池說多同）

徐志銳：六三柔居陽位，柔弱逞强，不顧客觀條件輕易涉險，所以設辭誡說，獵野鹿无虞人帶路，一无所獲，不如舍棄對象不追捕。

黃慶萱：「即鹿无虞」下省去「惟入于林中」一句。山腳下沒管理員接待跑進山林中追逐禽獸，有得憂的，因會迷路啊！

徐芹庭：鹿當作麓，山足也。無虞人，無正應之象，艮木震竹，無導入林，不如舍去勿逐，免往而羞吝。

林漢仕案：即鹿無虞。象以從禽。象似有誤導二，其一以鹿爲禽，寫定鹿爲可獵目標。其二禽與獸有別，即獸之間亦不可以鹿爲馬，況以獸爲禽者乎！故虞翻「虞人掌禽獸者」暗正禽獸一体，蓋據白虎通以禽爲鳥獸總名，所謂禽即獸也。說文，鹿，獸也。

王肅以鹿爲山麓，山足也。「從禽無厭。」觀魏書文帝紀：「八歲能騎射，建安十年，與族兄子丹獵于鄴西，終日手獲獐鹿九，雉兔三十。及即帝位，數行弋獵，長水校尉戴陵諫不宜如此數數，文帝大怒，陵減死罪一等。」唐太宗愛田獵，且親與野豕鬥，以親殺獵物爲樂，小臣唐儉即上書諫：陛下雄有四海，豈復逞雄心於一獸！太宗笑納其諫。以獵爲軍事演習，以獵爲舒展筋骨，强陵弱，衆暴寡，弱肉强食之矣！獵爲人所喜愛，爲生活之一環可知！句踐追逑以前則禽荒，入則酒荒，百姓不圖，上天降禍，是逐獸可以怠志也。故禮三驅爲度。

即，就也。鹿，麓也；禽也；鹿也；鹿指君位，指九五言。鹿之爲言倉儲也，如國語吳語「市無赤米，困鹿空虛。」注員曰困，方曰鹿。鹿之爲言祿也。

鹿之言麓也，山足也，王肅首唱。鹿之本義，麋鹿之鹿，孔疏，鹿之言禽也，象曰。王弼亦籠統傳其義。

鹿之言君位者，傅隸樸先生也，蓋謂秦失其鹿，天下逐鹿乎！

鹿之言倉，儲糧食所在，故云圓困，方鹿。

鹿之爲言祿食也。

即鹿，項安世言「鹿性善求其類。」劉次源云「鹿性善走。」鹿性多疑，膽小，警覺性高，山居動物，獵者之樂見，無格鬥之險，有追逐之樂。鹿之山居，鹿之孳乳麓字，山腳，鹿之活動場所也，平地无鹿，就鹿，逐鹿必自山林無疑，虞翻之善跨兩者之言釋鹿，彼云艮爲山，山足稱鹿，又云震爲麋鹿。正是麓乃鹿之故鄉也。鹿之爲言君位，鹿之爲言祿食，前者爲目標，後者乃享其成也，然宜乎善慮也，虞，首以虞慮之也，所謂多算勝，少算不勝，況於無算乎！無虞，即無算也。又虞人掌山澤者，虞翻謂掌禽獸者，「即鹿」不用鄉導者不能得地利，虞人即鄉導也，六三愚而好自用者，以柔居剛，無陽剛比應，不中不正，无應而妄求，誠齋所謂：「三无剛明之才，居震動之極，妄意濟屯之功業。蓋功無幸成，業無孤興。」焦循謂「虞爲度，无虞即无度，无權，假爲田獵无虞人。」獨夫項羽，一范增尚不能用，況韓信，陳平本項軍中人乎！宜乎烏江自刎也，不能用人而致敗，斯乃眞無面目見江東父老！不戰而知敗矣！無虞慮計度之即鹿，無虞人之入林，猶臨淵之羨魚也，其入於林中，非惟鹿之不得，已身亦不免陷林中矣！賠上一命矣，是只見一利，不見生死之徒也，焦循所謂無權，正不知權衡輕重得失之別也。胡樸安之言虞，仁獸，白虎黑文，尾長於身。虞與鹿兩種獸類，就虞失鹿，就鹿失虞，兩無所獲，惟入林中從禽。胡說從經文外別覓禽於象，借象言從禽再補足經義。說文雖言虞，騶虞，白虞黑文…食自死之肉。然察諸經義，似不能以仁獸釋無虞爲無虞騶這類野獸。無虞當爲即鹿之狀態。

「君子幾不如舍，往吝。」幾與舍之義，吝之言窮，試看各家意見：

君子謂陽已正位，虞翻說。程頤泛稱君子見事之幾微。君子，初九也。朱震稱。占者。李光地稱。君子即所建之侯。胡樸安謂。王夫之以「君獵，虞人翼獸以待射。」君子似指君王。然下文又稱「三柔无銳往之象，類知幾而能止者。」則直指六三爲君子矣。鄭汸通以君子爲日，將卦爻配以天象言，另一系統以研究易者。孔子之思不出位，易爻雖有比應順承，然亦當以思不出位解爻，則可免東拉西扯，南營北運，似是而非之論，易之成天書矣！譬諸一粒黃豆，評估其營養價值從蛋白質，油脂，碳水化合物比例，油脂中，可需問甘油，脂酸，磷酸，磷脂酸，膽固醇，熱能，飽和脂酸，不飽和脂酸之比例？礦物質之含量？如鈣，鐵，鈉；維生素A、B1、B2，菸鹼酸，C、D、K，灰質，纖維？最普通之水份，熱量來源碳水化物中碳，氫，氧比例，澱粉，醣類營養價值：從任一角度言，皆黃豆之所當有，皆人類營養之所不可成缺，何如只譚其色，香，味？設又論其堅硬度，雖則不離題，然與人類關係已隔千重山矣！易之爲天上星座，易之爲波量子定律是也！君子指：

陽已正位。

泛稱君子，六三也。

初九也。

占者。

所建之侯。

君王。

日。

占者與六三有君子之行同指本爻六三，所建之侯與初九同指本卦之第一爻，陽已正位則言動正復變；君王則離爻位言道理，理雖是而與卦爻脫節，日也者，研究黃豆組織密度者也，以另一角度讀易，用力勞而所收效果至微者乎！

以爻論爻，則君子仍宜指六三。蓋即鹿無虞爲六三，入于林中亦六三，君子幾不如舍，君子六三無疑矣！程頤之君子見事幾微，李衡引牧：三當舍正從權，唯君子能行之。徐志銳謂六三輕易涉險，所以設辭誡說，六三上無應，下不比，位剛質柔，以少女之稚，往求五之應，痴痴之情，不顧環境之可否，少女情結，摸索戇直，九五之接受，偷情不得名份，況九五之無應乎！其象如即鹿無虞，欠缺中爲之介引，陷愈深矣！作易者謂：汝六三宜敞開心胸，見幾微要妙之情不利於蠻幹，不如退舍止守分，否則一往無前，徒取悔吝而已！

幾字之釋，有：辭也。微也。殆也。機，弩牙也。近也，借爲祈。機智。幾同即。屈萬里以爲作機，非是。毛大可以一爻具離震坤坎四卦，則弓矢車馬，旗鼓戈兵之象備。是之謂幾，則無爻不備四象矣。六三內剛外柔，情之爲物可感而知之，見幾微之兆，仍奮不顧身者，徒取辱而已，是以君子不爲也，知止不殆，何吝之有！一往鶻突，則窮難羞悔恨吝矣！

六四，乘馬班如，求婚媾，往吉，无不利。

象曰：求而往，明也。

虞翻：乘三也。謂三已變坎爲馬，故曰乘馬。馬在險中，故班如也。或說乘初，初爲建侯，安得乘之也。

崔憬：屯難之時，勿用攸往，初雖作應，班如不進，既比于五，五來求婚，男求女往，吉，无不利。
王弼：二雖比初，執貞不從，不害己志者也。求與合好，往必見納矣。故曰往吉、無不利。
孔正義：六四應初，故乘馬也，慮二妨己路，故初時班如，旋也。二既不從於初，故四求之爲婚，必得媾合，所以往吉无不利。
程頤：六四以柔順居近君之位，得於上者也。而其才不能以濟屯，故欲進而復止，乘馬班如也。己既不足以濟時之屯，若能求賢以自輔則可濟矣。初剛陽之賢乃是正應，己之婚媾也。若求此剛陽之婚媾，往與共輔陽剛中正之君、濟時之屯則吉，而无不利也。居公卿之位，己之才雖不足以濟時之屯，若能求在下之賢，親而用之，何所不濟哉！
蘇軾：方未知所從也，而初來求婚，從之吉可知矣。
朱熹：陰柔居屯，不能上進，故爲乘馬班如之象，然初九守正居下以應於己，故其占爲下求婚媾則吉也。
項安世：六四明見事幾，求而後往，子房之迫而後言，韓信之拜大將而後留也。
朱震：六四柔而正，上承九五，坎爲美脊之馬，艮爲手，乘馬也。四自應初，五自應二，其情異，乘馬而班別者也。六四雖正，有濟屯之志，五求四、男下女，陰陽相合，斯可往矣，往之上得位，故吉，无不利。易言出入往來，卦自內之外曰出，自外之內曰入。出者往，入者來也。往者屈，來者伸也。

李衡引牧云：四應於初，故道迂遠爲其在難，故難進也。初爲康屯之主，四得正而應之，故往吉無不利，言得所往之道也。引陸㮚云：知必然之理，明以合之數。引勾微云：四應初乘馬欲往，有六二之陰妨礙己路，故且班旋其馬而未往也。二不比初，自應於五，四乃遂得其媾合，則往而獲吉。

梁寅：四與初爲應，婚媾也。初求於四，四亦求於初，爲陰陽相求之正道，故往吉，無不利。此爻之占，上進則艱難而下交則有合也。

吳澄：四雖柔弱不行，然初爲正應，上進就己，故占者若求婚媾而往則吉。凡言往者皆謂自內適外。四雖才弱，居得其正，又有剛正之應求己故，他事亦无所不利。

來知德：坎爲馬，四求初往也。自內之外曰往，本爻變，中爻成巽則爲長女，震爲長男，婚媾之象。舊說陰无求陽之理，不知四求賢以濟難也。四柔近君，屯難時欲進復止，故有班如象。初能得民，四陰陽正應，未有蒙大難而不求初者。若欣往資其柔正之才濟屯，吉可知矣。四近君亦无不利也。

王船山：四與初應，又上承九五，不專有所適，故有班如之象。然柔得位，退爻，始疑終必往與初爲正應，初來求婚媾也。柔得正，初求必往，四順德，陽動而有功，陰順受而後生化，以成於己爲吉，於物无不利矣。

毛奇齡：屯爲剛柔相交之卦。四與初應，陰陽相應，有何邅迴？但此所乘馬亦初剛也。萃兌本四剛，今降爲初，則剛柔頓反，原有不甘婚媾之意，況五剛相比，乘初頗遠，則別有授綏亦其恆事，無如初九正應，陽自求陰，則從而往焉，有何勿利，蓋卦體大離，離爲明，其明于決擇如此。

李塨：六四之陰與震初之陽相應，乘之固宜，特五剛相比，應初疏遠，則有乘馬班如之象。初九我之正應，能屈己下賢，來求婚媾，往從之吉，无不利可坐決矣。

李光地：四居險体，故亦有乘馬班如之象。然凡易爻，以六四承九五者吉，當屯之時，比近陽剛，又非六二在下之比也，故二雖有婚媾而不字，四則可以往應其求而獲吉利也。舊以爲四求初九，於義亦通。

曹爲霖引思菴葉氏：淮陰道亡，新息遨遊，皆有乘馬班如之象，故曰君擇臣，臣亦擇君。又引誠齋易傳：六四有自知之明，無疾賢之私。求婚者求助也。

劉次源：四乘震馬而應初。班如者不遽進也。

李郁：馬指初陽，四與初應，而初不動，故曰乘馬班如。四往求初，以陰交陽，故曰婚媾。求而得之，故往吉无不利。

吳汝綸：二與初非應，以相比爲義，故有疑寇之說，四則婚媾矣。往吉，謂之初也。

胡樸安：田獵已罷，乘馬班如，各求婚媾矣。往吉无不利者，六二之婚媾，隨所遇而婚媾，初無愛情可言，此則有所求而往，不爲蒙昧隨所遇之婚媾，而爲明顯有愛情之婚媾，則吉无不利矣。

程兆熊：一念之轉，隻手可以回天。一心之明，片時可以無夜。由是而乘馬班如，在光天化日中行，在萬紫千紅中走，則對對雙雙，即各全其性，各遂其情。

高亨：班讀爲般，旋也。乘馬盤旋，以求婚媾，筮遇此爻，往則吉，無不利，故曰乘馬班如，求婚媾，往吉，无不利。

李鏡池：求婚媾即求婚。騎馬去求婚，怕不成，結果吉利，沒有不成功的。

金景芳：求初九正應，四陰初陽，所以往求吉。

鄭衍通：震爲馬，日在爻前，故爲乘馬班如之象。求婚媾，日求月也。日往，月出於卯也。

傅隸樸：拯難待時機，文王三分天有其二猶服殷，武王德孚一鼓翦商。六四以婚姻爲喻，初九愛不專，求二、故六四馬班如，初九放棄六二，往吉无不利。

沙少海：騎馬求婚，徘徊不進，成否未卜，感到惶惑，鼓勇前進，結果吉利，成功是肯定的。

徐志銳：脫離下卦震進入上卦坎体，有濟可能，但陰柔欲進又止，有乘馬班如象。求助初九，一剛一柔，同心協力，濟險指日可待了。

黃慶萱：陰居四，心猶豫，在隊伍中騎馬盤旋著，初九求婚了，嫁他一定幸福，初九也有好處，明智的行爲。

徐芹庭：求者四求之也。往者初往之也。非眞婚媾也，求賢濟難有此象也。六四欲進復止，故有班如之象。初往濟屯，吉必矣，四近君，無不利也。

林漢仕案：屯卦爻辭唯六四利往。往謂由內而外，來則自外入內。由內而外者，從下卦往上卦也；自外而內謂之來也。然易家並未遵守此一成法，試觀彼見即知：

王弼：「二雖比初，執貞不從，求與合好，往必見納。」是言初往四也。

孔正義謂四求初婚必得媾合。所以往无不利。是四往初婚媾而後共往也。

程頤：「六四柔順近君，求賢自輔，初陽正應，己之婚媾，求往輔中正之君，无不利也。」是求初共往也。

項安世：求而後往。

朱震：「六四正，有濟屯志，五求四，男下女，陰陽相合，斯可往矣！易自內之外曰出往。」朱意四往五也。

李衡引牧：「四應初，初屯主，四正應，故往吉。」似言四往初。引勾云「四應初乘馬欲往。」則明四往初矣！

梁寅謂：「上進艱難，下交則有合。」亦主四往初。

吳澄：「凡言往者皆謂自內適外，初上進就四，往則吉。」吳澄謂初往四也。

來知德：「四求初往。舊說陰无求陽之理，不知四求賢濟屯。」來亦主初往，然應四之求。

王船山：「四柔得位，初來求婚媾，初求必往。」夫之先生亦謂初往。

毛大可：「四與九五剛比，乘初頗遠，別有授綏，不甘婚媾，無如與初正應，陽求陰，從而往焉，有何勿利。」亦婉轉言四合初共往。

李塨：六四屈己下賢，來求婚媾，往從之吉。是四下初也。

李光地以「四下求初九於義不通。四承九五吉，比近陽剛，往應其求而獲吉利也。」李謂四往五也。

金景芳亦謂求初九，所以往求吉也。

傅隸樸：初九愛不專，放棄二，往吉無不利。

黃慶萱：初九求婚了，嫁他一定幸福。

徐芹庭：求者四求初，往者初往四，非眞婚媾，求賢濟難。

六四求婚媾，往吉。求初邪抑初求？或謂五求？

崔憬謂五求四，朱震五求四，陰陽合，毛大可謂四五別有授綏，李光地四承五，主四與五婚媾或則有所綏也。

孔正義之四往初，李衡四應初秉乘馬欲往。謂四往初，下交也。

王弼：初往見必納。吳澄初上進四，王船山初來求婚媾，是初往四也。

程頤是謂求初共往，毛奇齡在四五別有授綏，不甘婚媾，初陽求陰共往。

上四說一、六四與九五婚媾

二、四求往初。（上往下交）

三、初求往四。（下自上求）

四、四下初而後共往。（含招初往而後共往。）

筆者之意，五四之子，承剛下比，各取所需，然非婚姻之正，女愛其勢，我貪女色乎！容悅於一時也。於爻文往字上行合；四求初，四在上往求下，既謂之往，則往不下求，往乃上行，想亦非爻意；言初往求四亦不得爻意，蓋謂六四爻求婚媾也，非謂初九爻辭求婚媾，初九自有初九之爻文，是初九，六四不分也。黃慶萱之「初九求婚了。」正是混淆爻辭立說。言四下初而后皆往者得之矣。並非徐芹庭之謂「四求初，初往四之意。」蓋初四俱往也，不以初，四合力爲止，而以初四合力始而共往，程頤之言求此陽剛之婚媾，往與共輔剛正之君，是六四之正解。然則何爲初爻磐桓，二爻乘馬班如？蓋初時比於二，猶漢武帝母王夫人爲金王孫婦，其母奪金氏內太子宮，金氏怒不肯與決也。婦初奉母命與夫決，未嘗不戚戚與懷也。又馮萬金女趙后飛燕，幼時通鄰羽林射鳥者，及與漢成帝好，成帝特幸，宜主（趙飛燕）豈易忘懷夜雪期射鳥者於舍旁露立之故事耶！射鳥者與金王孫又焉欲吐已呑之美嬌拱手予人耶！初之利居者，蓋爭之無益也，六二之屯如邅如，乘馬班如者，初婚之好不能劇予忘情也。然而終歸後者，勢之必然也夫！

六二之班如，欲往婚媾而不能忘初戀也，亦人之常情也；六四之班如者，依爻辭「往吉」，似四之求與五婚媾也。李光地以爲比近陽剛而獲吉。崔憬則謂五來求婚吉也。然易家多以有應於初著眼，且初剛而賢，爲康屯之主，四之應初，得其所哉。四下初，女下男，貴陪賤，榮耀歸初，四之所有者，其位乎？然或標梅之年已過，長女悅長男，求婚媾，求共往偕老，衡之情理可也。然初之貞，自有其遠大前程，毋須託四自壯，倚女榮身，其爻辭「磐桓，利居。」正不欲寄身大臣位，近君之四也，故李光地直斥一般作爲兒女家長之心態，以爲「應」即當爲婚媾，青梅竹馬故好，顧人情以不瞭解合，以瞭解分，可應而未之應之，初四之謂乎！又以六爻爲人生歷程言，其時段有以一生爲一單元，則初時與上時，人生初階與暮年也；若以一事爲一單元，則謂初時如何？繼之如何？三階四階段又何如？初九陽剛中正，鋭進，貞而利建侯，人生目標遠大，不只家人寄以「百祿是總。」祁天之「保明其身。」俗謂「日大一尺，夜大一丈」也，即初本身亦翺翔乎六合之外，有一舉千里之志，奈何羈縻於「居之安」懷土而磐桓，是機可因有所繫戀而誤良緣也。韓詩外傳所謂高尙其志，間吾事君之謂也。六二更是畏首畏尾。六三於時爲莽撞，上不得天時，下無其地利，猶擬一往无前，夜無常是伴也，化作糞壤矣！故戒之不可作獨夫！六四之時機再至，雖畏葸依舊，蓋窮人多志短，然天賜福祿，求爲婚媾必合也，婚媾亦人生一大事，求而可得之時，占謂時乎！時乎！「伴奐爾游矣，優游爾休矣！」往日建侯之志，結伴得「佛時仔肩」，辭謂往吉，无不利，不祇限於男女之事得諧，勇往從事皆无不利，坐失則徒然泣血漣如矣！

九五，屯其膏，小貞，吉；大貞，凶。

象曰：屯，其膏，施未光也。

虞翻曰：坎兩稱膏，詩云「陰雨膏之。」是其義也。

崔憬：得屯難之宜，有膏澤之惠，謂與四婚媾，施雖未光，小貞之道也，故吉。至于遠求嘉偶以行大正，赴二之應，冒難攸往，固宜且凶，故曰大貞凶，貞正也。

王弼：處屯難之時，居尊位之上，不能恢弘博施，无物不與，拯濟微滯，亨于群小而繫應在二，屯難其膏，非能光其施者也，固志同好，不容他間，小貞之吉，大貞之凶。

孔正義：膏謂膏澤，恩惠之類，言九五既居尊位，當恢弘博施，唯繫應在二，而所施者褊狹，小正爲吉，若大人不能恢弘博施，是大正爲凶。

程頤：五居尊得正而當屯時，若有剛明之賢爲之輔則能濟屯矣。以其无臣也，故屯其膏。人君之尊，雖屯難之世，於其名位非有損也，唯其施爲有所不行，德澤有所不下，是屯其膏人君之屯也。既膏澤有所不下，是威權不在己也。威權去己而欲驟正之，求凶之道。魯昭公，高貴鄉公之事是也。故小貞則吉，小貞謂漸正之也。若盤庚，周宣脩德用賢，復先王之政，諸侯復朝，蓋以道馴致，爲之不暴也。又非恬然不爲，若唐之僖，昭也。不爲則常屯以至於亡矣。

蘇軾：屯无正主，惟下之者爲得民，九五居上而專於應，則其澤施於二而已。夫大者患不廣博，小者患不貞一，故專於應，爲二則吉，爲五則凶。

朱熹：九五雖以陽剛中正居尊位，然當屯之時，陷於險中，雖有六二正應，而陰柔才弱不足以濟，初九得民於下，衆皆歸之，九五坎體，有膏潤而不得施爲，屯其膏之象，占者以處小事則守正，猶可獲吉，以處大事則雖正，而不免於凶。

項安世：五本在高位，非建侯也。九五不當復有主義。凡立事皆當艱難，惟膏澤一事不可艱難，五以坎水在上，當屯之時，艱於施澤者也。此有司之事，非爲政之體也，況濟屯乎，故小貞吉，大貞凶。言小人小事守此則吉，大人大事守此則凶也。又九五有權有勢而屯膏不下，失士民心，非以貴下賤者，項羽之爲天下宰而不與人功，不與人利也。

朱震：坤爲民，兌爲澤，五之二成兌，有膏澤下于民之象。內卦之極，震體而有坤，權臣挾震主之威，有其民者也。六三壅之，九五膏澤不下，故曰屯其膏。六二、六四、上六自正，陰爲小，故爲小貞吉。五動而正，三以君討臣，則三復乘五，蓋膏澤不下，五之施未光，民不知主，禍將不測，故大貞凶。

李衡引陸云：五居尊位，難於膏澤，使眾陰下歸於初，其義固可恥也。膏澤象爵祿，屯于膏澤而獨應二，是私也，用之小事則吉，大事則凶，居尊位而不能博施於民眾，德不稱也。引石云：此一爻言君居大位，意在於公，當與天下同其好惡，无私係於一人，惟公是從，則道光也。如私係於一人，乃婦人女子之正。

梁寅：坎爲水，膏澤之象。五陽剛得位，宜施其膏澤者，然在於險中，未能自出其應，又弱不能輔助。而初九方得於民下，是則五雖有其膏澤而屯塞不能施也。爲人上者於此時以小而正之猶可吉也，若大正之，不免凶矣。小正者漸正也，以其在位爲所可爲也。大正則凶者，以時勢既失，不可強爲也。

吳澄：坎爲豕，爲雨，爲雲，考工記天下之大獸五，膏者脂者，膏謂犬豕，五在坎體之中，豕之膏也。時雨謂之膏雨，言其潤澤如膏也。坎在上体象水之氣，升而爲雲，天之膏澤艱屯而不下之象。小者陰，指六二，大者陽，指九五。六二雖有乘剛之難，終必復常，是小者貞可以吉也。九五居尊，命令不行，不能度時審勢有所作爲，必招禍敗，此大者之貞所以凶也。

來知德：以坎體有膏澤霑潤之象，故曰膏。本卦名屯故曰屯膏。小貞者臣也，指二，大貞者君也，指五。六二言女子貞，而此亦言貞。又九五以陽剛中正，居尊有德亦有位，但當屯時，陷于險中，爲陰所掩，雖有六二正應，陰柔不足以濟事。初九得民于下，民皆歸之，无臣无民，所以屯其膏不得施爲之象。

王船山：膏，澤也。貞，正物之謂。九五陽剛中正之德爲上六所掩，陷於險中。蓋雷動雲興，時雨不能降之象。斯時委屛輔之任於初九，小試正物之功，徐收後效而吉矣。如求大正於物，陰險爭衡必至於凶。故雖仁義美名，不可一旦襲取。初九微陽不能入險而相援也。

毛大可：以自潤而成屯，是屯其膏。雖君位居貞，而得民在初。故初之居貞爲小貞，小貞則吉。此之居貞爲大貞，大貞則凶。蓋下卦施澤之地，上卦施澤之人，施未大光，何吉之有！漢書谷永傳引此曰：小貞爲臣，大貞爲君，遭屯難則當開振，君吝則凶，臣吝則吉。此貞字別解。自注又云：「魏了翁曰：『周禮有大貞，謂大卜，如遷國立均等事。』與此不同。」

李光地：爲險之主，在雲位，屯其膏之象。時當險難，其施不行，必脩自近，爲之以漸，積久而通則吉。遽行大事而圖大功是大貞，恐有違時之咎，是以凶也。小貞大貞就居尊位者言之。

丁晏：本義斷小大爲句，非也。王弼崔憬俱從貞字屬讀。周禮鄭注貞，問也，國有大疑，問于蓍龜。

焦循：膏與高同。

曹爲霖：易爻九五多凶少吉，屯之凶者，屯其膏也。明張獻忠將陷武昌時，庫藏空絀，楚王積金百萬，長史徐學顏請王發金數十萬贍軍，不聽，及城陷，賊沉王於西湖，輦載宮中百萬積金，楚人憾王之愚也。此屯其膏之大貞凶也。又引誠齋傳：九五剛明之君，居屯難之世，疑其撥亂反正有餘，然澤未光，故其正可小不可大，有君無臣故也。如唐文宗初恥爲凡主，非不剛也。故曰君强臣羸、航無楫維，無臣有主，去虺得虎。終自以爲不及赧獻，大貞則凶也。

劉次源：坎爲恩膏，五則陷險，故壅膏澤而不施。小事貞嗇，猶可獲吉，大而貞嗇吝施，則天下怨望，凶必隨之。

李郁：膏，膏澤，指坎水言。坎在上爲雲，在下爲雨，密雲在上，膏澤未施，故屯其膏。陽居中正，謂之大貞，往二得中，謂之小貞，五行至二，則雲降爲雨矣，故曰小貞吉也。

吳汝綸：屯其膏，謂固閉，本陷陰中，所謂一夫之行，故小事則吉而貞問大事則凶也。貞，卜問也。

胡樸安：言率領民衆之侯將所獲之禽，不能遍施於民衆。貞事也，施澤未廣，民信未孚，小事則吉，大事則凶也。

楊樹達：漢書谷永傳：永對問云：諸夏舉兵，萌在民饑饉而吏不卹，興於百姓困而賦斂重，發於下怨離而上不知。易曰：屯其膏，小貞吉，大貞凶。王者遭衰難之世，有飢饉之災，不損用而大自潤，故凶。

屈萬里：眉引廣雅釋言：膏：澤也。又引詩野有死鹿箋：屯，聚也。引左傳襄公十九年：小國之仰大國也，若百穀之仰膏雨焉，若常膏之，其天下輯睦，豈唯敝邑。又詩黍苗：芃芃黍苗，陰雨膏之。此屯其膏，即陰雨膏之之膏也。又引孟子離婁章：膏澤不下於民。又周禮太卜：凡國大貞，卜立君卜大封。又眉注：小謂卑微之人，大謂尊官也。

程兆熊：有性情上的沾滯，即有性情上的膠著，有性情上的膠著，即有性情上的僵持。此在屯難之世，便自推拓不開。由此反招來天地之閉，與夫賢人之隱。斯誠性情之災，與夫所施之闇。

高亨：屯，聚也。說文：「膏，肥也」。國語晉語：「夫膏粱之性難正也。」韋注：「膏，肉之肥者。」是膏者，肥肉也。鼎九三云：「雉膏不食。」義同小事之占爲小貞，大事之占爲大貞。屯其膏者，儲而不用，積而不施，如此爲小事則成，爲大事則敗，故曰屯其膏，小貞吉，大貞凶。

李鏡池：屯借爲囤，積，聚也。屯其膏，把肥肉儲存起來。小貞，占問日常小事。大貞，占問大事，指戰爭與祭祀。這爻說靠打獵維持生活靠不住，因此要把一些肥肉積存起來。

金景芳：失去人君權威，政令不能下達，膏澤不能廣施，大貞不可，小貞還行。程傳用歷史教訓發揮可參考。

傅隸樸：屯音豚，屯積。膏，膏澤。屯其膏即孟子「膏澤不不於民。」功成賞些心腹以酬其勞曰小貞吉。大事不公，失天下心故大貞凶。屯其膏是大正之凶。

徐志銳屯所以爲難，時雨不能降于地。屯其膏，惠士奇膏爲雨，坎在下爲雨，上爲雲，不雨難不解。

黃慶萱：（語譯）屯聚膏潤不施現象，小事如是可以，大事就糟糕了。

徐芹庭：坎體有膏澤霑潤象故曰膏。六二九五皆得正故曰貞。小貞指六二，臣也。大貞指九五，君也。五爲陰掩，雖正應，然柔不足濟事，初得民于下，故有屯其膏未得施之象。

林漢仕案：膏義有：

坎雨稱膏。（虞翻說。）

膏澤之惠，謂與四婚媾。（崔憬云。孔穎達從之。）

以人君之尊，德澤有所不下，威權不在己也。（程頤云。）

九五其澤，施於二而已，患不廣博。（蘇軾云。）

初九得民，五坎体，有膏潤不得施爲。（朱熹。）

九五有權有勢而膏澤不下，失士民心。（項安世言。）

膏澤象爵祿，獨應二，德不稱也。（李衡引陸云。）

坎水膏澤之象，弱不能輔助，屯塞不能施也。（梁寅。）

膏謂犬豕之啼，時雨謂膏雨，坎升爲雲，艱不下。（吳澄。）

五陽剛中正之德爲上六所掩，時雨不降之象。（王夫之。）

膏與高同。（焦循。）

九五剛玥之君，然澤未光。（曹爲霖引云。）

屯其膏謂固閉，五陷陰中，一夫之行也。（吳汝綸。）
施澤未廣，民信未孚。（胡樸安。）
屯，聚也，膏，肥肉也。儲而不用，積而不施。（高亨。）
屯，囤積聚也，把肥肉儲存起來。（李鏡池。）

爻至九五，乃人生最高峰，德業皆有所成之時也。奈何屯其膏，小貞！屯義有草木之始生，聚，難，盈，眾，從，固，厚也，束也，陳也，戍也，守也，邨也，臀讀爲殿。屯義紛岐，屈萬里，高亨等第取一聚字釋屯。其膏者，或稱雨膏，膏澤，爵祿，豕膏，肥肉。九五以權力言，乃尊位。即本卦辭所謂利建侯也。初九之利建侯，乃屯初生之世，父母以「蓼蓼者莪」視之，猶云「此子未來洪福齊天，非侯即王。」期許之也。至五則當宜乎有其實，享其果矣，「貞」貿於神靈，神靈佑助之，若强貞我將行吾大欲，孟子有所謂猶緣木求魚也！緣木求魚，尚無大災，必盡力而爲之，災不可測矣，故凶。易家執於九五必爲君，又扭膏澤不下於民，膏澤不施，民不與同好惡之史事而謂五私二，或四，昵於私必害於公，是眾所一辭，亦理路必如是也。然以陰爲小，故謂繫應二，或比四，項安世謂五本高位，非建侯。而不曰五君位乎？以時言之，利建侯之時也，然而根基不固，屯以草木始萌芽，故言其始振其膏，德澤未孚，人民尚未依附，五之位，非出於已之同其血汗，奮其神威，步趨運籌之作賺入者，乃承襲祖業，依例建侯，視事之初，近習讒諂順承小人，樂見君子之成事，貞而群小一德，吉也，生活起居之安，因近習之內附，一呼可百諾矣，是之謂小事順成，大事則民信未孚，處低姿，下位之能臣未之認同，其貞凶者，蓋正身亦凶也，貞者卜，卜凶，正身亦凶，其所以然者，項羽，劉邦之「彼可得而有之」「大丈夫當如是也。」乎！有天下者謀諸小人，大人不爲其用可知之矣！五之建侯有其位，亦人生之一高峰也，乘高峰期，執意行事，小事如婚姻，享受富貴，是可滿足，如家國大事，尺有所短也，不宜插手，英王愛德華八世，不愛江山愛美人，再婚婦偕王從浪跡天涯，不得與聞其國事矣，然較之魏高貴鄉公似好一籌，故繫詞云：「吉凶者，失得之象也。」彼愛德華者，得一陰而失父母之國矣，終身焉不得返國，而爲高貴鄉公者，不忍逆順之理，帥僮僕撲向虎狼，刃出於背矣，崩時年僅二十，故欲爲愛德華終老放逐，如繫解「失得之象」不可得也！程氏之云宜乎哉！孔正義之云「九五既居尊位，當恢弘博施。」是理當如此，而不知權在臣門，朝廷四方皆爲致死之勢，程頤所謂「其施有所不行，德澤有所有下」也，五之不忍廢，徐圖可行之策，以九五之尊，行匹夫之行，終亦一匹夫而已矣！易所以爲君子謀者此也。

上六，乘馬班如，泣血漣如。

象曰：泣血漣如，何可長也。

九家易：上六乘陽故班如也。下二四爻雖亦乘陽，皆更得承五，憂解難除，今上无所復承，憂難不解，故泣血漣如也。體坎爲血，伏離爲目，互艮爲手，掩目流血，泣之象也。

虞翻：乘五也。坎爲馬，震爲行，艮爲止，馬行而止，故班如也。

王弼：處險難之極，下无應援，進無所適，雖比於五，五屯其膏，不與相得，居不獲安，行无所適，窮困闉厄，无所委仰，故泣血漣如。

程頤：六以陰柔居屯之終，在險之極而无應援，居則不安，動无所之，乘馬欲往，復班如不進，窮厄之甚，至於泣血漣如，屯之極也。若陽剛而有助，則屯既極可濟矣。

蘇軾：三非其應，而五不足歸也。不知五之不足歸，惑於近而不早自附於初九，故窮而至於泣血也。

朱熹：陰柔无應，處屯之終，進无所之，憂懼而已，故其象如此。

項安世：當屯之時，居險之極，位高而无民，勢孤而无應，陰柔難輔，陽不之與，泣血漣如，无可延之策矣。坎爲水，故有泣血之象。

朱震：上六屯之極也，五坎爲美脊之馬，動而乘之上應三，五自應二，雖欲用五濟屯，其情異矣，乘馬而班別也。上動成巽，巽爲號，上反三成離，爲目，坎爲血，泣血也。上不得乎君以濟，屯難極矣，无如之何，是以泣盡，繼之以血連而不已，上之三，連兩離爻，故曰漣如。

李衡云：上六處一卦之上，最居屯難之極，欲應於五，五屯其膏而无所告，三又失其正應，故乘馬班旋而不得進，泣血相續而无所愬也。

梁寅：屯之極，乃亨之時也，而上六處屯極，則陰柔无應，不離於險，是安有亨之時哉！乘五之陽，進无所之，乘馬班如之象也。坎爲血卦，又爲加憂，泣血漣如之象也。胡氏曰二乘初，上乘五，四應初，亦云乘，以以上乘下之義。其說得之。

吳澄：項氏曰：凡稱馬者皆陰爻，屯稱馬者，卦中四陰也。四馬中獨六三居剛，故无虞而徑進，六四上居柔，皆班而不行，屯之時柔者不能行也。泣者无聲而出涕，血者出涕如出血，漣，泣貌，凡身之液皆水也。陰子難輔，勢孤无應，无可延之策矣。

來知德：六爻皆言馬者，震坎皆爲馬也。皆言班如者，屯難時坎爲加憂，爲血卦，爲水，泣血漣如之象。才柔不足以濟屯，去初最遠，又无應與，故有此象。

王船山：陽方興而已履中位，上六獨懷異志以相難，初既得民，五膏盈滿，豈能終遏之哉！時過勢傾，惟自悲泣而已，隕淚無聲曰泣血。

毛大可：此乘馬指乘坎五言。然亦曰班如者，以初與五相峙不決也。三六不應，初五又非正應，則此一陰陽之交亦終邅迴而不得釋，所謂屯也。但屯難之至，物極必變，泣盡繼血，初上相別蘊結泮散，言屯難不久。國語晉文公筮反國得屯之豫䷂䷏，司空季子曰皆利建侯，得國之務也。震車，坎水，坤土，屯厚，豫樂。車班內外（屯內豫外皆震）順以訓之（坤順），泉源以資之（屯豫皆有互艮互坎，水在山爲泉源）土厚而樂其實（豫屯皆有坤），不有晉國，何以當之。

李塨：上九乘九五亦馬也（坎爲馬）然五不足依，而六三不應，初復隔遠，則乘馬班如，安所適從？且以陰柔居屯極，泣血漣如，不能長矣。屯初濟世安民，二有所從而屯邅，三妄動取困，四明于所從而吉，五尊而吝澤以敗，六莫適所從，終底于亡。初五皆自立之象。二四六陰從人之象，六三以李光地：上亦無應而處屯終險極，與三之時又異矣，故其象爲乘馬班如，行進之難也。泣血漣如，憂傷之甚也。

曹爲引思菴曰：處屯之極，陰柔無應，進無所之，憂懼而已。山陽公曰未知命盡何日。李後主曰此中惟用眼淚洗面，其泣血何可長之謂與？

劉次源：上居險極欲進，无地乘馬，徘徊泣血何濟！

李郁：上六承剛而五不進，故曰乘馬班如。坎爲血，上處屯極，艱深創巨，故泣血漣如。萬物未生於下，而凋落於上，其象如此。

吳汝綸：上六以陰居上，小人處非其位，先合後忤，初雖乘馬，後必泣血，班如猶翰如，訓爲蹎爲別皆非。

胡樸安：言九五之施澤未廣，互相爭鬥，乘馬班如至於泣血漣如矣。

楊樹達：聖人在上位，則民樂其治；在下，則民慕其意。小人在上位，如寢關曝纊，不得須臾寧。故易曰乘馬班如，泣血漣如。言小人處非其位，不可長也。（淮南子繆稱訓）

屈萬里：眉引詩衛風氓：泣涕漣漣。謂泣涕下垂不絕貌。又血漣、說文引作涕連。漣，熹平石經作連。

程兆熊：在屯難之世，愈近屯難之盡頭，愈覺末世之到來，但由此而有一絕大悲劇之燭照，則淚盡繼之以血，血盡則更繼之以百世可知而又後生可畏之人，末世又何可長？

高亨：漣如猶漣然，亦猶漣漣然，流貌。言行盤旋而心悲悽之象。未言吉凶，而凶象在其辭中。

李鏡池：泣血，泪盡繼之以血。漣如血泪不斷地流。寫的是奪婚，恩格斯說一群男子把一個女子搶回來，輪流和她性交，後成爲發起搶奪者的妻子，女子不願，大哭大喊，非常悲痛。卦反映周人早期生活，狩獵與婚姻。

金景芳：從客觀角度看，窮則變，變則通，泣血漣如不可能長久。從主觀角度看，處難極宜盡速改變處境。總之屯卦字義有一些不易了解，先讀各家注，然後自己再細心体會。

傅隸樸：上六是九五屯其膏的結果。上六本身無拯難能力，六三不來，九五不顧，騎馬盤旋徬徨，血淚交流如雨。象何可長也，怎能支持下去？

徐志銳：釋文漣如，說文泣下也。上六出險心切，悲痛之深。象何可長者覬其變，變則通矣。

黃慶萱：陰居危險頂點乘五剛，走投無路，騎馬盤旋著，眼裏的血，默默中不停滴下來。船山謂勢不能久，揚簡言覬其變是泣血漣如何可長也第二義。

徐芹庭：六爻多言馬者，震坎皆爲馬也。屯難時，坎加憂，爲血卦爲水，泣血漣如之象。上六才柔，本足以濟。象既无才又無助，喪亡必矣，何能長久！

林漢仕案：本爻須加以剝析者，馬、班、血，漣如也。

九家易：乘陽。虞翻：乘五，坎爲馬。朱震：五坎爲美脊之馬。吳澄：項氏曰凡稱馬者皆陰爻。來知德：六爻皆言馬，震，坎皆馬也。

九家易謂上六乘九五陽，以陽爲馬，蓋出於說卦乾爲馬，爲良馬，爲老馬，爲瘠馬，爲駁馬。以一爻九五代表乾全体。虞翻謂乘五意亦以一九五爻，代表乾全体，外加坎爲馬以加强彼「馬」象，查說卦並無坎爲馬字樣，祇言「其於馬也爲美脊，爲薄蹄。」謂馬之美脊，馬之薄蹄也。虞氏欲以馬身之部份代全体也。查孟氏逸象有爲馬，注美脊等是也，又云爲脊，注爲在中爲脊，不獨馬矣。謂不獨馬有並脊也。而朱震逕加五坎爲美脊之馬者，正據此逸象注。吳澄引項氏曰凡稱馬者皆陰爻，奈何大畜九三爻辭「良馬逐，利艱貞。蓋大畜下卦乾也，說卦乾爲良馬也。他爻言馬者是多陰爻，然有一非是則爲例不純，則「稱馬者皆陰爻」未能成立也。來知德謂「六爻皆言馬，震，坎皆馬也」者，言震，坎有馬象尙通，言六爻皆言馬則未能稱是，初九之磐桓，磐桓未必馬也，乾可以爲王，爲武人，爲龍，爲神。爻文並未著磐桓者爲馬，是初九未言馬也。六三即鹿無虞，亦無馬字樣，九五屯其膏，不見馬。何來六爻皆言馬？即震之爲馬，說卦謂其於馬也爲善鳴，爲馵足，爲作足，爲的顙。坎卦亦謂取其中爻陽爲美脊，孟氏逸象震爲馬者，体乾健動，全卦言之也，非謂每一爻皆馬也，是來氏「六爻皆言馬，震坎皆馬者」亦非的稱也。準乎此，前賢之論本爻「乘馬」之象，取王弼之掃，略而解爻文之意足矣，王文「處險之極，下无應援。」孔疏：動無所之，乘馬欲往，復班如不進。」蘇軾：「三非其應，五不足歸，不早附九初，窮而至泣血也。朱熹「陰柔無應，進无所之，憂懼而已。」皆未稱馬象，不必象而知上六之所以窮也。乘馬之義，謂可以疾走，然而班如者、二、四、六皆有所繫戀也。不忍逕去迅離而絕情也，蓋乃爲世人之常情，屯，序卦之謂盈也，物之始生也。雜卦見而不失其居也。盈者滿也，取其多之謂也，而其中陰柔者用情較之陽剛處處留情者專，又謂見而不失其居也者，正是班如之謂，乘馬可疾去而未能疾去，見可絕之情，雖作態欲疾斬絕而終未之斬絕者，所以班如，甚至泣血漣如矣！

「班」字之義亦有數端：

虞翻謂馬行而止。

王弼：謂進無所適，居不獲安。

朱震：乘馬班別也。

李衡：乘馬班旋而不得進。

毛大可：初上相別，藴結泮散，言屯難不久。

李光地：乘馬班如，行進之難也。

劉次源：无地乘馬，徘徊泣血何濟！

吳汝綸：班如猶翰如，訓爲躓，爲別皆非。

傅隸樸：騎馬盤旋徬徨。

黃慶萱：走投無路，騎馬盤旋著。

黃老師謂走投無路，迨與易繫辭之謂「易窮則變，變則通，通則久。是以自天祐之、吉、无不利。」

異趣！繫傳又謂「易之爲道屢遷、變動不居，周流六虛，上下无常，剛柔相易，不可爲典要。唯變所適。」如之何有「走投無路」之時也！金景芳謂「從客觀角度看，窮則變，變則通。從主觀角度看，宜速改變處境，宜先讀各家注，然後體會。」眞有其見地也。

班字之義，明顯可別爲

一、馬行而止。含進無所適，居不獲安。班旋不得進。徘徊，徬徨。走投無路，騎馬盤旋。

二、乘馬班如，行進之難也。

三、班，別也。

四、蘊結泮散，言屯難不久。

五、班如猶翰如。

五說中吳汝綸尤爲怪異，彼於六三乘馬班如云「猶言車班班也。」蓋謂車多乎？形容文雅彬彬乎？明顯，明白？後漢書五行志云：「車班班，入河間者，言上將崩，乘輿班班入河間迎靈帝也。」今上六乘馬班如，言猶翰如，蓋謂馬皆白邪？馬之羽（毛）彊矣？馬之毛長邪？而責先賢之訓班如爲躓，爲別皆非。吳氏之說若可成立，則李境池所謂「恩格斯說一群男子把一個女子搶回來，輪流和她性交，卦反映周人早期婚姻生活。」可以成立。易讀中有一大原則，秦火之所以未燔，許其爲卜筮之書，則易非先秦史明矣。易非先秦史書，後世所謂六經皆史也者，以卜筮本身爲會現象之一也，非謂記社會現象百態之史也。吳、李說似不當也明矣！其言「蘊結泮散，屯難之不久」蓋已上六矣，卦之將變矣，固必然之也，變益乎？變解乎？變蒙乎？無關乎上六爻辭之義！六十四卦皆有上也，皆變也，何獨屯上六蘊結泮散？聚散本天地之理，禍福相尋亦理，佛家謂此生彼死，此死彼生，入此生則於彼言死，安知此死非即彼生乎！毛奇齡之謂「難之不久」即其意乎？然所引國語晉文公反國筮得屯之豫，則又以本身之難可解也，文公流亡十九年而後有晉國，然本爻已上六矣，其變之豫乎？同其氣候，可遇不可求也！是毛說「回惑，迷瞀，一往鶻突」矣！朱震之班別說，六二之應五婚媾，六四之返初，亦婚媾，班別故園而適新境。屯之言難也，蓋謂初生草上穿出地之時乎？若夫生後之應得其宜，何難之有，如初之應乎四，二之應乎五，人生順境多也，上六之應三，位剛質柔，自用其剛愎，上六之下應班別，固當有泣血之悲慟矣，適非其人也，屯之所謂難，其在三，上乎？初九之於六二，稚於少男情結，六二之屯邅，亦如初生之草，其稚嫩有近水樓臺之戀，及至成年歸於五，故其難也在情。六三上無應，下無比，莽撞任性，亟欲自覓天地而陷迷惘之中，上六視之，禮數之不能免，風俗之不能破，班別父母家園，投入顯而知己之懷，往而從三，其涕唾三也又必從之，泣血而悲其多舛之命運耶？故其難也在位。

泣血漣如，異辭不多，王船山之「隕淚無聲曰泣血」，是不必「泣盡繼血」而找坎血，陰血之象也。漣或連，慩，流貌。

又私情得遂，倫理乖繆，牽攣其難故磐桓，班如皆由兒女私懷，合不依理也，初九之利建侯，即警戒宜先建立侯（目標），庶攻守有的，功必不唐捐也，矢放無的，一切投資均付諸流矣，焉得不乘馬

需卦

䷄需，有孚，光亨，貞吉，利涉大川。

初九，需于郊，利用恆，無咎

九二，需于沙，小有言，終吉。

九三，需于泥，致寇至。

六四，需于血，出有穴。

九五，需于酒食，貞吉。

上六，入于穴，有不速之客三人來，敬之終吉。

䷄需，有孚，光亨，貞吉，利涉大川。

彖傳：需，須也。險在前也。剛健而不陷，其義不困窮矣。需，有孚，光亨，貞吉，位乎天位，以正中也。利涉大川，往有功也。

象曰：雲上於天，需，君子以飲食宴樂。

虞翻：大壯四之五孚，謂五離日爲光，四之五得位正中，故光亨貞吉，謂壯于大轝之輻也。傳彖云：二失位變而涉坎，坎爲大川，得位應五，五多功，故往有功。

何妥：大川者大難也。須之待時，本欲涉難，既能以信而待，故可以利涉大川矣。　傳彖：明得名由坎，坎爲險，有險在前，不可妄涉，故須待時後動也。

侯果傳彖：乾體剛健，遇險能通，險不能陷，義不窮也。

蜀才傳彖：此本大壯卦也，案六五降四，有孚，光亨，貞吉，九四升五，位乎天位，以正也。

宋衷傳象：雲上于天，須時而降也。

王弼傳彖象：五天位，用其中正，以此待物，需道畢矣，故光亨貞吉。　又童蒙已發，盛德光亨，飲食宴樂，其在茲乎。

正義需卦繫辭：需，須也。險在前需待之義。剛健而不陷，所以得亨。凡卦之爲體，或直取象而爲卦德者，或取爻而爲卦德者，或以兼象兼爻而爲卦德者，此卦之例也。　又云剛健即乾，往而亨通，兼釋利涉大川與光亨之義。

程傳：需，待也。以二體言之，乾剛健上進遇險，未能進也，故需待之義。以卦才言，五君位爲需主，有剛健中正之德，誠信充實於中，中實孚也，有孚則光明而能亨通，得貞正而吉也。故利涉大川雖險無難矣。

蘇軾易傳：乾欲進，坎者不樂、四與之抗，傷而後避，上六知不可抗，敬以求免。敬以求免、猶有疑也。五則不然，知乾之不我害，知己之足以御，是以內不疑，故曰有孚，光亨，貞吉。光者物之神也，蓋出於形器之表。故易凡言光，光大者，皆其見遠，知大者也。言未光大則隘陋矣。見險不廢其進，斯有功矣。

朱熹本義：需，待也。乾健坎險，剛遇險不遽進以陷於險，待之義也。九五坎體中實，陽剛中正而居尊位，爲有孚得正之象。坎前乾健臨之，不輕進之象。故占者有所待能信則光亨矣，若又得正則吉。涉川尤貴能待，則不欲速而犯難也。

朱震：需，須也，待也。剛健上行，遇險待時者也。坎險也，陽陷陰中，水澤在下，自二以上，有困反之象。三陽剛健，能須而進，剛健不陷，不困窮矣。孚者己也，孚之者人也。需自大壯變，大壯四陽同德，自四進五則位乎天位，乃光亨也。光坎离之象。光亨者以貞吉也。二者待價也，二五言需之才也。坎爲大川，自四之五往也。卦氣爲二月。

項安世：抱實而遇險，有待而後進。少待必有光亨之理，不可以盈，必敬必愼以終之，故曰貞吉。能此則待不虛，進不溺，故曰利涉大川。光亨者需之理，貞吉者需之道，利涉大川需之效，故以功言之。又雲氣升天而後雨，若無雲，何需之有！此所以貴有孚。太過能墊溺，又貴於貞。古語燕客爲需。今人謂之待客。飲食宴樂有陷溺之禍，惟自強者能以剛制之。故需以乾坎成象，取其剛健不陷也。

李衡引胡：需謂之待者，以乾在下必務上往，險在上見險而止，猶君子待時而不妄動，有孚，光亨，貞吉，指九五而言之也。　引何晏：大川，大難也。能以信而待，故可利涉。

梁　寅：凡有需待者，貴於有孚，得貞有孚則光亨，貞則可以吉。孚，信也。貞，正也。利涉大川，以乾健而臨坎水也。乾非恃其健，以恒易以知險，待時而進。若欲速而犯難，失需之義，豈乾健之所爲！

吳　澄：五以中實感人，孚致光顯而亨，正王事則吉。三四五互離成舟象。

來知德：我當有所待，孚信在中者，坎體孚象。光，此心光明，中爻離，光明象。亨，心亨泰，坎通，亨象。貞者事之正，坎五爲需主，正之象。乾知險，涉大川之象。兌綜巽，坎水在前，巽木臨之，亦涉象。　又言事有所待而心孚信，光明亨通矣。出於正不行險以僥倖則吉矣。

王夫之：需，緩而有待也。乾之三陽欲進，爲六爲陰所阻，九五剛中陷二陰之中，三陽待五，五待三陽之類，至交相待而未前。遲而固，可以需者也。孚，同心相信之實。陰與陽合配曰應，陰陽自類相合曰孚，舊說應爲孚，非是。九五與三陽合德，雖居險中，誠以相待，秉志光明，亨通不失正，吉道也。利涉爲下三陽言，性本健，九五以爲主，非陰所能終阻涉，合義而利矣。

李光地：坎在前，剛臨持重不輕進，需待之義也。雲在天上，俟積厚成雨，亦需待之義。作樂崇德必有孚，光明通泰必光亨，正固持常，貞然後得吉，利涉大川，能待也。

毛奇齡：健于行，險在前。遠險安，近險危（內卦）。剛可陷，柔不可陷（外卦）。四陽爲陰主，一陽中正又爲諸陽主，兩卦相合，中有虛契，便爲有孚。（剛柔相合，彼此心信遙應而帶心象者側合。一卦兩心相疊者正合。）況中心可信，合互離上坎、日月並而光自生，非光亨乎！貞則天位正中，吉不待言。坎實川也，險不陷爲義，川則利涉爲功。利害功過瞭然矣。

李塨：乾健于行，險難在前，不陷于險者德也。坎實有孚，向離光亨，其貞吉矣！坎爲大川，乾往涉有功，何弗利焉。

吳汝綸：需義爲須，又爲柔需，畏需之需，故太玄準以耎傒二首。釋文有孚光絕句。孚光，采色之光也。需義與謙同，有孚光猶謙尊光也。大川，大難也。又謙卦需爲須，爲柔畏，借爲懦。

丁晏：釋文光，師讀絕句。案陸氏多稱師說，此元朗之經師，故序錄云余承師說，皆辯析之。

李富孫：胡氏啓蒙引歸藏易需作溽。釋文云鄭讀需爲秀，陽氣秀而不直。孚作旉。秀，禾實下垂象，故不直前，旉孚音同，說文旉布也。惠氏曰儒行飲食不溽，鄭注恣滋味爲溽，言欲也。

伊籐長胤：須待之義，乾剛能忍，得不陷坎險。孚，中實指九五。光亨，光明亨通也。柔躁之人每不能待，進必困窮，唯陽剛不行險徼幸，何患乎陷？

薛嘉穎：九五坎體中實，處事正固而吉，雖遇坎險亦利涉，惠棟乾至健也德行恆易以知險，故不困窮。程氏敬承天下之人見奮發有爲者能有功，不知能需有功，能需便是氣力全，未有不能濟天下事者也。

丁壽昌：釋文需訓養。鄭讀秀。孚信，又作旉。光，師讀絕句，亨貞吉爲句。虞仲翔曰孚謂五、離日爲光，坎爲大川，蘇蒿坪坎爲孚、互離爲日。虞注坎爲酒，故有飲食象，坎中實有食象。老子云實其腹是也。

曹爲霖：思庵葉氏曰宰我從井，子路馮河，不能需也。君子在世，境遇有時而窮，義理終不可窮。明熹宗時劉窮之剛健不陷。唐德宗時陽城直聲震天下，需象也。

馬通伯：語類云利涉乾也，大川坎也。需者寧耐也。蔡清曰剛則沉毅能耐。案利涉非虛象，皆取乾坤坎巽致遠利天下者。司馬光謂雲上蔭之，滂沱下施，萬物欲之，以榮以肥，故君子以飲食宴樂。

劉次源：需者濡也。天以雨露涵濡也。二五同孚爲有孚，坎在前忍待須臾，利涉履險如夷，占者養晦則往咸宜也。

李　郁：需待非畏葸，有備無患好整以暇也。九五中正，六二化柔以應故有孚。五含陰二含陽故光亨。九五不動故貞吉，三宜之上故利涉大川也。

胡樸安：需以飲食教民而民信也。信則光亨矣。教以耕種獲吉，涉大川無不利也。需須者，耕種不能一時可收穫也。

高亨：易孚義有四：孚讀爲浮，訓罰。孚借爲俘。孚誠。孚借爲捊，訓爲引，字雖同而義殊，蓋古時字少，多所借用。光疑借爲觥，有孚光即罰爵戒不敬也。貞吉猶占吉也。

屈萬里：需羞雙聲，故有飲食義，又需茹、畜聲皆可通，又九經古義需作溽，禮記儒行飲食不溽鄭注恣滋味爲溽，溽言欲也，故象曰飲食宴樂。

徐世大：需分作濡溼之本字。動詞，迂緩懦弱。有孚，俘奴。俘奴示懦弱，博主人光寵乃能亨通，持久方好，待機涉大川，亦緩之一道也。

李鏡池：需，濡的本字，從兩從而，而當是「天」的隸變。需天雨濕也。有孚，有指俘虜，也指商人得朋、狩獵荻獸，這裡指獲利。光亨猶大亨。利涉是行旅中大問題。

金景芳：需是等待的意思，漢初蕭規曹隨，遵而勿失是也。孚信。要使人信就要實，政權有威信，才能光大亨通利涉渡過險境。

傅隸樸：需，智勇兼備的待，不是懦弱，宋儒倡勤謹和緩說，養成官場推拖惡習。需通儒，有懦弱義，有孚信是醫儒，故隨孚便是光亨貞吉，未有不可克之困難，故利涉大川。

徐志銳：序卦傳以飲食之道解需，考無供養之義。需爲須待，等俟。險在前也。有孚爲誠實守信、光大、亨通。能長久固守不動則吉。動能出險致通是主爻釋卦義。

黃慶萱：孚爲孵之本字，引申爲信。母鳥孵蛋要有信心和耐心。光亨，光明豁達。需爲等待，引申人最需要者爲飲食。又爲不進。下體健行，上體大川，故利涉大川。

林漢仕案：爲學如積薪，後來居上，勢之必然也，雖然充分條件非無窒礙，世事萬變，所謂世事如棋局局新，正說明歷史軌跡未必常合轍也，大同小同則無以免。本卦名需，先賢以「待」義闡述，需待之義，戒魯莽行事也，下卦乾，取乾卦「君子乾乾，夕惕若」之義，又取繫辭下「夫乾，天下之至健也，德行恒易以知險。」而需之初九，九二，九三之爻皆具有乾乾夕惕之義，又可乾健知險而不陷矣。文王演爻屬辭，與原始伏犧八卦繫辭互通矣。彖之剛健不陷，侯果，正義，朱子皆剛健不陷。前有坎險之需待成其卦德矣！須緩待之矣！然有以需爲柔需，畏需，借爲懦者；溽者；濡者。讀需爲秀者；又需羞雙聲，需茹聲可通者。撇開水天交結構，從卦之字義轉矣，斯轉，需之待，需而有懦，有溽（滋命酒食），濡之雨露涵濡，濡之溼，懦之迂緩懦弱，秀之言禾實下垂象，故不直前。需義曲折，故下文需，更有解作事之賊也；需，須也；遇雨不進也。文字之聯想，百家爭鳴，外加繫辭爻文、則乾、剛乾，遇險能通，險不能陷矣；蓋以天下之至健，何險不可涉也；憂患意識泯而作易者之叮嚀苦心付諸流水矣！

有孚，光亨。易家取句如此，然丁晏引釋文云「師讀光絕句。」丁氏案陸氏多稱師說，此元朗經師。夫如是，則卦辭宜以「需，有孚光，亨貞吉，利涉大川」斷句。前賢如虞翻云大壯四之五孚，離日爲光，故光亨貞吉。王弼之光亨貞吉，程傳之有孚則光明而能通得貞正之吉也，朱子有孚得正象，占者能信則光亨矣，皆以有孚爲一事，蓋指其因，光亨爲發展，貞訓正，則其發展正，其終吉，貞正乃有孚後發正之果爲終吉也。貞訓卜，以光亨爲果矣，孚爲信，何妥即以訓信，程傳訓誠信，朱熹，李衡引何晏，梁寅，來知德，王夫之等皆以孚爲信。獨高亨以孚訓罰，借爲俘，孚又借爲捊，引也，光疑借觥，有孚光即罰爵，戒不敬。李鏡池以有孚指俘虜爲異說。而以有孚光絕句，吳汝綸以孚光爲采色之光，有孚光猶謙尊光，則以需爲尊光條件矣，傅隸樸云：「宋儒倡勤謹和說，養成官場推拖惡習。」則釋文之斷句，其需待仍猶謙乎？抑智勇之待？吾嘗靜觀蜘蛛守網中待物，待者主體爲蜘蛛，若獵物與網力相當則擒而爲俎上肉，過當穿網而去，蜘蛛徒望物興嘆矣！今三陽聯袂，皆云乾體剛健，上進不陷，而大川，於乾正利涉，坎爲川，吳汝綸云「大川，大難。」陽進之不克久待也明矣，如爻言需于郊，需于沙，需于泥，六四需于血，至四剛陽即與之合德，九五則需于酒食矣，何險，何難之有？需爲稍需，六四之順聽，稍需猶受籠絡，久需則眞懦矣，失三陽乾剛之氣矣，六四仍當順以聽乎？朱子，來知德常云占得是爻何如，即以爻位言，陽動陰靜，至四之漸伏而順，九五大明天下，正名分，酒食以勞，上六安於入穴居而敬謹多方不召自來之客，雖未必爲人生之最佳歸宿，未有大失而平常之獲終吉可敲定矣。

至孚字之訓信，毋須「借孵蛋要有信心和耐心」爲引申，蓋孵蛋乃鳥類本能，本能乃蕃衍生理之事，造物者所賦予，而孚信乃教育而後經驗之效，屬後天之性。需訓供養則祇堪對九五言，若夫需于郊沙泥血，豈供養酒食于郊外，沙中，泥中，血中？李富孫引胡氏啓蒙所引歸藏易，需作溽，惠氏曰儒行飲食不溽，鄭注滋味爲溽，似不切當。而有孚之孚，王夫之云：「陰陽合配曰應，陰陽有類相合曰孚。」李光地之「作樂崇德言孚。」杭辛齋周易筆談云「孚者，合也。」依夫之先生之陰陽自類相合曰孚，則初九、九二、九三、九五之相類而孚也、李郁以六二化柔以應故有孚，在李郁前船山已明言「舊說應爲孚非是，李郁豈有不讀船山先生易傳而仍舊說者乎！蓋李光地「作樂崇德言孚」：陰陽皆可孚矣，非專指陰與陰，陽黨陽也。應之未必信，信之亦未必應也，猶之今人廣告辭：以烤箱，電磁爐，微波爐可做出色香味俱佳之菜餚，引人垂涎欲滴，其必然條件備，之所以未必然者，杭辛齋之言孚，合也。配合之得當雖陰與陽亦孚也。

舊社會女屬於男，孚信仍男性家事，今社交公開，不專屬一性也明矣，杭辛齋之一合字，正云配合得當，得乎時中無不孚矣，毋須捨本字本義不從，以孳乳字之引申爲本義顛倒屈說以就卦爻辭矣。

初九，需于郊，利用恆，無咎

象曰：需于郊，不犯難行也。利用恆，無咎，未失常也。

干寶：郊乾坎之際也。既受命進，道北郊未可以進，故曰需于郊，處不避汙，出不辭難，臣之常節也，得位有應，故曰利用恆，雖小稽留，終于必達，故曰無咎。

王弼：居需之時，最遠於難，能抑其進，以遠險待時，雖不應，幾可以保常也。

正義：初九去難既遠，故待時在郊，去水遠。恆常也，遠難待時，宜守其常，猶不能見幾速進，但得無咎而也。

程頤：遇險故需而後進。初最遠於險，故爲需于郊，郊，曠遠之地也。處曠遠利在安守其常則無咎也、不能安常則躁動犯難，豈能需於遠而無過也。

蘇軾：尙遠於坎，故稱郊，處下不忘進者，乾之常也，遠之不惰，近之不躁，是爲不失常也。

本義：郊，曠遠之地未近於險之象。初九陽剛，又有能常於其所之象。戒占者能如是則無咎也。

朱震：四在內外之交，曰郊。五坎爲險難，初九正應六四，險難在前，當守正以需其應。故曰需于郊，不犯難行也。天地可久之道曰恆，五變四動交乎下也。初九陽下，需六四之應，以巽行，上下言之未失常也。

項安世：初最遠於險，以剛居剛，恐其躁急，故雖遠猶戒！初九乾戒用常，用乾之故常。需本卦未變，故稱用恆。

李衡引牧：三陽齊進，己若競進，必成交爭之患。　引薛郊遠難而待，沙近難，泥涉難。

梁　寅：需下三爻以去險遠近爲吉凶。初陽最遠於險，故爲需于郊之象。郊，荒遠之地也，君子安處焉，故云利用恆。安常守，故安而不躁於進，斯無咎矣。

吳　澄：郊去險尙遠而需待不進，初九變成巽，得恆不體，四五變，上六不變成震，得恆上體，初變終不變爲恆，能常久待進而近險也。

來知德：乾爲郊，曠遠未近險之象。需于郊者不冒險以前進也。恆常也。安常守靜以待時，不變所守之操。乃所利也。若無恆猶有咎也。

王夫之：郊，曠遠之地，與人事不相涉，陽乾基、二三兩陽由此而生，不改度，有可恆之道，以斯爲利用則可無咎。

李光地：六爻皆取險難之象，險難而需，其義最切。初去險猶遠而剛德、能需，必恆久不變則無咎矣。

毛西河：郊尙遠于水，未犯險也。況初九在大過爲初六，體當大坎，則其遇坎難固恆事耳，常與恆同。

李塨：遠于水，需遲久以待，無難乃進則無咎。耿氏曰不犯難行，謂不往應四也。不失常謂遲久不應，亦終不失陰陽相應之常也。爻有：有應、無應；有：有應而不應；有：無應即應；有：初不應而終應，此類是也。

吳汝綸：初之需郊，避險而遠遁者也。爻以見機不進爲義，輔嗣以不能應機而進說之，非是。

伊籐長胤：野外曰郊。陽居初去坎尙遠，故需于郊。當安守其常。蓋禍患機未迫、每生易心、忘警戒以蹈難者多矣，不可無防微之道，用恆以待則險可濟矣。

薛嘉穎：初以剛居剛，恐或躁急，利在安守其常，乃無冒犯險難之咎。利用恆者安靜自處，不失其故常也。

丁壽昌：爾疋釋地邑外謂之郊。郭注邑國都也。蘇蒿坪曰郊爲內外相交之地，故易初上二爻皆取郊象。乾爲郊，又爲久有恆象。初變至四六互恆。

曹爲霖：誠齋傳曰無難而犯難求利，不若守常之爲利。無難而不安於守常，若夫差伐齊，其咎何如哉！金谿陳氏曰不犯難而能常久，王莽時卓茂免官待漢中興是也。

馬通伯：任啓運曰初不犯難行，恆易知險之德固。姚配中曰不變恆德之固也。其衵案，需有養義，有止其所之義。利用恆者有恆產後有恆心也，常即彝倫。

劉次源：初遠于險，需于郊也。恐其相忘，籌度有素。

李　郁：居邇愼始也，恆其剛健之德不移，自能不陷于險。

胡樸安：工作之始，于郊待之，耕種需時而穫，恆心恆力耕種，只要不失常，必無他咎。

高　亨：本卦需字皆有駐止之義。需于郊象人處曠平之境也。利用久駐自可無咎。

徐世大：郊在邑國之外，喻胸無城府之人。但處常，不可應變，故斷以沒有壞處。

李鏡池：用，以。恆、常。照常下去是吉利的。在郊野被淋濕，照常走下去是吉利的，沒有什麼危險。

金景芳：郊離坎水險遠，利用恆，尋常怎麼樣就怎麼樣。

傅隸樸：郊是城外之地，不是水邊，距險遙遠。不用慌張，恆是常態。無咎即無害，只是消極的避禍方法。故不言吉。

徐志銳：古人所居地稱邑，邑外郊，郊外野。知險的常德發揮作用，初四正應，陽爻好動，乾知險不動才能無咎。

黃慶萱：郊，曠遠之地。利用利于，恆常，像待在離險最遠的郊區，宜鎭定守常，計劃渡險方法，可以免於過失。

林漢仕案：需于郊三字，聽各家意見：

郊，乾，坎之際，既受命，未可進。干寶說。

初去難遠，故待時在郊。孔穎達言。

遇險故需而後進。初最遠於險故需于郊，郊曠遠之地。程頤說。

尙遠于坎，故稱郊。蘇軾。

四在內外之交曰郊，初四正應，險前，守正需其應。朱震。

郊遠難。（犯難之難）而待。李衡引。

初陽最遠於難，故爲需于郊之象。郊，荒遠之地也。梁寅。

乾爲郊，曠遠未近險之象。不冒險以前進也。來知德。

不犯難行，謂不往應四也。李塨引耿氏曰。

初之需郊，避難而遠遁者也。吳汝綸

野外曰郊。伊籐長胤。

爾雅釋地邑外曰郊，郭注邑，國都也。蘇蒿坪曰郊爲內外相交之地。又乾爲郊。丁壽昌。

需有養義，有止其所之義。馬通伯。

需字皆駐止之義。需于郊象人處曠平之境也。高亨說。

郊在邑國之外，喻胸無城府之人。徐世大解。
郊野初淋濕了。需，濡之本字。李鏡池。
郊是城外之地，距險遙遠，不用慌張。傅隸樸。
古人所居地曰邑，邑外郊，郊外野。徐志銳。

需，待也，彖傳云。馬通伯別出養也，止也之義。高亨云駐止，李鏡池云濡濕。李鏡池譬如登山脫隊另覓蹊徑，迷也。而馬通伯之養止義，與待在郊外不相衝突。古人解經，似有默契，各說各話，不相牴牾，毋須如毛奇齡之云生平讀易，言人人殊，如夢如囈，滋悵惘而罕歸宿，彼此回惑，強辨曲釋，一往鶻突。亦不必如鄭衍通之另立異旨而責傳統理則易爲傅會，虛構，不科學，文辭叢脞，甚而一無所取焉。標新有餘，破壞之後建設仍闕如也。而易學之多元，固不可一元以範圍之也，譬諸今人研究專題：人何爲易胖？胖理探原，而致胖之機豈一理而已？一口咬定黃豆爲致胖之物，「豆重榆瞑」，古人豈欺我！並證以張，李，黃，徐之胖，大和尚之胖，皆以黃豆及其製品爲主食，鏡中花，水中月，看似是而非矣！是之謂以局部似而取代全體，各證各理可也。需，望文而察意，其解有：須也，待也，疑也，穦也，養也，不充滿也，事之下也，事之賊也，懦弱之意，集韻作劀，讀爲柔，𩂣，遇雨不進也。行汝之意則多可達而不窒，試以疑，穦通之：左傳哀公之年：「需，事之下也」注：需，疑也。正義需，是懦弱持疑，不能決斷也。又左傳哀十四年「需，事之賊也。」注，言需疑則害事。

廣雅釋言：需，穨也。

初九需于郊，疑于郊也，象曰不犯難行也。蓋前有坎險而不疑者，暴虎馮河輩也，疑非畏首畏尾，好謀而成也。有所疑，有所利用，無咎乃預期者。一疑而全卦各爻皆可貫，何爲不可？

至若穨，穨之釋需亦得其義焉。

初九，需于郊，穨于郊也。何爲而穨，蓋不敢犯難行也。六四需于血，見血而穨，尤見其穨義，九五之需于酒食，怯於事者亦多不與爭祿，乾陽男子漢而多穨，其羞於饈之慰勞乎？抑謙之德邪？

上曲說二則，未入摸象之列，亦非聊備一說，證易說之博雜皆有根也，豈得皆目爲少正卯，呼孔子之刀何在？理不斬有理之人也。

需于郊有十八說，以待義說者居多，養止，駐止其次，濡之義最下。郊亦有多說，明示卦中位置者：如乾坎之際爲郊，乾爲郊，尙遠于坎，四在內外之交曰郊。示實質位置者：野外曰郊，邑外曰郊，郊在邑國之外，郊野，郊是城外之地，郊，荒遠之地。徐志銳云：有人所居地曰邑，邑外曰郊，郊外曰野。是野外在郊之外矣，伊籐長胤定義郊野不分！有籠統定義者：如蘇蒿坪云郊爲內外相交之地。有以胸無城府爲郊。孔子曰「儉，吾從眾」。今吾亦從眾。然則需初九，何爲待于郊？待時，遇險，故需待，守正待四應，郊遠難而待，初陽最遠於難故待，不犯難行謂往應四，初需于郊，遇難而遠遁者也。初九乾陽，位正而應四，以陽而佯進，遇險而遁，不類乾陽之一貫作爲，其待也暫待，非爲餒於氣，亦非怠惰志向。

利用恆，象曰未失常；干寶爲臣之常節；王弼云保常；蘇軾以處下不忘進爲乾之常；本義常於其所之象；朱震天地可久之道曰恆，五變四動，上未失常；項安世需本卦未變，故稱用恆；梁寅襲程頤之安守常，不躁進；吳澄以爲常久待不進而近險也；來知德以安靜待時，不變所守之操乃所利也；李光地：剛德，能需，必恆久不變則無咎。毛西河：遇坎難固恆事；李塨云初不應四，不失常謂遲久不應，陰陽終應之常也；曹爲霖引無難犯難求利，不若守常之爲利；姚配中曰不變恆德之固；馬通伯有恆產後有恆心，常即彝倫；胡樸安恆心恆力；高亨久駐；李鏡池照常；金景芳尋常怎麼樣就怎麼樣；傅隸樸恆是常態，無咎即無害，只是消極避禍方法，故不言吉；黃慶萱，像待在離險最遠的郊區，宜鎮定守常，計划度險方法。

象云未失常，引出常節，保常，安守常，彝倫，久駐，照常，尋常，常態，而乾德不忘進爲常，上變震與初應爲常，安靜，不躁進，常於其所，甚而爻錯爲恆卦之恆，有不可道里計之差距也。大象四時轉，六爻亦須層層遞進，以乾之動，亦無之甘雌伏於常之理，安靜待時，其時亦甚暫，蓋世事不因汝之「常於其所」而不變也，恆正利用此斯須之恆，以不變應萬變也，以平常心處萬變之世界，正所以投入洪流之準備，諸葛武侯之斥儒者筆下千萬言，胸中實無一策也者，葉名琛之不戰，不守，不和之迂輩乎，貍貓之伏，豈其餒乎？聖人所謂時中者此也。恆常即時中。

九二，需于沙，小有言，終吉。

象曰：需于沙，衍在中也。雖小有言，以終吉也。

虞翻：沙謂五，水中之陽稱沙也。二變之陰稱小，大壯，震爲言，兌爲口，四之五，震象半見，故小有言，二變應之，故終吉。傳象曰：衍流也，中謂五。

荀爽傳象：二應于五，水中之剛故曰沙。知前有沙漠而不進，體乾處和美德優衍，在中而不進也。二與四同功，而三據之，故小有言。乾雖在下，終當升上，二當居五，故終吉也。

王弼：將近於難，故曰需於沙。不至致寇，故曰小有言。近不逼難，遠不後時，履健居中，以待其會，雖小有言，以吉終也。

孔穎達：沙是水傍之地，去水漸近，待時于沙。故難稍近雖未致寇，而小有言以相責讓，但履健居中，終得其吉也。

程頤：坎爲水，水近則有沙，二去險漸近，故爲需于沙，漸近於險難，雖未至於患，已小有言矣。而無大害，言語之傷，至小者也。二以剛陽之才而居柔守中，寬裕自處，需之善也。終得其吉也。

蘇軾象傳：衍，廣衍也。

朱子：沙近於險矣！言語之傷，亦災害之小者。漸進近坎，故有此象。剛中能需，故得終吉。戒占者當如是也。

朱震：五坎爲水，二三兌爲澤。水往矣，其剛留於澤者，剛鹵也。二在澤中，剛而柔，沙之象也。沙近於險者也。五不應二，二需之，二得中，剛而能柔，待時而動，積誠既久，二五相合，坎化爲坤，險爲平衍矣。六四與五近而相得，四見二不應，與己異趨，小有言矣！兌口爲言也。終無凶也，故終吉。

項安世：九二稍近於險，已小有言矣！以剛居柔，性寬衍而居得中，雖見侵毀，不害爲終吉也。九二在乾，爲寬以居之，衍在中，需之貴待也如此。需用恆，訟食舊，皆發乾坤變卦之例。需本卦未變稱恆，訟已變，三尙舊，故稱舊，明有新也。

李衡：沙近於水，亦平易之地也。二居遠近之間，內有剛明之德，處得其中，守平易之心而已！以君子之道守其中正，不與小人苟合，則興讒謗之言終不能害。蓋九二有寬衍之德而居中故也。

梁　寅：郊遠險，但言無咎。沙，近險，終得吉何也？初剛而不中，不中則不能常，故戒之利有恆，二剛得中，中則能常矣。故所値但爲小有言，終則吉也。

吳　澄：剛在地與坎水中相應，猶沙地雖未瀕水而遠水已漸漬其中，故曰需于沙。小，陰也，二若變爲柔，雖人有違言，而自處不失中，故終吉也。

來知德：坎水近沙則近險矣！雖未至患，已小有言矣。衆人譏之也。避世之士，知險責以潔身；用世之士，責以拯溺。。中爻兌口，小言象。終吉者變離，明哲保身，雖不免小有言，終得其吉也。

王船山：沙，汀渚平衍之地。九二去坎險在近遠之間，得中吉道也。與九五陽遇陽，相敵不相應，始疑而小有言，然已得中，五以同德相孚，引二偕進，小言不足以間之，必以吉終。

李光地：二有中德，其心平寬，近險能需，小有言亦以近險故也。

毛西河：九二當互兌之始，兌于地爲剛鹵，即沙也。兌爲說，爲口舌，即小有言也。沙者水石之交，瀕于水矣！恃二位正中。兌爲說，小有人言，進前即離，離致譽，何患不終吉。

李塨：中以濟險，故終吉。

吳汝綸：由郊而進，尚未及險，故象需于沙也。

李富孫：釋文沙云鄭作沚。說文沙重文。沚，接水者，今本直作沙，字之譌。穆天子傳沙衍，象衍屬上讀，爻當亦有衍字。

伊籐長胤：坎爲水，水近則有沙，故需于沙。小有言語之傷，苟寧耐不屈，行事得中，亦當逢吉。傳象衍，寬裕。

薛嘉穎：沙則近險矣，不免蜚語中傷，猶未陷於險，所傷特其小耳。終得濟險而吉。

丁壽昌：沙，鄭作沚，惠定宇曰當作沚，與沙同。案鄭本作沙。或以衍字屬下句讀，非。虞氏以衍爲流是也。衍字不當屬上句讀，蘇蒿坪曰二在泥外故曰沙。

曹爲霖：妻子敬以沙爲城，韓信囊沙壅水破龍且，檀道濟量沙唱籌，皆小有言終吉者。誠齋傳曰九二以陽居陰，寬綽有衍，位中正，大不過寬。小有言之隙，可以窒不開矣。

馬通伯：徐樹錚曰沙無阻水之慮，水遇沙則滲伏而過，遇沙以前，故小有言，究無窒機，故以吉終。其昶案游牧區逐水草爲生，乏水，二行沙中得遇水泉，可以小憩。

劉次源：沙爲洲渚近險，需待濟，五與己孚，讒間難免。傳象雖小有責言，終不害爲吉也。

李　郁：沙在郊外，險已可見。剛雖得中，與五爲敵，故小有言，二終自正以應五，故終吉。

胡樸安：沙不可耕種之地，耕種無收穫，必不滿而小有言，不因而輟耕，終必獲吉，故象曰以吉終也。

高　亨：沙上難行，象人處艱遯之境也。言疑當作啇，形近而譌。小有啇謂小受訶譴也。人處艱境受譴，庶知戒愼而終獲福。

徐世大：沙瑣同聲互訓。不免口舌是非，但多能謹愼，不致壞大事，故綴以「終吉」二字。

屈萬里：衍亦沙也，見穆天子傳，在二故稱中。說文沙或從尐，是沚亦沙也。

李鏡池：在洲沚中偶不小心掉到水裏，爲水所濕，沙爲沚之訛。言借爲愆，小有言，犯小錯誤。終吉，終沒事，濕一點不要緊

金景芳：沙離水近些，小有言語傷害，但終還是吉的。

傅隸樸：沙是近水之地，接近險難一步了，好比兩人相罵，未至動手，曰小有言。遇險不至發生傷害，結果算吉。

徐志銳：六四爲大川分遠近，九二較初九又近于六四，爲离郊而須待于沙，沙即河邊的流沙，距坎水不遠了，接觸就有傷害，故小有言，與六四小小言語傷害，沒傷和氣，所以終吉。

黃慶萱：需於沙，是待在河邊之沙灘，言，義爲愆，與吉意相反，雖稍有過失，最後仍有收穫。

林漢仕案：需，待也。成卦必然之進程，故可曰安排之進程，少待於郊，再至沙，沙，虞翻稱，謂五

，又云水中陽稱沙。荀爽傳象云水中之剛曰沙。王弼云將近於難，故曰需于沙。孔穎達云水傍，去水漸近。程頤水近則有沙。朱子沙近於險矣。朱震以互體九二，九三，六四成卦，故二爲剛鹵。王夫之以沙汀渚爲平衍之地。蘇蒿坪二在泥外故曰沙。曹爲霖一轉爲沙之用，沙城，囊沙，量沙。胡樸安耕沙。高亨行沙。李鏡池以字作沚而訓作水矣。八卦圖☵☰水天需，九二以六四，九五，上六坎爲險。需待，依例二五應，二故待五，虞翻即指五爲沙，又稱水中陽爲沙。在說卦，各逸象中，無象可依，稱陽爲沙，以陽剛陰柔之想當然乎？想當然也！二五又非應，兩陽也，虞說無繼之者，眾大家未許爲允當也。朱震之觀文湊象，無象不有，虎豹犀象皆在互體變錯降升半象旁通，遊魂飛伏中，聊備說之一格可也。蓋極言其勤於覓相，非是變錯之理早於來氏。而沙之用，築沙城，囊沙壅水，量沙唱籌，於爻文「需于」言，如需于郊，沙，泥，血，酒食。似皆非以郊，沙，泥，血爲用。乃一進程狀態，曹爲霖以歷史故事解易，有助於易理之明而非即易理之發展，其覓象之勤，勞於朱震矣！從史實中上窮碧落，即其未能爻爻稱當，有益易理之拓探鉤隱，使之成爲無邊無際之玄音。胡樸安沙耕視作爲胡說可也。李鏡池以沚爲沙之或作，訓在洲沚中不小心掉在水里。與古往今來作易者異，眾家皆以近險言，坎水四五六，本爻二，如何見水？李不從卦爻中覓象，從文字中得象矣，洲沚近水也。李文直是幻想矣！

「小有言」，虞氏之常合半象，朱漢上，焦里堂，王伯申，戴君仁等譏駁在案，咸認傳易象雖有據，然曲解，附會，不足信。故小有言，震象半見也者，略而不述。荀爽以沙爲沙漠不進，二四同功而三據之，故小有言。與水中剛，故曰沙，緊接云知前有沙漠。有水，其綠洲邪？「知前有沙漠而不進」，知「漠」字非誤植明矣，荀之沙爲沙漠也。「小有言」孔穎以小有言以相責讓，程頤，小有言而無大害，已掃象，用之實質語言怨懟矣。李衡之云譏謗，吳澄之云違言，來知德之云譏之，王夫之疑而小言間之，毛西河之小有人言，伊籐長胤之蜚語中傷，劉次源之讒間難免，胡樸安之不滿，高亨之小受訶譴，徐世大之口舌，李鏡池之犯小錯誤，傅隸之相罵。相承之跡斑斑，難能者衆口一辭也。

九三，需于泥，致寇至。

象辭：需于泥，災在外也，自我致寇，敬愼不敗也。

荀爽：親與坎接故稱泥。須止不進，不取于四，不致寇害。

崔憬傳象：泥近乎外者也。三逼于坎，坎爲險盜，故致寇至，是災在外也。

虞翻傳象：離爲戒，乾爲敬，陰消至五，遯臣將弑君，四上壯坤，故敬愼不敗。

王弼：以剛逼難，欲進其道，所以招寇而致敵，猶有須焉。不陷其剛，寇來之來自我所招，敬愼防備，可以不敗。

孔穎達泥者水傍之地，泥溺之處，逼近於難，欲進其道，難必害己，故致寇至，猶且遲疑而需待時，雖寇至未爲禍敗也。

程頤：泥逼於水，既進逼於險，當致寇難之至也。三剛而不中，又居健體之上，有進動之象，故致寇也，苟非敬愼則致喪敗矣。

蘇軾：漸近則爲沙，逼近則爲泥，沙則有言，泥則致寇，坎之爲害也如此。有言告之終吉。致寇告之，敬愼不敗。乾見險不廢其進爲吉矣。

朱熹：泥將陷於險矣！寇則害之大者。九三去險愈近而過剛不中，故其象如此。

朱震：坎水坤土，水澤之際爲泥，九三剛健之極，進逼於險，已陷矣！需于泥也。上六坎在外爲災，災在外也。坎爲盜，盜有戎兵寇也。寇雖險，我動不正而迫之已甚則至，故曰致寇至。上乘三成坤爲輿，坎爲車，多眚則敗也。

九三正而能明，持之以敬，愼而不動，三四下有伏艮，艮止也，愼之象。

項安世：三與險切近，未必皆三之罪，亦有居勢適然耳。其要在熟玩致字。我敬愼無失，無敗理，自不可犯。此其剛健不陷也。

李衡引牧：三逼乎坎，故稱泥。居陽之首，先登犯難，坎屬外卦，是災在外也。初二與己同志，我犯敵，同志來助則勝，以剛居物上，敬愼接下，同志從而助之矣。又引「一」：六四居險難之初，小人之行也。以小人之心毀壞正道，讒謗君子者也。九三以剛陽之德，務欲上進而迫近小人，故致爲寇也。然以陽居陽，且履正，以至正之道，又內謹其心，外愼其事，則爲寇之小人終不能陷於己，故曰敬愼不敗也。

梁　寅：三在下之上，以陽居陽，過剛，不安處遠，迫近於泥，躁進故曰致寇至，言自致之也。不言凶咎者，以險在外，若能敬愼猶可免也。

吳　澄：三近坎水，剛變爲柔亦如水際之淫土，故爲泥，謂須待于瀕水之泥也。三進逼於險，是自致坎寇之至也。

來知德：泥逼于水，將陷于險矣！寇地坎盜在前，寇象。

又九三居健體之上，才位俱剛，敬愼乾乾惕若，不敗于寇也。

王船山：泥，近於水而且陷矣。九三重剛躁進，需之急而不顧所處之不安，將有非意之傷至，所處之非地有以致之也。

李光地：過剛不中，是輕進不能需者也。蓋不能愼之先，陷於泥乃需，則寇之至，實自致耳。在泥需非失，所以至於在泥者失也。傳象在外之災可避，自我之咎不可逭，誠愼先則不至於敗，我加敬愼有轉敗之理。

毛西汀：泥則見水矣，需久，覬覦必生，況坎險逼臨，原屬寇盜，身處互離當戈兵間，外至之災豈止泥中？然不敗者，誠以敬愼，不敗之理也。

李塨：郊外臨流則渡，泥豈可需之地！今外坎水逼臨，是泥也，需于泥則坎爲寇盜自我致之矣！爲九三計，必乾乾惕若乃可出險不敗耳。

吳汝綸：親與坎接，故稱泥，自我致寇，知其難而不避也。

伊籐長胤：泥者，水旁沮洳之處。此爻過剛不中，近險，必招寇難。蓋人之罹難，多由己之過剛不中所致。敬愼則可以不敗也。

薛嘉穎：三濱坎險，不能頓避，直至親與坎接，有需于泥象。寇至實我自招之耳。外卦坎爲寇。需于泥者，災尙在身以外也。苟能敬愼於先，則不至遭此敗矣。

丁壽昌：釋文寇，鄭王肅本作戎。蘇蒿坪曰變兌爲澤，有泥象。三互離爲火災象。敬愼乾象，不敗亦乾健之象

曹爲霖：誠齋傳善備無寇，善禦無敗。又不若不致夫寇，三逼夫寇。陳氏曰需者事之賊，魯隱公授弟國，不決遂爲翬所弑，何進誅閹不斷，遂爲張讓所殺，蓋此類也。

馬通伯：劉牧曰坎屬外卦。其昶案易中取象，多本禮制，所謂觀禮會通以行其典禮也。此爻朝聘之事。國語陳司空不視塗，單子告王陳國必亡。周之秩官曰司空視塗，司寇詰姦。司寇不詰災在外。敬愼不困窮矣。

劉次源：近險將陷，泥胡可需！坎爲寇盜，實自招之。

李郁：泥已瀕水，進至危殆，寇坎，坎在前近趨近也。

胡樸安：泥可耕之地，有收穫矣。勤耕多收穫，不能耕必來劫掠，而非耕種本身之災，故象災在外也。敬愼不至敗。

高亨：需于泥象人處困境愈陷愈深，寇將乘之。

徐世大：三爻喻無骨氣之人。猶泥最軟弱。又喻名譽欠佳，猶言「吃軟飯」，義帶雙關。軟弱過甚易遭强暴。

屈萬里：寇，釋文：鄭王肅作戎。按義通。

李鏡池：陷在泥濘里，弄得周身濕，還遇到强盜來搶劫。

金景芳：接近河泥了，离河近，离險近，容易致寇至。

傅隸樸：以剛居剛位，是有意犯難之象，泥是水邊之地，比沙更接近危險了。人事上說，等於興兵以壓敵境，怎不招來寇患？

徐志銳：須待于泥濘之地，說明已浸溺于水很危險了。六三內，六四外，災害在外，不招引它不會自己來。于須待之時，此爻最難以須待，所以沒警誡之語。

黃慶萱：泥爲泥濘，九三過剛不中，鄰於坎盜，故有致寇至之象。語譯：三像好冒險的人屯駐險要河邊河濘地上，客易招致盜寇來到。

林漢仕案：需爲待義，需於泥，即待在泥地，沙與郊皆特定地，泥亦當爲特定地。泥未必泥濘，近水必泥濘。沙亦泥也，久曝水離，其成份獨立。泥必潤，潤必結，過乎水則濘，三下卦之上，李塨之「泥豈可需之地！」劉次源之「泥胡可需！」李鏡池之「陷在泥濘裏。」是近水之泥也。依孟氏逸象，上坎雲，下坎雨，故坎象爲雲，又云爲大川，爲眚，爲寇盜。坎爲雲則迷惘，爲大川則前路已斷，爲寇則賊訊證實，寧有涉泥濘，渡大川送虎口自我捨身之事？又坎爲淫，三四五爻爲離，離爲女子，苟以舟濟，女婦之淫於坎爲大腹，三爲惡棍矣！泥不可涉，水不可渡，雖有誘田，象云「災在外也，敬愼不敗也。」然先賢之意，未必皆如是，故爾，需于泥，致寇至，且與聞焉：

象辭：災在外也。致寇爲自我致寇，敬愼不敗。

荀爽：親與坎接，故稱泥。須止不進，不致寇害。

孔疏：泥者水傍泥溺之處，進難致寇。

程頤：泥逼於水，進逼險當玫寇難之至。

蘇軾：坎之爲害也如此。

朱熹：泥將陷於險矣，九三去險近，剛不中，其象如此。

項安世：三與險近，未必皆三之罪，勢適然耳。

李衡引：三逼乎坎故稱泥，居陽首先犯難，坎外卦，故災在外。又六四小人，壞正道，九三近逼，故致寇也。

梁　寅：三以陽居陽，過剛躁進，故致寇致。

吳　澄：三剛變柔，亦如水際之溼土，故爲泥。

來知德：坎盜在前，寇象。

王夫之：九三重剛躁進，需急不顧所處之不安。

李光地：過剛不中，不能愼之先，陷泥寇至，在泥非失，至於泥者失也。

吳汝綸：親與坎接，故稱泥，自我致寇。

伊籐長胤：泥者水旁沮洳之處，過剛近險，必招寇難。

薛嘉穎：親與坎險接，有需于泥之象，

劉次源：近險將陷，泥胡可需，坎爲盜，實自招之。

胡樸安：泥可耕之地，有收穫矣！

高　亨：泥，象人處困境，愈陷愈深，寇來乘之。

徐世大：三爻喻無骨氣之人，泥猶軟弱，又喻名譽欠佳，吃軟飯，軟弱易遭强暴。

李鏡池：陷在泥濘裏，弄得週身濕，强盜來搶劫。

傅隸樸：以剛居剛，有意犯難之象，等於興兵以壓敵境，怎不招來寇患！

上坎，坎爲寇盜，爲水，爲大川，爲災。易家從三爻需于泥，致寇至，衍生出：災在外。（坎外卦）坎爲水，水必有泥，故泥逼於水，或稱水旁沮洳處。近險將陷。是大體言爻所處之境遇說象。至三爻本身言，以剛居剛，言其不中，重剛，躁進，戒其止需，乾乾夕惕若，則戎寇可免，險可出也。傅公隸樸言以剛居剛，有意犯難，迨與梁寅以陽居陽，過剛躁進相類。然言興師壓敵境，致敵寇患，則三不知兵矣，又孰爲寇不能明矣！興兵者不爲寇，抵禦者爲寇，於理有悖！胡樸安之望爻文興義，高亨亦以爻文引伸其義，玩易理哲學於已股掌之間遊戲耳，徐世大以三爻爲吃軟飯者，是眞男妓淫於坎矣，所謂易遭强强暴，乃坎淫於三陽矣！三以剛居剛，豈過剛必折之剛？豈申倀之剛？孔子以倀也欲，焉得剛，是三不剛矣，徐世大之言三之無骨氣，果其如是耶？三爲泥，或云近泥，依傳統釋爲近險，兵家可有「待在最危險之處即最安全之地」一說乎？如此九三之乾德一如文言之重剛不中，故乾乾因其時而惕，雖危無咎矣！孔子之時中，易家亦多時中矣，然多自以爲中，非出乎公中也。又曹爲霖引誠齋易傳言：「善備無寇，善禦無敗。」引陳氏云「需者事之賊。」然則天下寇敗事無時或已，是不善備，不善禦也明矣！孟子之時王可諫，則何亡國敗家之有？正說明天下事循環不已，世事如轉圜，易之言平常轉圜事，味得透亦未必以人事不可扭天命也，然易之所示，吾人得盡人事耳，而人事之不盡，逆天命之不懼，禍敗之相乘是可前知也夫！曹氏又引陳氏言「需者事之賊。」是毋須需矣，逕行之矣，需于泥而自陷之災，自我掏陷，毋怪寇來無抵抗之能而盡失三剛聯袂之勢。然爻文未許以吉凶，知斯說之不能賅備也！李塨之「泥豈可需之地！」盡否定需待泥之不是，越王句踐之自污，親至吳爲先馬，嚐夫差糞便，豈是一憤以亡身之輩！貍貓之漸伏，非懼鼠輩也，是伏者中心有無一志耳，如齊桓之禮晉文，晉文之樂齊姜不思歸，操戈以逐舅氏，則其需于泥也，是長需而無翻身之需矣，九三之後勁足，初九，九二驅之在後也。漸需之污，能屈能伸之君子也，安知非前日之盜，今日反爲官兵邪！

六四，需于血，出自穴。

象曰：需于血，順以聽也。

九家易注：雲從地出，上升于天，自地出者莫不由穴，故曰需于血，出自穴也。

李鼎祚案：六四體坎，坎爲雲，又爲血卦，血以喻陰，陰體卑弱，宜順從陽，故曰需于血。

王弼：凡稱血者，陰陽相傷者。陰陽相近而不相傷，陽欲進而陰塞之，則相害也。穴者陰之路也。處坎之始，居穴者也。九三剛進，四不能拒，見侵則避，順以听命者也。

正義：九三之陽欲上進，六四陰塞其路，兩相妨害。穴即陰路。處坎之始是居穴也。三逼四、四不能距故出穴以避之。稱血乃陰陽相傷害，與坤上六其血玄黃同。坎穴處、處坎上即出穴，處坎之始是居穴。易含萬變，六四一爻以戰斗言之，其出則血；居處言之，處則爲穴。

程傳：四陰柔處險而下，當陽之進，傷於險難者也。傷則不能安處，必失其所居，故云出自穴。穴，物之所安也。順以從時，不競於險難，所以不至於凶也。以柔居陰，非能競者也，若陽居之則必凶矣。蓋無中正之德，徒以剛競於險，適足以致凶耳。

蘇軾：需于血者，抗之而傷也。出自穴者，不勝而避也。

朱子：血者，殺傷之地。穴者，陷險之所。四交坎體，入乎險矣！然柔得正，需而不進，爲出自穴之象。占者如是，雖在傷地而終得出也。

朱震：乾變坎爲血，九五大壯乾變，故曰血，坎爲隱伏，兌爲口穴，六四處險者也。三陽自下而進，故曰出自穴。六四安其位，以一陰礙之，必至相傷，故曰需于血。爲六四者不競而順以听之，三陽出穴而無違焉。六四坤順，坎耳听也。

項安世：坎爲血，爲穴。血，坎初，事淺。穴，坎終，事深。故四血上穴。卦體乾需坎，坎非需乾。四亦稱需者，能順而聽，是亦需也。三陽上，六四居淺俟之。故曰需于血。不入于深，故曰出自穴。諸儒不考象辭，惑於血字，謂四爲陽所傷而出，不思傷則必相拒，非順以听，六居四豈有拒乾之理、既謂之需則不拒可知。血爲陰類，不訓爲傷也。

李衡引陸：四體於坎，爲險之初，是寇害九三也。三剛健而正，四不能犯，故自獲傷而稱血焉！穴者陰物之所處，四爲陰爻處坎下，穴中物也。爲三所犯，故從穴而出、懼而遜避。　引薛：需于血者，不蚤避賢，見傷而待者也。猶有需焉，出穴乃免。

梁　寅：坎爲水，若需于血，蹈其難矣！然能出於坎陷者，以柔得中也。四居坎當三陽之進，爲陽所傷，需于血也。出自穴者陰必避陽，順服於陽，難可免，故爻不言凶咎，象曰順以听，所以開小人遷善之門也。

吳　澄：四在險地，坎爲血卦。出，自內而出外也，四往順五，自穴而出在外矣。

來知德：坎爲血，又爲隱伏，穴象。血即坎字，非見傷也。若以血爲殺傷之地，失小象順听之旨。上六入穴，此言出穴，即出入二字。需于血，出自穴外，未入穴之深也。又四已入險，然與初正應，順听初，初乾剛至健知險，是出穴不冒險以進，不險矣。

王船山：需于，謂三陽於此而需也。三陽需進，九中居中以待其升，四以陰介其間，使不能速合，陽必見攻，陰受其傷，故爲血。然柔當位，上承九五，爲退爻，志在出穴，下接陽非相亢拒，其事苦，其情貞，在險而能出谷遷喬者也。

李光地：四入坎體是需于血也。柔正而近九五，故能需而出自穴。占者能忍性，順受於患難之中，則有出險之期矣。

毛奇齡：坎爲血爲穴，在坎中，陷于血，或姑聽之，穴則須出之者。三四有不能姑待之意，然無大災者，需故也。自注引金汝白曰：四上爲坎之二，陰故皆言穴，猶坎初與三皆言坎窞。

李塨：坎爲血，六四入坎則需于血矣！柔得正，下與初應，順听可自穴出焉，坤爲順。易小傳曰坎耳聽之象。

吳汝綸：血者洫之借字，坎爲穴，水流就下，故入于上而出於下也。

伊籐長胤：血者，殺傷之象。穴者，險陷之地。柔處險初，下三陽逼，故需于血。然柔得正，得脫險，故出自穴。蓋患難常失於躁急，以促其禍、听于命必免難、況禍尙遠乎！

薛嘉穎：四居險始，大臣當國難而處殺傷之地，有需于血象。本義殺傷之地。然柔正承五，得資助而上升，有出自穴象。說卦坎爲血卦。

丁壽昌：李資州曰坎爲血卦、血喩陰、陰體弱、宜順陽、故曰需于血。蘇蒿坪坎畫偶者陷物，變兌有出象，坎耳象。

曹爲霖：需于血者，爲險傷惴惴不免也。出自穴者，喜得出，不終入于險也。蘇武幽大窖中，十九年返國，不言吉凶者，處險地守正而已，吉凶不計也。誠齋傳象，出自穴者，傷於陽避陽聽命於陽也。

馬通伯：需者，飲食之道，上古穴居而野處，茹毛飲血，需于血，肉食也，出自穴將進位於朝，不家食吉也。

劉次源：四入險，忍無可忍，然居柔得正，終可免于眚也。

李　郁：天雲地水，人身爲血。山者雲穴，心者血穴，坎爲心，四往五來，血出自心。穴謂坎之二陰，陽入陰出。

胡樸安：寇至攘奪有殺傷之事。自居處之穴出，愼以待寇。順愼同，聽猶待也。

高亨血疑借爲閾，從門洫聲，閾閫同字，古人穴居，出自穴者先留止閾，有所待之象。又血讀爲洫，溝洫穴竇，隱伏免禍。

徐世大：四爻不知進退之人，身臨險地尙出穴觀望，不危何待！

屈萬里：吳汝綸說血乃洫之借字，鄒漢勛讀書偶識：「古血洫同聲，古同聲字多假借。」傳象聽，從也。

李鏡池：穴居野處，仰韶文化前期，龍山文化，房屋半地穴式爲主，可見穴是當時的住所。旅客投宿遇到壞人，身上沾血污，從地穴裏逃出來。

金景芳：四已進入坎卦，穴是坎險，血，傷。六四柔順，所以不至于受大害。

傅隸樸：六四是坎險門戶，乾合三陽之力，見六四柔弱，合力奮擊，使六四受傷而逃，三陽也就克服了坎險。
徐志銳：坎為血卦，為隱伏，即穴象。下三爻為須待，六四開始有進而致通之義。需于血即需于坎，即六四進入坎體，與初正應，初看到四允自己前進，順而聽命，坎險可濟。
黃慶萱：血借為溝洫之洫。陰居四位，像待在溝洫下面安詳不躁，當三陽上來，便自穴中出來迎接。
林漢仕案：需，初二三爻皆言待，至四，需于血，豈待在血中乎？郊，沙，泥皆以地之近險程度言，各家至此如何轉圜？血與酒食其文字地位一如郊沙泥之須需也！無妨，易家解象緊扣繫辭：「易之為書也不可為典要，唯變所適。」需于血者，需義多略之矣，仍沿待之者，是之謂一貫其道而不忘原始反終之體乎！各家之見述於后：
象：順以聽。
九家易：雲從地出，地出者莫不由穴。
王弼：九三剛進，四順聽命。稱血者，陰陽相傷也。
李鼎祚：坎為雲，又血卦，血喻陰，宜從陽，故曰需于血。
程頤：四傷於險難者也。
蘇軾：需于血者，抗而傷之也。
朱子：血者殺傷之地。四柔得正，需不進，雖傷終得出也。
朱震：變坎為血，六四坤順，坎耳听也。

項安世：諸儒惑於血字。血爲陰類，不訓傷也。四能順而听，是亦需也，需則不拒可知。
李衡引云：四坎初寇三，三剛四自獲傷而稱血，見傷而待也。
梁寅：坎爲水，若需于血，蹈其難矣！
吳澄：四往順五，自穴而出在外矣。
來知德：坎爲血，血即坎字，非見傷也。
王船山：需于，謂三陽於此而需也。陽攻陰傷，故爲血。
李光地：四入坎體，是需于血也。
毛奇齡：坎爲血爲穴，在坎中，陷于血。
吳汝綸：血者洫之借字，坎爲穴。
伊籐長胤：血者殺傷之象。穴者險陷之地。
薛嘉穎：大臣當國難而處殺傷之地，有需于血之象。
丁壽昌：血喻陰，陰體弱，宜順陽故曰需于血。
曹爲霖：爲險傷惴惴不免也。又引云：傷於陽避陽听命於陽也。
馬通伯：需者飲食之道，上古茹毛飲血，需于血，肉食也。
高亨：血疑借爲閾，與閾同字，止閾有所待之象。又血讀爲溝洫穴竇，隱伏免禍。
李鏡池：穴居野處，旅客投宿遇壞人，身上沾血逃出來。

傅隸樸：三陽合力奮擊，六四受傷而逃，三陽克服坎險。

徐志銳：需于血即需于坎，四初正應，坎險可濟。

黃慶萱：血借爲溝洫之洫，待在溝洫下面，三陽來便迎接

如何使爻辭「需于血」與「需于郊、沙、泥」同其詞，同其位，乃各家所致力解釋者，而郊，沙，泥確能想像距坎險之遠近立說。血居險中，前賢筆鋒一轉，以四陰柔順，坎爲血卦，抗陽而傷，四順五，血即坎字，順下三陽之聯手進擊，血爲殺傷流血，血爲肉食，獨吳汝綸極欲以血字仍爲名詞，故云血，洫之借字；高亨之閾閾字；黃慶萱之待在溝洫下。則四待于溝洫下，待于門閾中，與待于郊，待于沙，待于泥同矣。按六十四卦即六十四種人生歷程，其型態各卦比應同而遭遇因爻辭而異其說，同一卦之中應同爲一人事，因時之異而有臧否升沉，孔子之時中，正明人生遭遇不能執一也。執一無權，孔子之嘆衛亂，子路死矣，子羔逃矣！是權變之使時中而乾坤可扭也。蕭相國不自污，幾入高祖之甕矣。是六四入大臣位，薛嘉穎云，而處殺傷之地，有所需也。殺傷，爲寇盜傷？爲五所傷？爲三陽所傷？五爲寇盜，則政變乎？否則五爲君也。爲寇盜傷，坎爲寇盜，而四乃坎之下體，豈分贓欠當而爲犧牲品，否則，烏有自殘如此，爲三陽所傷，三陽乃昨日之我也，昨日之我行行如也，處近君，入盜體仍以一貫貞正自清，因不得見容於污人，是傷乃爲一貫清貞行爲所累。設三陽以另一體，讀卦時又可以三陽並進，克服坎險矣！以吾觀之，六爻乃六種時段，而卦仍爲需，乃一人處六種時段之姿態也，夫如是，血爲陰，血爲傷，血爲肉食，血爲順皆可通矣，又毋須扭曲

立說也。而以躲在溝洫下說實吳汝綸之「血，洫借字」爲深富想象，且過乎卑下不當矣！即以前賢所云四近君險，宜以柔順而正道事之；坎險，寇盜之中心，力有所不逮，暫伏之也；三陽上升，四非敵，傷于陽而順乎陽也。舍上三說，六四乃陰柔，威於五，此一時彼一時，難免局外人譏爲「變色龍」，而搖身事五矣！吳汝綸之洫之借字者，處下也，高亨之閾閾者，止留閾有所待也，皆六四時位之當。血爲陰，四爲陰，項安世責諸儒不考象辭，惑於血字。蓋謂順則不拒矣，化從前之對峙爲今日僚屬矣，蓋天下無永久之敵人也！出自穴者，毋須隱伏謀抗衡矣夫！又寇盜若太平時之寇盜，「吾豈匏瓜也哉！畏井渫之莫食！」子路面犯其師，即萬世師表亦不能免於譏也。設秦失其鹿之劉邦爲秦盜，國父中山先生目爲四大寇，而順之者蕭何，張良，蔣介石，閻錫山輩正乃識時務之士乎？

徐世大之三陽吃軟飯四坎淫於三，需于血，出自穴，至此反爲親家矣，無怪乎至五而需于酒食也。

九五，需于酒食，貞吉。

象曰：酒食吉，以中正也。

荀爽：五互離，坎水在火上，酒食之象。需者飲食之道，故坎在需家爲酒食。雲須時欲降，乾須時當升。五有剛德，處中居正，故能帥群陰舉坎以降，陽能正居其所則吉。

九家易：乾二當升五，正位者也。

盧氏曰：沈湎則凶，中正則吉也。
王弼：需之所須以待達也。已得天位，暢其中正，無所復須，故酒食而已，獲貞吉也。
孔疏：五爲需主，已得天位，無所復需，但以需待酒食以遞相宴樂而得貞吉。
程頤：五以陽剛居中得正，位乎天位，克盡其道矣，以此而需，何需不獲？安酒食以俟之，所需必得也。既得貞正而所需必遂，可謂吉矣。
蘇軾：敵至而不忌，非有餘者不能，夫以酒食爲需，去備以相待者，非三陰之所能辦也。故九五以此待乾，乾必心服而爲之用比，所以正而獲吉也。
朱子：酒食宴樂之具，言安以待之。九五陽剛中正，需于尊位，故有此象，占者如是而正固則得吉也。
朱震：需至于五，難已獲濟，位乎天位，應天下之須。坎震爲酒，兌口在下，酒食之象。九五需主，天下之需五者，無須不獲，各足其量而止。需者無窮，應者不動，故貞吉。中而正也，養之者不過。坎爲酒何也？震爲禾稼，麥爲麴蘗，東方穀也，故東風至而酒湧。
項安世：九五至剛稱需，一卦之主也。三陽恃其有孚，是以堅忍以需之。若上無九五，則賢者絕望久矣！需，飲食之會。三陽方來爲客，五主人具酒食以需之，故曰需于酒食。
李衡引王逢：酒食，德澤之謂也。九五之君，中正澤民。引代：五得位，道宣暢，適會此時，其所需者唯飲食安燕，與民同樂而已！

梁　寅：坎體多言酒食，必有其象而不可知矣！三陽爲客，五爲主，故需于酒食待其來，以明良之會成涉之功。又按鼎傳大亨養聖賢。則人君養賢，固必豐其饗食矣。上六敬不速客，猶可終吉，況人君養賢之正乎！

吳　澄：坎水爲酒，二三四互兌爲食，九五剛中正，位天位，酒食燕樂以俟之而已。

來知德：坎水酒象，兌得象。酒食宴樂之具。需于酒食者，安于日用飲食之常以待之，正而自吉也，非戒也。又五陽剛中正，不多事自擾，無爲而治者也。

王船山：內三爻需于其地待人，此需于者，待待已者也。五與三陽道合，雖在險中，篤其情禮，期相燕好，君道正故吉。此言酒食，明燕好待賢之義。

李光地：剛而中正，有孚貞之德，坎主天位，雲上於天也。有德有位，需時能需，惟飲食宴樂，休養順俟而功化成，此需之正吉。

毛西河：五自艮，自兌。由兌口艮手，入互離腹，是酒食也。士君子飲醇自放以全患難，此最善處需者，所謂中正之需也，故貞吉。

李塨君子以飲食宴樂，此爻當之。九五得中守正，吉何加焉！需有二道，有需而後平險者，如周亞夫待七國敝而乘之。有需其險平者，如陸遜料昭烈，伏兵不應，其伏自出是也。

吳汝綸：此需訓爲畏懦，酒食以喻福祿。古人於晏安福祿，以柔退爲主，故曰需者飲食之道也，難進易退恐其不能持久，故貞定乃吉也。

伊籐長胤：人之所需莫切於飲食。陽剛居中，可以得吉。蓋人主當承平之運，中外無虞，不知警戒，或隳其業，往往而在，宜正自克，無蹈流連荒亡之戒。

薛嘉穎：五備有孚亨貞之德，而位乎夫位，是有德有位惟酒食宴樂，順俟功成。蘇氏秉國酒食猶漢書食酒也。

丁壽昌：蘇蒿坪曰凡辭言酒食者，卦皆有坎，酒，水類也，而其用能助益陽氣，充于中發于外，故擬一陽在內之象。又坎中有食象。惠定宇曰五需二也。

曹爲霖：誠齋易傳陽彙進，陰引退，九五剛中得正，位乎天位，險夷難解，天下治平，涵養休息，需于酒食，貞吉養天下之謂，成康文景得之矣。

馬通伯：司馬光曰人君待天下之道也。中則盡時，正則常久而不已。郭雍曰鹿鳴之君得其道，天保之福所謂貞吉也。其𥙿案需于酒食，穀食也。樹藝五穀，五穀熟而民人育，故貞吉矣。以中正者用此中正之德勿變也。

劉次源：需主，與乾合德，酒食頤情養德，久道化成，休養生息，需道之至吉也。

李　郁：坎爲酒食，守正待二之化柔，故貞吉。

胡樸安：收穫已畢則飲食宴樂也。有耕種之事有酒食之吉也。

高　亨：是人既醉飽而酒食有餘也。推之它事，所用已足，其資有餘者似之。故曰需于酒食，貞吉。

徐世大：天下無不散的筵席，而此君逕留不肯告辭，惹主人討厭。久則好，調侃之反辭也。

李鏡池：旅途中遇到好客的主人，酒肉款待，食飽喝醉，連衣服都弄濕了。
金景芳：需卦主爻，既中又正，需于酒食，守正必得吉。
傅隸樸：前三階主需，享需榮者全在九五，九五克服危難後，以尊居尊，八表同歡，所需待者不是戰爭而是酒食，如果驕，好戰，縱欲都是失正，失正必凶，故曰貞吉。
徐志銳：于同以。酒食可以自養，可以待客。九五雖陷入坎陷中，以中德誠敬自守，居險不憂，備酒食待下三陽客來，是陷險善于處險，故言貞吉。馬其昶易凡言貞吉，貞凶，皆累積而吉凶。吉凶主運數，貞吉，凶主人事。
黃慶萱：陽居五像歷險的英雄到達成功的高峰，準備酒食犒勞，以示慶祝，仍須守常規，不可飲食無節才好。
林漢仕案：需于血，需在六四已有所轉化，須也，待也之聲納不揚，各家多顧左右而言他而略過，其仍以待解，需于血，即待于閾，何爲待于閾？有所順也。九五需于酒食，順理成章矣！試讀先賢高見：
王弼：需，須待達也，已得天位，無所復須，酒食而已。
孔穎達：五需主，已得天位，無復須，但酒食遞相樂。
蘇軾：敵至不忌，去備相待，乾必服而爲之用。
朱熹：酒食，宴樂之具，需于尊位，正固得吉。

朱震：需五難己濟，應天下之須，酒食之象。
項安世：需，飲食之會，三陽爲客，五具酒食以需之。
李衡：酒食，德澤之謂也。又引飲食宴安，與民同樂而已！
梁寅：三陽爲客五爲主，酒食待其來，明良之會，成涉之功，人君養賢，固必豐其饗食矣！
來知德：坎水，酒象，日用飲食之常以待之，正而自吉也。
王船山：內三爻需于其地待人，待待己者也。五燕好待賢。
李光地：剛而中正，有德有位，惟飲食燕樂俟化成。
毛西河：士君子飲醇自放以全患難，此最善處需者。
吳汝綸：需訓畏懦，酒食喻福祿，難進易退，故貞定乃吉。
伊籐長胤：人之所需莫切於飲食，蓋人主當承平，無蹈流連荒亡之戒！
薛嘉穎：五有德有位，惟酒食宴樂，順俟功成。酒食，食酒也。
曹爲霖：九五剛中得正，成康文景得之矣。
馬其昶：需于酒食，穀食也。五穀熟而民人育，故貞吉。
劉次源：需主，與乾合德，酒食頤情養德。
傅隸樸：九五克服危難後，八表同歡，所需者不是戰爭，而是酒食。
徐志銳：九五陷坎險中，中德自守，酒食待三陽，善處險也。

黃慶萱：五像歷險英雄，酒食慶祝，不可飲食無節。

易家善變亦善忘。禮記經解第二十六說易「絜靜精微，易教也。」又云「絜靜精微而不賊。則深於易者也。」司馬太史公云：「六藝於治一也，」易以神化。易之變易不易，是眞神矣，吾嘗試降低其神性而入人性，雖然有違一貫色采，舍神祕迷貿而實其哲理，係後學之具色膽而欲包天也！蓋卦爻辭之照單則比應順承之說，非割裂則無以自圓，全比應之例則爻辭時或不能相吻，易家之逐浪隨波，因時制宜而轉合，前後或有所不能兼顧矣。易之所以幽贊神明，參天地，順性命，定吉凶，成天下之亹亹者，綱以爻而目以陰陽剛柔，洎夫後賢之發明升降飛伏半象旁通，輔而通之，庶有所不昏而知幾矣夫！

吳汝綸之需爲柔需，畏需，又爲懦，豈以乾乾爲天下之至健，三陽聯袂而需于郊，需于沙，需于泥！乾乾陽物而夕惕知險，誤以乾爲懦有其理矣！論語井有仁焉，其從之也矣，君子不可誣也，不可誣也！剛健而不陷，是乾德，誣爲懦似不能蒙諒解。六爻之依例進，各有時段，是之謂卜，以適各時段之事也，全卦各爻之比應順承，以人生全體看，其比者應者，蓋即人生諸多行事中之種因乎？今日種因，自然日後得果，譬諸今日努力，他日收成；今日種善因，他日結善果，易之比應也，歷試不爽，而其必然條件得有前事，日至之時，熟與不熟，又有充分條件也。吾以爲爻辭是充分條件，而比應爲必然條件，不能以必然條件範圍充分條件也。夫如是，則爻辭可附會而說也。

九五爲需主，初二三爻視爲險，故需訓作須，待也。至九四需于血，須待說即生窒礙，强爲之說，待血豈待宰羔羊？坎卦爲水，爲血，爲雲，互離，爲穴，逸象皆可鎖定附會。以吳汝綸，高亨之說，需仍須待說得通矣，然待於闔門，出自穴，何爲即有酒食？化仇讎爲燕好！徐世大說爻多誣妄，而以九三之上坎六四爲軟弱，加以說卦坎爲淫，徐世大以軟弱過甚易遭强暴，是六四强暴九三也，好事既成，猶之小說故事中樊梨花，穆桂英，化仇讎爲姻親矣，需于血，出自穴者，以見女貞也。象順以聽，豈復有仇讎之意？五之需于酒食，固是六禮齊備後之必須也，亦是眾所期待者，以貞正勉則無始亂終棄之嫌隙矣，朱熹云占者如是而正固則得吉也。勉五無復他志，適一可矣。梁寅之云：「坎體多言酒食，必有其象而不可知。」今孟氏，虞氏逸象，坎皆云有酒食，梁寅未之見也。黃慶萱云歷險英雄，而坎本身險，予人險也，烏有設險者搖身一變成「歷險英雄」，況五仍在險中，五即是險中險者，而準備酒食犒勞對象，豈皆梁山泊弟兄邪？蓋坎險也，盜賊也，五爲坎中心，是盜賊首腦矣！李鏡池將易哲理之言，平淡至難毛蒜皮小事，似過當其辭。有言五需二者，乾二當升五者亦失實，二，陽也，五亦陽也，二之剛即五之剛，五之剛豈復需二之剛？見龍在田豈勝過飛龍在天！天，田，正天淵之殊其勢也，五毋須二，二毋須升五也明矣。由酒食貞吉發展成「飲食宴樂。」人君養賢，與民同樂，人君養天下，體養生息，飲食有節，應視作有所感發而未必皆中節也。

上六，入于穴，有不速之客三人來，敬之終吉。

象傳：不速之客來，敬之終吉，雖不當位，未大失也。

荀爽：需道已終，雲當下入穴也。雲上升極則降而爲雨，故詩云朝躋于西，崇朝其雨，則還入地，故曰入于穴。雲雨入地則下三陽動而自至者也。三人謂下三陽，須時當升，非有召者。乾升在上，君位以定，坎降在下，當循臣職，故敬之結吉也。　又傳象云：上降居三，雖不當位，承陽有實，故終吉無大失矣。

王弼：六四所以出自穴者，以不與三相得而塞其路，不辟則害，故不得不出自穴而辟之也。上六處卦之終，非塞路者也，與三爲應，三來之已，乃爲已援，故無畏害之辟，而乃有入穴之固。三陽待難除不召自來也。處無位之地，以一陰爲三陽之主，故必敬之而後終吉也。

孔正義：上六陰爻故亦稱穴。上三應，三來爲已援，乃入穴居，有三不須召喚客自來，初九，九二，九三也，難通而三陽升，上六居無位以一陰爲三陽主，不可怠慢，須恭敬此三陽乃得終吉。

程傳：險在前，需時而後進，上六居險終，終則變。陰止於六，乃安其處，故爲入于穴，穴，所安也。不速客謂下之三陽，乾之三陽非在下之物，需時而進者也。不速，不請自來也。上六對群剛來，不起忌疾忿競之心，至誠盡敬以待之，雖剛暴豈有侵陵之理？故終吉也。或疑陰居三陽之上，得爲安乎？曰三陽乾體，志在上進，六陰位，非所止之正，故無爭奪之意，敬之則吉也。

蘇軾：乾已克四而迭於五矣，其勢不可復抗，故入穴以自固。謂之不速之客者，明非所願也，以不願之意而固守以待之，可得安乎！其所以得免咎者，特以敬之而已，故不如五之當位而猶愈於四之大失也。

朱子：陰居險極，無復有需，有陷而入穴之象。下應九三，九三與下二陽需極並進，爲不速之客三人之象。柔不能禦而能順之，有敬之象，占者當陷險，然於非意之來，敬以待之則得終吉也。

朱震：需，訟之反，三陽自外入，兌爲穴，故曰入于穴。客在外，主人以辭速之曰吾子入矣。主人須矣。九五需主，三陽乾兌，居西北位，客也。自外而入，主人未應，不速客也。三人者三爻也。敬在持其正也。九三當位而應，九二，初九不當位而不應，三陽同類敬其一不敬其二，則所失大。自得三人言之，雖不當位，未大失也。終吉者，不失其正，故吉。

項安世：上六陰已終，無所用出；乾陽已至，無所用需，故入穴者非上六也，不速之客也。客自來也。六四之象順陽，陰猶爲主，上六不當位，陽居陰，陽自爲主矣。需道已成以戒陽也。上已入險，處乎險中，戒之敬之。聖人爲陽，謀如此。陽居上不當位，不當失小，不敬禍大。善需者勿以小失爲嫌，以大禍爲憂。險已濟，猶不敢忽，必入其穴，終其事而後已，可謂能敬也。

李衡引陸：上應三而待之，故入于穴，言得其所處也。三陽連進，非己所召，我既應而待之，故其來不足憂，雖非己召，義以相與，敬而待之，乃獲終吉。

梁寅：入於穴者，柔甚險極，不能自出，三陽進勢不待速召，上六敬之，賴其力以出險，故終有吉也。小人自取禍敗，賴君子得免，其占當如此云。

吳澄：入謂自外入內，四穴上應三，是入于穴內也。時既終，無復有所需。乾三陽爲客，來處於內，乃其素處，上六柔應九三陽，上六能敬下陽，故居需終而吉也。

來知德：陰居險陷之極，變巽亦入，入象。應九三，陽主進，不請自來之象。我主應客，三陽同體，三人之象。入穴窮困，喜來而敬之象。終吉者陽至健可以拯溺也。又三人位應上六故曰人來。

王船山：上居坎險之極，不能出就陽，入于穴矣。然下應九三，不忘敬順，故獲終吉。三人，三陽也。九三進則初，二彙升矣。不速謂有需而不遽進，其行遲也。此卦兩言終吉，需之爲道，無速效，故必久而後吉。

李光地：處險極則入于穴矣！應於下，三與二陽並進，有三人之象。凡險苟非自取，必有救援之來出於意外，又因有陽剛之應，故取此象。然必敬之乃得終吉。敬則爲客，不敬則爲寇，寇客無常，敬不敬之間耳，可不畏矣！

毛奇齡：坎陷之極，竟入穴矣，效九五酒食召客，三陽不召而來，出險之際猶泄泄燕樂，柔弱不振，所謂需者，德之賊也。然不大失者，以需也。

李塨：上六不若九五中正，居險變巽爲入，入于穴矣！幸下應九三，乾陽主進，上六敬之，共將出險。卦爻之上卦曰往，下卦爲來。屯四之初曰往，需下卦之上曰來。本卦爻之本卦，我適往爲往，彼向我爲來，非一義也。

吳汝綸：入穴凶矣！然下有三陽來助，故終吉。上三爻皆已入險，四初遇險，猶有需焉，行自出矣。五在險中，先事後食，吉之道也。上無所需而徑入險，不能自拔，得多助於下，亦終出也。

伊藤長胤：坎險之極，故曰入于穴。速，召也。指內三陽，群剛在下欲牽進，危懼可知，柔能忍，待之以禮則能感孚得吉。蓋險極讎我者眾，宜若不可爲，然柔能忍則不至禍敗，在險極可謂吉矣。

薛嘉穎：惠氏易例，內爲主，外爲客。內爲來，外爲往。今乾在內卦，稱客稱來者以乾往居上，坎爲主人，主召客故稱來也。胡炳文四柔能需可出險，六柔當險，無復需，惟入險而已！ 下三陽需極求進，適來救援，不請自來。

丁壽昌：荀慈明乾升坎降說，亦易中之一義而不可以例諸卦。蘇蒿坪曰變巽爲入，又爲潔齊有敬象，雖不當位（案卦爻凡處二五言正當，則初上爲不當位。）

曹爲霖：誠齋易傳三陽雖爲客，需我變久矣，敬納之，入於穴者，主安也。桓溫作難於晉，晚而疾亟，猶幸不殺王謝，晉室安，桓氏亦安，此共效也。金谿陳氏曰不當位即入于穴。未大失猶出自穴意也。

馬通伯：食禮雖簡於饗食，要自不敢忘敬，需爻不變，至上六需極當變，故不言需不當位，據變後言也。此擬議以成其變化也。

劉次源：處坎極入于穴，忽有意外之援，故致不速之客也。三正應，初二隨來濟急，乾來敬禮，終獲吉也。無往不復也。

李郁：三之上，陽出陰入，故入穴。客指九三，三爲人，三來上爲客，需爲不速，上退入敬之也，上剛終故終吉。

胡樸安：入穴，收獲藏穀于穴也。不召客竊穀而來。敬之，謹愼防之而終吉也。

高　亨：速，召也。不速客亦宜敬之，此殆古代故事歟。

徐世大：縮入穴中，似可與世無爭，然竟有不速客來臨，只有恭而敬之，才可免難，故斷以吉。

屈萬里：詩小雅伐木：「既有肥羜，以速諸父。」箋速，召也。穴即人居處，今豫陝間猶有之。入于穴指客。象傳以陽居一三五爲當位，此位疑未字音近而衍，義謂不速客固不當敬，今敬之雖不當，亦未大失，「大失」與「不當」應。

李鏡池：途中投宿，有三位不速客進來，主人一律殷勤接待，結大果大家都好。周易記行旅之占最多，爲商旅狩獵出門，本卦行旅遇到的各種情況，前三爻途中，後三爻投宿所遇。

金景芳：上處險極，下三陽未請自來之客，上柔順禮敬，雖處險，終還可以得吉。

傅隸樸：上居坎極，極必反，需未就不用需待了，險過獲安。入穴即不逃之義。險盡三陽無需待，故進成不速客，上將敵作友，柔敬禮之，結果皆大歡喜。故曰敬之終吉。

徐志銳：六四出自穴已渡險，三陽已與九五相會，故酒食貞吉。穴，上體坎位，入，三陽入坎位。需極當變之時，上六恭敬接納才得吉。

黃慶萱：有不請自來客人三位來到穴室，只要對他們恭敬，結果仍然是可慶幸的。

林漢仕案：入于穴，其文法成份似需于沙，需于泥。孰入于穴？何爲入穴？自願抑逼迫？位乎天位，隨九五之后，如落日暮年，天可有黑洞？回歸抑循環落入舊窠巢？不速客，都謂不召自來之客。速之古文作警，籀文作遬，或作數，一本作造，其義有疾，蹙蹙，蹙斂，密也，召，徵也，不親附貌

。不以帖請自來之客，情誼上較密，禮數上較疏，故以造，蹙斂，密，徵，不親附，數解不召數似
都可曲通。先賢對本爻著墨，異辭較少，茲從入于穴述說賢者之見於后：
荀爽謂雲極爲雨，還入地，故曰入于穴。
王弼：上六與三應，三來援己，乃有入穴之固。
孔穎達：上六陰爻故亦稱穴。上三應乃入穴居。
程頤：上六居險終，終則變矣！在須之極，久而得矣。陰止六乃安其處，入于穴，穴所安也。上六需
得其安處。
蘇軾：上六入穴自固，上六以不願之意固守待之，可得安乎！
朱熹：陰極無復需，有陷而入穴之象。
朱震以半象兌爲穴，故曰入于穴。
項安世：入于穴者非上六也。險已濟，入穴終其事，敬也。
李衡引：上應三而待之，故入于穴。
梁寅：入于穴者，柔甚險極，不能自出，賴（三陽）出險。
吳澄：入謂自外入內，四穴，上應三，是入于穴內也。
來知德：變巽，入象，入穴窮困，陽至健可以拯溺。
王船山：上居坎險之極，不能出就陽，入于穴矣。

李光地：處險極則入于穴矣！苟非自取，必有救援於意外。

毛奇齡：坎陷之極，竟入穴矣！需者德之賊也。

李　塨：上六居險變巽爲入，入于穴矣！幸應三陽，將出險。

吳汝綸：入穴凶矣，得多助于下，亦終出也。

伊籐長胤：坎險之極，故曰入于穴，讎我者衆，柔忍不至敗。

薛嘉穎引惠氏易：內主，外客；內來，外往。以乾上坎爲主人，故稱來。胡炳文：六柔當險，無復需，惟入險而已！

李郁：三之上，陽出，陰入，故入穴。

胡樸安：入穴，收藏穀于穴也。

徐世大：縮入穴中，似可與世無爭。

屈萬里：穴即人居處，今豫陝間猶有之。入于穴，指客。

傅隸樸：入穴即不逃之義。

徐志銳：穴，上體坎位；入，三陽入坎位。

孰入穴？

荀爽以爲坎雲爲雨，還入地爲入穴，則入穴者坎也。王弼以上六與三應，入穴自固，是入穴者上六。項安世以爲入于穴者非上六也。是陰以入，謂自外入內，上應三，入于穴內。是三爲穴也。朱震半象兌爲穴，來知德變巽爲入象，則其入者非半象與變巽本身，蓋張網者非自投網者可知也。毛奇齡坎陷之極爲穴者，乃荀爽坎爲雲雨，再落入地之另一說也，要之，以坎爲穴是已！惠氏易內來外往說，入來當由上而下也。乾往上居，則坎下置爲主人矣，上下卦易位固可覓象，然六十四卦混爲一矣，楚河漢界，涇渭不分也。李郁之三上，陽出陰入即惠氏之意。

胡樸安入穴爲藏穀，無關乎上六或九三。徐世大之縮入穴中與世無爭，所指爲上六，屈萬里以穴居，即人居，而爻以三四爻爲入位，故屈云入于穴者指客。徐志銳以體坎，三陽入坎位爲入于穴。　孰入于穴？先賢之說爲：

坎水入于地上之穴。

上六入穴自固。

上六入三爲穴。

三四爻穴居即人居。

三陽入坎位爲入穴。

上五說以上六入穴自固，三陽入坎位爲入穴較合理，蓋未離以爻解爻也，坎水則四五六爻聯成一氣矣！上六入三似强合外內入出之文，牽爲陽上陰下以附理，卦已變則所言者非需上六矣！屈文人居即穴居，與陽上陰下異曲同工，說有理而不合轍也！

何爲入穴？

入穴自固。

穴所安也。

陷入穴象。入穴窮困。

待三入穴。

坎險不能出。

坎陷入穴需者，德之賊也。

柔當險，無復需，惟入險而已！

縮入穴中與世無爭。

入穴即不逃之義。

三陽入坎位。

入穴自固，入穴求安，入穴待三，柔當險無復需，入險而已！縮入穴，不逃之義，三陽入穴拯溺。陷入穴中，坎險不能出。

入穴自固，求安，待三，不逃皆主動而有目標，入險而已者則有聽天命盡人事之意。陷入穴中，坎險不能出者誠爲待宰之困窘者，曾需于郊，需于沙，需于泥，如此小心仍不能免於困，其原因或係六四之需于血，六五之需于酒食，人格類型之轉變，識時務，敬順天命，自囚以乞憐於人乎？不速客，不待召之客，六四需于血時即會有緣盡興交往者，九五亦會待之以酒食，至此，毋須召自來爲熟吝矣，敬謹事之，人生末站獲吉者，作易者以爲當然也。

師卦

䷆師，貞，丈人吉，无咎。

初六，師出以律，失律，凶也。

九二，在師，中，吉，无咎，王三錫命。

六三，師或輿尸，凶。

六四，師左次，无咎。

六五，田有禽，利執言，无咎。長子帥師，弟子輿尸，貞凶。

上六，大君有命，開國承家，小人勿用。

䷆師貞，丈人吉，无咎

彖曰：師衆也，貞正也，能以衆正，可以王矣。剛中而應，行險而順，以此毒天下而民從之，吉又何咎矣。

象曰：地中有水，師，君子以容民畜衆。

何晏曰：「師者，軍旅之名，故周禮元『二千五百人爲師也。』」

陸績曰：丈人者，聖人也。帥師未必聖人，若漢高祖，光武應此義也。

崔憬：子夏傳作大人並王者之師也。

王弼：丈人，嚴莊之稱也。爲師之正丈人乃吉也。興役動衆，无功罪也，故吉乃无咎。

孔疏：師，衆也。貞，正也。丈人謂嚴莊尊重之，言爲師之正，唯得嚴莊丈人監臨主領，乃得吉无咎否則衆不畏懼，不能齊衆，必有咎害。　又監臨師旅，當以威嚴則有功勞，乃得无咎，反之獲其罪矣。

李鼎祚案：此彖云師衆，貞正，能以衆正，可以王矣。故老子曰域中有四大而王居其一焉。由是觀之，則知夫爲王者必大人也，豈以丈人爲王哉！故乾文言曰，夫大人與天地合德，與日月合明，先天而天不違，後天而奉天時，天且不違而況于人乎！況于行師乎！以斯而論，子夏傳是也。王氏曲解大人爲丈人。

程頤：師之道，以正爲本。帥之者必丈人則吉无咎也。丈人者尊嚴之稱，帥師總衆，非衆所尊信畏服，安得人心之從，如司馬穰苴之誅莊賈、淮陰謀有以使人尊畏也。

蘇軾：丈人，詩所謂老成人也。夫能以衆正有功而无後患者，其惟丈人乎！傳彖曰：用師猶以藥石治病。傳象曰兵不可一日无，然不可觀也。兵戢而時動，動則威，觀則玩。故地中有水，師，言兵當如水行地中而人不知也。

張載：丈人剛過，太公近之。剛正剛中，則是大人。聖人得中道也。太公則必待誅紂，時雖鷹揚，所以爲剛過，不得稱太人。

朱熹：師，兵衆也。下坎上坤，坎險坤順，坎水坤地。古者寓兵於農，伏至險於大順，藏不測於至靜之中。堆九二一陽居下卦之中，爲將之象，上下五陰順之，九二剛居下用事，六五柔居上任之，爲人君命將出師象，故卦名師。丈人，長老之稱。用師之道利得正，而任老成人乃得吉而无咎。

朱震：坤，衆也，五陰一陽爲之主，利於用衆。二有震體，震動也，聚衆而動之，亦用衆也。周官五人爲伍，積至二千五百人爲師，亦衆也。故曰師，衆也。使衆人皆得其正，天下之民將歸往之，王者之道也。故曰貞正也。丈人者尊嚴可信，長者之稱。子夏傳本作大人。聖人用師，以去民害，猶以藥石攻疾，雖曰毒之，其實生之。在卦氣爲立夏四月，故太玄準之以衆。

項安世：師貞，言師出於正也。九二无正之象。夫用剛不過中，專制於下而君應之，置之死地而人以爲順，正大之師也。行正道，用正人，乃天下之善兵也。丈人者，尊嚴正大之人，若伊尹，太公類是也。易言兵必正，必丈人，必出於王道。孟子曰，征之爲言正也。出師如此，可謂得師貞之義矣。詩曰，維師尙父，時維鷹揚。用將如此，可謂得大人之義矣。

李衡引石：二爲師之主，王能任之，專任長子，故无咎。引子夏傳象：五天位也，以非陽居之，或有戰爭之事，能崇任九二之佐則吉。引干：兵行荼毒，不得已而用之。引介：凡藥之攻疾者謂之毒。王逢傳象：君子廓其中以容民，大其德以畜眾。

梁　寅：用師之道，得正與擇將而已。不得正則師出无名而事不成；不擇將則將不知兵而喪其卒。九二剛健中正之大人。出師既正，又得大人爲之將，吉且无咎矣。

吳　澄：師，眾也，一陽在下卦之中，眾陰從之，有統帥之象。大人，九二也。舊本作丈人，蓋大之訛。揚雄太玄師卦贊辭：「蓋用易大之訛爲丈。」

來知德：三畫卦論，二爲人位，故稱丈人。貞正，丈人老成持重，練達時務者也。用師之道在正與擇將，不正則師出无名，不擇將則不知兵。以事言有戰勝攻取之吉，以理言无窮兵厲民之咎。

王船山：卦一陽統群陰而爲之主，居中在下，大將受鉞專征之象。陰盛而聚殺之事，故爲師。貞謂六五，柔得中而不競，道在正人之不正，命將專征非黷武。丈人謂二，剛中，壯猷之元老，戰必勝故吉。順天得征之正，命將得人，免乎凶危，然後无咎。

李光地：一陽居下應上統群陰之象。又地中有水，藏兵於民之象。貞言師出必以正。以丈人主之則功可戎，吉且无咎也。

毛奇齡：坤爲田，爲國邑，險存其間，藏兵甲如寓兵于農者，古師也。師衆，坤衆，水亦衆。坤大輿，震小車，坎弓輪，皆兵象。一陽統五陰，古者五人爲伍，廿五家爲師說相合，九二獨尊，儼然一丈人，陽剛而中，五應，秉軍正，眞王者師。戡暴亭毒，天下歸往，吉，又何咎焉。

李塨：溝洫藏兵衆，所謂師也。二坎中男，互震長男，儼然一丈人矣！六五應，秉軍正以正衆，衆因以正，是侮亂取亡，兼弱攻昧，以此毒天下而民從之，于以王也何有！

吳汝綸：彖能以衆正，是以師貞爲句。鄭衆陸德明以貞丈人吉爲句。貞，問也，其詁最塙。丈人對子弟言之，作大人者非。

李富孫：子夏作大人，謂王者之師。案大丈二字，轉寫易溷，作大人是，吳澄曰丈字蓋大字之譌。

伊藤長胤：師者衆也，軍旅之事通謂之師。九二一陽，將帥之象，丈人老成之稱。自古用兵之道在有名與任將而已。師出有名，將得其人，正天下有餘矣！

薛嘉穎：師衆也。鄭康成多以軍爲名，次以師爲名，少以旅爲名。師者舉中言之。丈人言長能御衆，有正人之德，以法度爲人之長。乃成誅亂伐罪之功而吉且无咎。

丁壽昌：釋文馬云貞丈人絕句。王注以師貞爲一句，丈人吉无咎爲一句。蘇蒿坪以中爻互震爲長子之象。毒，傳害，程傳師旅興不无傷財害人。王注毒爲役，馬融注治，望文生義，皆非確詁，老子養之毒之，釋文作育。毒育古通，崔憬亭毒天下，得其恉矣。

曹爲霖：秦王翦，漢趙充國，唐郭子儀，南渡中興諸將韓張劉岳皆師貞丈人也。眞西山云兵，凶器，兵端一起，伏尸百萬，干天地之和，皆斯須不忍爲之。古寓兵於農，國無養兵之費，此容民畜衆之實政也。

馬通伯：楊時曰比一陽在上爲主，師一陽在下爲將。陳漢章引曰非徒尊老，須德行先人也。言其恩德可信杖也。毒天下王引之引廣雅毒，安也。老子亭之毒之亦謂平之安之也。

劉次源：水藏地內，兵以農寓。國與國訟，道窮惟兵力恃，兵凶戰危，聖人所忌，故貞示戒，二老成足倚，吉始可无咎，否則雖功亦衆也。

李郁：師討亂除害，衆人所助，雖弱必强。師有二義，勝殘去暴，覺世牖民，師旅師表，安人立人，貞指九二，丈人長老，其義則无咎。

胡樸安：師說文二千五百人爲師。師之取義言人衆圍繞解決爭戰，必正行之，貞正也。丈人大人也。毒，督之借字，馬融毒，治也。言師起吉无咎也。

高亨：丈人，大人也。大人有所占問，吉而無咎。

徐世大：譯文軍事：久。老太爺們要得，沒關係。貞含厭惡之義。春秋書滅國三十，厭兵心理普遍，丈人老人之稱，古農兵制，老人自免徵，故綴「吉无咎」字樣。

楊樹達：意林引風俗通易曰師貞丈人吉，非徒尊老，須德行先人也。又魏武孫子兵法序，易曰師貞丈人吉，用干戚以濟世也。

屈萬里：集解崔憬曰：「子夏傳大人」，據彖傳之義，作大人爲得。貞，守一不移。王，大人。毒，經義述聞：「廣雅『安也』。毒天下，安天下也。篤安與毒音同。

李鏡池：師，軍隊。丈人，軍隊總指揮。丈即杖本字，又轉爲尹，丈尹實是一字，總指揮往往年長。

金景芳：師衆也，貞正，丈人大人也可，嚴莊才吉。

傅隸樸：師役是動衆之事，第一行動一致。發號施令者主帥，公正即師貞，丈人即老成持重之人用兵則吉。

徐志銳：興師動衆出征，首先必名分正，孟子征之爲言正也。師出有名，言順必獲勝，成王業。

黃慶萱：師卦是軍隊的象徵，爲了正義，有威嚴老成的統帥，才能獲得戰果而免於過錯。

林漢仕案：師字宜先予定位，天地君親師之師乎？師旅乎？衆乎？姑不問爻位之所當屬。李郁所謂師有二義，「師表」正乃孟子所謂大患也，好爲人師者多喜自用，是其所是，人之是彼皆勇而非之矣！察諸爻意似不能全通。而師旅之說，則以嚴整陣容之謂也，師旅，軍旅團隊武力之表徵，先賢多許之而詳加發抒。至若師，衆也者，亦皆以有組織者言之，間有以衆民釋之者，如詩「曾莫惠我師。」「殷之末喪師。」之師。竊以爲師卦之師，宜許以多角，不宜一之以白臉，紅臉。有時整體言，有時個體言，則先賢之義可晐，而師字造字之義可備，師之情或可盡也。如此則師保、師旅、師衆之義盡入吾師卦之中，卦義則宛然可見。師之從帀從𠂤。𠂤說文小阜也，段注借假魁，俗作堆，堆行𠂤廢，士冠禮注追猶堆也，是追即𠂤之假借字，𠂤語轉爲敦，俗作墩，詩敦彼獨宿。師，說文二千五百人爲師。段注引小司徒五旅爲師。（三千餘人）又引周禮師氏曰師教人以道者之稱也。左桓十三年經注「戰稱將，敗稱師，史異辭也。疏云師是將之所帥，戰則舉將爲重，敗則群師盡崩。言其衆師盡敗，非獨將軍敗也。」是師義有師旅，師衆，教人以道之師。團隊或帥或稱師皆與焉。本師卦方師，貞，丈人吉，无咎。各家意見歸納如下：彖，師衆也。何晏，師者軍旅之名。朱熹，師兵衆也。朱震，坤衆也。李塨，溝洫藏兵衆，所謂師也。李郁，師有二義，勝殘去殺，覺世牖民，師旅師表，安人立人。

李鏡池，師軍隊。以象釋師者則以二，一陽統衆陰爲師，坎水行地中，地中有水爲師。是師爲師旅，師表二義而已。以軍師言，成功則將帥突出受賞，失敗則整體受累，故左傳云戰稱將，敗稱師。蓋群師盡崩，豈可小覷！職是故，孟子之斥善戰者服上刑。正兵家以勝正，不以擇主是否爲「文王一怒而安天下民」之上，遂意征代也。吳起大小七十二戰，全勝者六十四，堪稱善戰矣，苟帥桀，紂之兵，雖勝何如天下蒼生？逆天命何益吾土吾民？故「丈人」之釋作『聖人，嚴莊之稱，王爲丈人，衆所尊信之帥，老成人，剛中得中道聖人，長老之稱，老成持重，練達時務者爲丈人，壯猷之元老，戰必勝。能御衆，有正德之人。丈人，大人，老人。軍隊總指揮。』皆輕重失據，本末錯置也。孔子之正名非迂，蓋戰亦多矣，引發所以戰者有行吾之大欲？有逞强而戰，有復仇，貪得，抗禦外侮……齊桓之滅蔡也，蔡姬之轉鬻，三十萬大兵，行霸主之征，名雖正而獲不譎之譏，然終欠厚道。卦辭師下繫一貞字，彖以衆正，不若孔疏言爲師之正，項安世之師出於正也。孔疏尙自疑正，下著嚴莊丈人主領，否則衆不畏懼。似又言帥之正也。梁寅之「用兵之道，得正與擇將而已。

」正指師行也。李光地言「師出必以正也」。是貞釋師正而非指丈人，大人之正，之卜矣，亦非恃人衆之多正他人矣。徐志銳以興師動衆，首先必名分正，引孟子征之爲言正也。師出有名，必獲勝，必成王業。蓋當爲師卦，師，貞之的解。然師之出，非必爲成王業也，戰亦有不得不耳。

貞釋正，衆正（衆征也），大人正，丈人貞正，師道正爲本之正，剛正中道，貞謂六五、九二秉軍正，大人貞，守一不移，公正即師貞。正義。貞卜也。其句逗有下七式：

師貞，丈人吉、无咎。

師，貞，丈人吉无咎。

師，貞丈人吉，無咎。

師，貞丈人，吉，無咎。

師，貞，丈人，吉，無咎。

師貞，丈人，吉，無咎。

師，貞，丈人吉，無咎。

竊以爲師爲卦名，貞以言師之動，亦可言師動以卜，蓋古之卜，不外祭祀與戎，是貞卜師之動，其後果何如也。可强化出征者與命征者之信心，亦可言之貞卜主帥，孰領軍爲吉。若大貞之爲言正，是造卦辭者非以卜告，而以造卦辭即責以凡師動以正矣，或以愼選嚴正之丈人則吉也。其已伏筆丈人吉，而師凶耶？無咎應總各爻辭言，則師總無咎矣，是丈人以外二三子不著吉與無咎也。弟子輿尸已寓其中矣，直與今廟中籤同也。易之卦爻辭豈其卜前即設定邪？果然，則貞，正也當爲繫辭主人之本旨，貞言師以正動，正動之師，先聲奪人。師動以卜，動以正皆必須條件，在我者已盡本分，在天者誠難測也。著丈人吉，无咎，則在天者又可預知矣。

初六，師出以律，否，臧凶。

象曰：師出以律，失律，凶也。

九家易曰：坎爲法、律也。

王弼：爲師之始，齊師者也。齊衆以律，失律則散。故師出以律，律不可失。失律而臧，何異於否失令有功，法所不赦，故律出不以律，否臧皆凶。

孔疏：律，法也。初六爲師之始，是整齊師衆者也。當以法制整六之。若其失律，否則破敗，臧則有功。破敗即凶，何須更云否臧？蓋不奉法，失令雖有功，軍法所不容赦也。

李鼎祚案：初六以陰居陽，履失其位，位既匪正，雖令不從，以斯行師，失律者也。凡首率師出必以律，若不以律，雖臧亦凶。

程頤：初，師之始也，故言師出之義及行師之道。興師合義理，謂以禁亂誅暴而動；不以義，雖善亦凶道也。善謂克勝，凶謂殃民害義。律謂號令，行師之道，以號令節制，統制衆下。制師无法，雖善亦凶也。

蘇軾：師出不可不以律，否則雖臧亦凶。夫以律者正勝也，不以律者奇勝也。能以奇勝可謂臧矣，然其利近，其禍遠，其獲小，其喪大。師休之日乃見之矣，故曰凶。

張載：師出以律，師之始也。體柔居賤，不善用律，故凶。

朱熹：律，法也。否臧謂不善也。晁氏曰：否字先儒多作不是也。在卦之初，爲師之始，出師之道，當謹其始，以律則吉，不臧則凶。戒占者當謹始而守法也。

朱震：度量衡之法起於黃鍾之九寸，黃鍾坎位也。爾雅坎，律銓也。兵法地生度，度生量，量生數，數生稱，稱生勝。師出以律，則教道兵卒制勝之道也。否臧，失律也。否讀爲可否之否。劉遵曰古不字。失律者爲善，否臧則不善。杜預亦曰否，不也。春秋傳執事順成爲臧，逆爲否。故曰否臧其律竭。師之臨，初六動成兌，坤爲眾，坎爲律，爲川。坤毀則眾散，坎毀則川壅而律竭。

項安世：坎爲律，初爲出之始，故曰師出以律，初不能用律而臧，反戒之者，以柔處剛，其德不常，雖能大勝，亦能大敗也。又師眾以順爲武，故三爻居剛者皆凶。初六、六三、六五是也。

李衡引陸：九二在初上，爲師主，初仰承之，稟其師律也。陰質不利先唱。初柔唱始，是失師律，幸而求勝者也。引胡行師役眾，或勇，或怯，或逆，或順，將兵者必有法律制之。六居卦下爲出師之始，不可失其法律。引胡：師出始用律，是素不練，否之與臧俱凶者。春秋書次于郎甲午治兵相表裏也。

梁寅：初，師之始，故言行師之道，以律則吉，不善則凶。

吳　澄：由內而外爲出。蓋謂聽吹律之聲以占師之或否或臧也。鄭引兵書：宮，軍和士卒同正；商，戰勝軍士强；角，軍擾多變失士心；徵，將急數怒軍士勞；羽，兵弱少威明。司馬氏索隱云：古者師出以律，凡軍出皆听律聲。九家逸象坎爲律。不正非出師之義，柔弱非出師之才，故凶。

來知德：律者法也，號令嚴明、坐作進退皆有法則。若不以律，不論成敗皆凶，故曰否臧皆凶。否塞，兵敗也；臧善，成功也。

顧炎武：以湯武仁義爲心，桓文節制爲用，斯之謂律。律即卦辭之所謂自也。論語言子之所愼者，故先爲不可勝以待敵之可勝，唯三王之兵未有易此者也。

王船山：師有節制相應而不相奪倫，猶樂之有律也。否，不然。臧，善也。師一出當以律，可勝不可敗。初六柔險而處散地，反以律，爲不善而恣其野掠，其敗必矣。傳象以律爲不臧，則必失律矣。

李光地：初上二爻皆以師之始終而理其理，與蒙初上同。傳象失律凶者，明否臧之爲失律也。

仲氏易：坎爲法律，然非其位也，否也，否則恐失律，雖臧亦凶矣！黃鐘爲律本，史遷以十二律與兵事並言。

李塨：坎爲法律，否臧即失律。又自注五陰坤順，五陰爲眾，變其一則眾散，坎流水變兌則壅爲澤。評仲氏易與古人所言左矣。

李富孫：否，不古多通用。未然之詞曰不，轉而上聲則曰否。

吳汝綸：劉荀陸皆作不。左傳順成爲臧，逆爲否。此讀爲臧否對文。其云否臧則律竭也。讀否爲不，用師以謀人，有律則先以謀己也。

伊籐長胤：法也。否不以律、臧善軍勝。此爻師始，不就爻取義，專述師之戒。蓋師事非衆力同心難致功，故律不苟舍，懲一人安萬人也。

薛嘉穎：卦始當謹守號令。胡炳文律令謹嚴，出師之常是也。蔡清不曰否臧凶而曰失律凶者，明否臧爲失律也。

丁壽昌：左傳知莊子曰師出以律，否臧凶，執事順承爲臧，逆爲否，故曰律否臧，且律竭也，所以凶也。又疏引樊光曰坎水平，律亦平。蘇蒿坪曰變兌爲毀折，亦否臧凶之象。

曹爲霖：左傳宣十二年邲之戰，知莊子故曰律否臧則律竭也。杜注應不臧之凶。法行則人從法，法敗則法從人，坎法象，變坎是法敗，譬彘子違命也。又翦，頗，牧之流爲將，功著一時，亦否臧凶而已，不得謂之以律也。論律，趙充國諸葛亮其庶幾乎！

馬通伯：王安石律如同律聽軍聲之律。俞琰律言其和，師出吹律，律和則知士卒同心。沈夢蘭曰失律則失伍而否臧凶矣。案言初六之不可變。吹律驗其聲之和否，即可知師之有法无法也。

劉次源：坎律、出師宜合律。名正言順，國之律；節制森嚴，將之律，否則雖臧亦凶，況臧之未必也。

李　郁：亂法失常謂之失律。律，法也。出謂陽出，初變剛成臨，臨者保民无疆，以教以保，此師之大義也。臧同藏，初陽不出而藏，失位失應故凶。

胡楳安：律說文均布也。吹管以起衆也。不善失律，號令不一則凶矣。故象失律凶也。

高　亨：臧疑借爲壯。兵出必以律，不然其師雖壯亦凶，故曰師出以律，否臧凶。

楊樹達：左傳宣十二年，知莊子曰此師殆哉，易有師出以律，否臧凶。執事順成爲臧，逆爲否。衆散爲弱，果敗。　又漢荊州從事苑鎭碑，易稱師出以律。須律定紀。

徐世大：譯文軍隊出去要是紀律不好，壞了。舊注律字斷句，義反晦。讀史者可知紀律壞必敗無疑。

屈萬里：釋詁，律，法也。臧，善也。朱彬經傳考證：否臧即不善之謂。否，荀劉陸並作不。詩：「不忮不求，何用不臧」。

李鏡池：行軍要紀律，作者從戰爭經驗得出軍事學理論，很精確。否臧指紀律不好。左傳宣公十二年邲之戰，晉軍副帥先轂不听命令，知莊子預決必敗。可作參考。

金景芳：王弼把否臧作爲相對詞講。朱熹講作不臧，戰爭强調紀律。失律就是否臧。朱熹講的對。

傅隸樸：易初爻有據爻位判斷，有不據爻位，本卦初六便是，用兵之道，紀律爲先，岳飛軍隊凍死不拆屋，所以撼岳家軍難，晉楚邲戰，先轂抗命，知武子說「執事順成爲臧，逆爲否。」言師出以律則吉。

徐志銳：王安石，律如同律听軍聲。失律就是軍樂演奏不和諧，軍樂代表行軍作戰的號令以節制進退，反映全軍紀律狀態，所以始爻以軍樂鼓士氣。

黃慶萱：從下到上叫出，象徵軍隊出發，也須有嚴明紀律，紀律不好會失敗。

林漢仕案：律與否臧之異解宜先約說，蓋否臧定位則爻意見矣！律，九家易從易象坎水方律，水最平，故法亦平。孔疏即云律，法也。朱震以黃鐘九寸，爾雅坎，律銓也，兵法地生度，師出以律，制勝之道也。吳澄云聲律，王船山以師有節制猶樂之有律，馬通伯引王安石云律同聲，軍樂之聲，俞琰師出吹律，律和士卒同心，徐世大云紀律，顧炎武以湯武仁義心，桓父節用爲律。是律字原則在法，水象，黃鐘音律，紀律，亦一法耳。仁義，節用爲心亦不離法，唯聞出征吹律和協與否以定否臧，則有似占卜兆象而吉凶前知之數，夫如是三軍其次也，樂隊宜苦練務求協律可矣，敵人聞樂逃矣！樂聲整齊可即軍容壯盛？夫兆象可偶一爲之，亦或有徼幸相合，未可以爲經也。言法者水象，黃鐘音律象，取其平與整齊，法平則易守，整齊則運用自如矣！若夫以坎爲律，听律聲以節制軍容，斬艾殺伐習慣於鐘鼓之音，乃以律法爲本，鐘鼓其用也，今鐘鼓旌旗之外，又有無線電傳音傳眞，傳影像矣，亦其用也。

否臧二字，或云平行用字，或云主從關係。否臧詞性若同，則毋論否或臧也，是師出即凶，古賢者調彈同音者尟有，愚以爲訴諸戰爭蓋有不得已者，好戰乃人之本性，逞一時之氣而睚眦天下，一憤而亡身，在所不惜，先哲所愼齋戰疾，去兵先於足食，所重者祀與戎，是易不當有「教戰」之文矣，觀春秋滅國者五十二，弒君父者三十六，世界幾無寧日矣，孔子之退兼人，正畏行行如也，剛强者死之徒邪！好謀而成者毋須嘵口在師動之前尚喋喋言師律也，羲皇，父王，孔子三聖同心而戒大兵之後榛莽世界，故律之否臧無關敵勝，我勝。征服者與勝國同爲矜棘叢生，必有凶年也，故云否臧凶。「以律」言戰爭發動者一方之驕矜而固執也。戰亦多術，所處戰與應戰之地位亦多角，要之施暴抗暴兩者必全力而爲之也。而先儒著眼在我戰一方立言，故云失律凶，失律破敗，律法不善則凶，皆以將兵者以法律制師而求勝，故號令嚴明，坐作進退有方，夫如是求勝之道，約之在我者也，先儒皆落入兵家之實，孟夫子斥爲宜服上刑者。三軍可知爲誰而戰？爲何而戰耶？只明戰爭原則而不先明所以戰，五十步，百步也。至若「否臧皆凶」論，是兵家之瞻視尤高遠者，故王弼之先倡失律而臧，何異於失令有功？孔疏失令有功，軍法所不容赦。李鼎祚之若不以律，雖臧亦凶。皆主以將帥之意爲意也，夫如是萬衆一心矣，千萬人一體矣！孟子之爲叢敺爵，諸候之敺民與桀紂一矣，易豈爲彼輩謀？程頤能言出師之義而仍疑行師之道，故云制師无法，雖善亦凶。程夫子已明「興師合義理，謂以禁亂誅暴而動」矣！蘇軾之不以律奇勝，雖臧而利近，禍遠說，仍不出爲兵家計。晉文公城濮戰後，先賞雍季而後舅犯，明一時之權與萬世之利之別，孔子深贊文公霸也之宜。蘇氏雖棄一時之權，蓋亦有見矣，吳汝綸之「用師謀人，有律謀已。」謀已亦即謀人也。朱子之意，是否臧而主從關係，否臧即不臧，不善也。朱熹引晁氏曰，否先儒多讀作不。戒占者當謹始而守法也。朱震引亦以否臧爲不臧，是律之不臧也。高亨以壯爲臧借字，云兵出必以律，不然師雖壯亦凶。賢者皆就目所見而獻猷，謨及目前而不及週遍也。有以初六位之不當，柔即失律，惜夫未許以無名之師也。

就戰爭言之，皆用兵之要也。不必視爲三聖之本旨也。孫子兵法開宗明義：「兵者國家之大事，生死之地，存亡之道，不可不察也。」孔子哂子路之其言不讓，蓋趙括之徒邪？衆家所謂律，其作用即兵法之「犯三軍之衆，若使一人」乎？犯者猶勒令也。兵家所審者在勝負，雖有「不戰而屈人之兵，善之善者也」高論，然兵家受雇於王，王好戰與王有大志，，兵家即如孫，吳，助桀爲虐者也，百勝何益？若夫文王一怒而安天下之民，出太公之謀，行太公之擇主而事，是律最有益於生民也。否則，是集千古賢者之智爲今將帥之一說客耳！準此而知臧否皆凶，蓋指第知我有强大三軍，彼惡敢當我哉！吳王在會稽之後，得高志滿云：「孤有大志於齊，吾將許越成，若越不改，反行吾振旅焉。」申胥力諫不可，並言越日長炎炎，爲蛇將若何？吳王責伍員奚隆於越？並驕恣口吻言「越曾何足以爲大虞乎？若無越，則吾何以春秋曜吾軍士！」是吳王有十萬水犀之甲而不知其用也。伍員之不擇主而事，雖申之一時，終爲鴟鴺而投之於江，爲伍子胥之不可，況爲不如申胥之主夫差乎！易爲君子謀者，君子蓋即今之政治家乎？非對耀兵之軍事家言也。本爻師，出以律，否臧凶者，蓋謂師雖嚴整，出入有節，可犯三軍之衆，若使一人、然苟爲朝秦楚，蒞中國而動，或否或臧皆使天下生靈受害也，蓋勝之者亦將死傷過當也！戒有國者無大德而有大志之不可！聖人之悲天憫人之志，苦口婆心之眶仍不獲我心之戚戚然者，彼惡敢當我之輩也，孟夫子即曾以感性之言斥之云：「不仁者而可與言，則何亡國敗家亡有！」而聖人之所以仍進言者，以聖人心胸比天下也，是天下皆仁人也。然其聽與否在汝我之裁奪也。

九二，在師，中，吉，无咎，王三賜命。

象曰：在師中吉，承天寵也。王三錫命，懷萬邦也。

九家易曰：雖當爲王，尙在師中，爲天所寵，事克功成，故吉无咎。二非其位，蓋謂武王受命而未即位也。受命爲王，定天下以師，故曰在師中，吉。

王弼：以剛居中而應於上，在師而得其中者也，承上之寵，爲師之主，任大役重，无功則凶。行師得吉，莫善怌邦，邦怌衆服，錫莫重焉。

孔疏：王三錫命者，以其有功故王三加錫命。在師中爲句，吉字屬下，象文似屬上，上下兼該。曲禮一命受爵，再命受服，三命受車馬。

程頤：師卦唯九二一陽爲衆陰所歸，爲師之主，在師專制而得中道，故吉而无咎。王錫寵命至于三者，六五專倚厚寵，蓋禮不稱則威不重而下不信也。

蘇軾：師出不先得主於中，雖有功，患隨之矣！九二有應於五，是以吉而无復有咎。

張載：懷愛萬邦，故所以重將帥。

朱熹：九二在下爲衆陰所歸，而有剛中之德，上應於五而爲所寵任，故其象占如此。

朱震：五陰聽于一陽，在下而專制其事者也。人臣惟在師可以專制。得中道乃吉，於義无咎。九二剛，居柔，威和並用，得中者也。故能承天寵（龍光也，乾天，五坎光，二震龍。）

項安世：在師中明其爲將也。吉者戰勝也。无咎者，民從而无怨也。王三錫命，君寵之也。將无恃功之心，君不賞殘民之將，聖人者此爲後世法，所以有功於贊易也。師自五至二，歷三爻故爲三錫。

又古者言兵，皆言懷不言威。

李衡引干：錫命非私，安萬邦而已。引勾：九二承六五天位之寵用，王者三錫車服，俾專征伐，若湯征葛，東征西怨，故得萬邦懷之也。

梁寅：二以一陽統眾陰。受六五之命，任閫外之責，以剛處中，威德兼著，吉而无咎宜矣。九二之爲將，六五之居深所倚仗，其可无三錫之恩乎。

吳澄：古二千五百人爲師，五師爲一軍，軍將皆命卿。二以一陽在五陰中，猶一軍將在五師之中。膺王三賜命之寵，錫命如王使宰，至于三者，天寵之優渥也。二應五，五爲王，三次之數也。

來知德：眾陰所歸，有剛中之德，上應六五，錫命者五應也。爲將之道不剛則怯，過剛則猛，剛中則吉而无咎。錫命乃寵任其將，非褒其成功，六五信之專可知矣。錯乾爲王，中爻巽，錫命之象。（全以錯卦取象。）

王船山：一陽統群陰，處險中，將在軍之象。剛得中，得制勝之道，故吉。必其吉而後可无咎。所以獨任專制師中者，六五柔順虛中相應，故王三錫命乃克有功，其勝，天子威靈，非可自居以爲功也。

李光地：二有剛中之德統眾陰，丈人在師中之象。上應六五則有寵命之專，故王者三錫命以致其委任之意也。

毛大可：剛中主震，帥師之人也。六五應之，師中，中軍。周禮一命受職，再命受服，三命受位，大抵錫命以三爲度，上得天，下得民，承天寵而懷萬邦，吉何待言。

李塨：九二剛中主師，承六五之寵，无不錫之，坤坎爲眾，萬邦也。錫主帥即懷萬邦也，豈有私焉。

李富孫：錫賜古今字之異，段氏曰凡經傳云錫者，賜之假借也。

吳汝綸：程子云居下而專制，在師則可。言九二之才在師中則吉而无咎也。

李富孫：寵，王肅作龍。段氏曰龍即寵之假借。

伊籐長胤：在師謂臨陣之間。剛中應六五，善將得君者也，而錫命重疊至於三之。蓋將傷暴，君亦忌其專制而猜防，趙充國，郭子儀其庶幾乎！

薛嘉穎：二剛中在軍除暴之功而吉且无咎。何氏楷曰自五歷三位故稱三錫。天謂王也。

丁壽昌：王注在師中爲一句，吉无咎爲一句，正義吉字上下兼該。李資州曰二互體震，木數三，王三錫命之象。案五錫下坎三爻故曰錫，非取震木數三也。蘇蒿坪二應五稱王錫，互震爲言命象。

曹爲霖：如唐肅宗即位靈武，仍在師中也。上皇喜，乃命房琯等奉傳國寶及玉冊詣靈武傳位，此王三錫命所以懷萬邦也。

馬通伯：乾鑿度云易有君人，五號帝者，天稱也，王者，美行也。王者天下所歸。李鼎祚曰震木數三，周禮云一命受職，再命受服，三命受爵。在師，案視師也，中吉，中行而吉。

劉次源：剛得中爲師主，五正應，閫外之事悉相委，寵命三賜，非牢籠也，酬庸之禮也。

李　郁：二爲中得衆，故吉无咎。王指六五，二躋于五謂之求，五禪二謂之命。五推賢自代，故錫二，凡歷三爻，故王三錫命也。

胡樸安：古時迷信甚深，以師之吉无咎，是得天之保祐，故象曰承天寵。王即丈人，王錫命其他未加入手戰圍體來歸，故象曰懷萬邦也。

高　亨：錫借爲賜，筮在師中吉而無咎。君三度錫命，以嘉其功勞。

徐世大：行師未遇敵人，故云吉无咎。譯文在軍隊裏，又好又無所謂，王三次賞賜官階。（王非必爲天王。）

屈萬里：周禮：「一命受職，再命受服，三命受位。」懷猶惠也。論語少者懷之，懷來解亦通。

李鏡池：師中即中軍，主帥所在。吉无咎，有勝利之意。王三錫命，君王三次嘉獎。

金景芳：九二是卦主，是統帥軍隊的將，在師卦當中，故能吉无咎。中，无過不及。王多次重賞。

傅隸樸：九二陽爻，五陰之中是統帥，得六五信任，統帥得人。錫命即賜以三命受爵受服受車馬。

李志鋭：九二爲統帥居中軍，作戰有功，三次嘉獎。

黃慶萱：處師卦中間的位置，治軍合乎中道，會有收穫而不致有過錯，因此國君三次賞賜他。

林漢仕案：爻文句讀在師句，中句，與在師中句似無多大差別，蓋皆可依賢者之說也。本爻主要說解有三，一、在師，二、中，三、王三錫命，茲依先賢立說意排比於后：

王者受命而未即位，尙在征討誅代。九家易以武王受命，定天下以師，言雖當爲王，尙在師中也。王弼則以在師而得中釋爻「在師中」，意爲師主承上之寵，統御三軍而師位以剛居中也。程頤云在師，二在師爲師主，專制得中道也，蘇軾以理明之，彼云「師出不先得主於中，雖有功，患隨之矣。」是選帥也，未有無帥而征者也。張載故直云「重將帥。」朱震言「在師」，即在軍中，彼云：「人臣惟在師可以專制。」項安世：「在師中明其爲將。」吳澄：「二一陽在五陰之中，猶一軍將在五師之中。」王船山之「二一陽，將在軍之象，獨任專制師中者。」毛奇齡「師中，中軍。」曹爲霖：「唐肅宗靈武即位，仍在師中也。」李鏡池：「師中即中軍，主帥所在。」傳隸樸：「九二陽爻，是統帥，得六五信任。」黃慶萱「處師卦中間的位置。」以上眾賢有以在師爲句，有以在師中爲句，有以九二在師中爲王者本身，以武王，唐肅宗爲比；有以王者所委任之統帥言，如郭子儀，趙充國等是。故言帥，言將，言中軍，皆謂臣也。是約而言之，有五說：

一、在師中爲當王者本身言，今日爲統帥，亦即他日之主公。

二、人臣言，雖可專制外事，仍不離人臣之位。

三、伊籐長胤謂在師爲「臨陣之間。」

四、在師，即在軍中，（朱震說）。

五、黃慶萱謂「處師卦中間的位子。」

竊以爲在當讀爲察。莊子則陽篇：「君以意在四方上下有窮乎？」蘇輿云「在猶察也。」在師，即察師，視師也。（馬通伯案）孰可往而視師邪？三聖初爻即誡以師出以律，否，臧凶。然仍有執意爲之者，蓋意在動先，非爲兵家之「未戰，多算勝，少算不勝。」之意，迨爲私心起，行不忍人之志，朝秦楚之心！其視察師也，見師之嚴整，中則獲天時地利人和，遂決定其黷武之行矣！中以下，乃王者察視師時之假象。故朱震之在軍中與日人伊籐長胤得象之一體，其餘不得門徑矣！以二爲「處師卦中間的位子」說，即望文亦不得其義也，豈下卦之中乎？是誤中字之爲卦中也。而王弼之「以剛居中」，蓋言其得中也。

「中」之義，約而言之有：

「中」義同「上」，「裏」，「下」，「面」，猶言在廟堂「上」，家「裏」，樓「下」，裏「面」。在師中即在軍隊裏，文法上屬處所補詞也。此其一。　中爲居中，得中義。此中，獲一一切「中」之祥瑞氣。「中」庸爲德之本，大中至正之「中」，本美五爻之辭以美二，故以二爲聖王—周武王，中興之主—唐肅宗。　中爲統帥，爲中軍。因二五應，故又云得中道。爲元師，又云主於中。陽爻故云剛中。梁寅之以剛處中，金景芳在師卦當中，其爲黃慶萱「處師卦之中間位子」所本耶？九二剛，確爲下卦之中矣！然以師之全卦言之則不得爲中矣。（中爲地位言）來知德之剛中蓋言二之德也，無過剛與怯也。王船山之中兼有險中與剛得中，得專制師中，是一中而夫之先生兼其三義也。毛奇齡亦以二三四爻震卦取象爲剛中主震，帥師之人也，又言師中，中軍也，是一中而二義析說。　而李鏡池之「師中即中軍」，非謂中軍元帥也，乃言主帥所在也。李光地亦以剛中，師中立言，彼云：「德無常善，適時爲善。中則無不宜。中則無不正。二以剛隨柔，雖合時義而非隨之正。」其中，時中也。杭辛齋言：「中有虛實二義：實者卦之二五兩爻是也。虛者無質，如卦之主爻是也。有時在二五，有時不在，中即孟子之執中無權之權，合力點，重點與倚點相等之中者也。」是以二爲主爻，權位所在也，黃慶萱之「在師中間」得其說矣！而以師初二言，爲將帥者（九二）處「師卦中間」如何發號施令，兵法有云：善戰者先爲不可勝以待敵之可勝。又云「不知山林阻沮澤之形者，不能行軍。」將帥只知處安固之師中間，必將陷入不知己亦不知彼矣，師卦所倚重在二之一剛，豈六五之用人眞不當耶？是以爻位言在師卦中間，說有據而理欠週也。李光地云「丈人在師中。」胡樸安云：「王即丈人。」蓋即帥師者，其眞「阿斗」主矣！觀乎下文「王三賜命」，則李，胡無以自圓！

吉，無咎者，其未交戰前裝備檢閱也。在師即察帥，檢閱人員，裝備，士氣、補給。在兵法中所謂凡事豫則立也。此只以受命帥師之主將言，非關乎師卦全體及其政治背景也，二爻爲主將，主將所投注者，征戰之事也，若乎爲何戰？乃主上之事，可以參預，可以諍諫，而權仍在君王，故受命征戰之二察師也。既未交兵接刃，自無勝負，第見盛壯之師容，王亦喜而私心以爲得遂行所欲，爲籠絡軍帥濫行賞罰也，是王輕示其利器矣！未接觸之兵驕寵矣，蘇軾所謂養驕兵也。未有功而受賞，何以示有功以後？王之賜命再三，和吳起之舉有功，勵無功相背矣，未有飽食之獅虎尙有起鬥逐之志者，宜乎六三之輿尸也。是王之利器施用不合時宜也。三賜命亦有多說：王三賜命，懷萬邦也；武王受命爲王；孔疏，以有功故王三賜命，引曲禮一命受爵，再命受服，三命受車馬。程子以爲王錫寵命至于三者，六五專倚厚寵，蓋禮不稱則威不重而下不信也；項安世云古者言兵，皆言懷不言兵；李衡引勾云：三錫車服，俾專征代；來知德云：錫命乃寵任其將，非褒其成功；毛大可引周禮一命受職，再命受服，三命受位，大抵錫命以三爲度；日人伊籐以爲二善將得君，君寵異其功，有戒將傷剛暴，嚴刻生離心也；薛嘉穎以五歷三爻，故稱三錫；丁壽昌引李曰二互震木數三，王三賜命之象；馬通伯引李云一命受職，再命受服，三命受爵；李郁：五推賢自代，故錫二，凡歷三爻，故王三錫命；徐世大：王三次賞官階。李鏡池：君王三次嘉獎；

師未出而言功，孔穎達首倡也。將帥已領軍而遲遲吾行，豈無邀功之嫌？弱君至多次賜命，是錫命不無下邀上之累也。至三說，孔引曲禮：「夫爲人子者，三錫不及車馬。」自注如此。而李鼎祚，毛奇齡之引周禮則不見今本之周禮也。引文三命又自不同，一受爵，一受位，想係二賢必有一誤引，甚或二賢皆誤出禮記之文爲周禮也。李文又或係馬通伯之誤引，今李道平疏本李鼎祚原案又確爲周禮李誤於先，毛繼之以后也。綜合上說，彙而集之共十說：

一、王三錫命，是在懷萬邦也。

二、有功故三錫命，受爵，受服，受車馬。

三、寵之也，使主帥能信於下。

四、賜車服俾專征代。

五、賜命以三度爲限，受職，受服，受位。

六、寵將而異其功，並勉戒之也。

七、五爻歷三爻至二故稱三錫。

八、震木爲三，故三錫。

九、五舉二自代，歷三爻爲三錫。

十、三次賞官階或嘉獎。

五君位，二弼輔之臣，今五弱二强，五之寵二可知矣，二之邀五，由三之輿尸又可知矣，魏徵戒大宗「勿因喜而濫賞，勿因怒而濫刑。」愼到之「受賞雖當，望多無窮。」豈無的哉！況師未行而重賞之邪！君舍法，怨構無窮而將帥左右將有不相容之事矣！韓非之「賞罰不阿則民用，官治，國富，兵强。」故極力强調「厚賞非獨賞功，又勸一國也。」今師未動而多賞，是養驕兵而恃彼多能，如之何共可用也！上十說雖異，而大旨不離也。

六三，師或輿尸，凶。

象曰：師或輿尸，大无功也。

虞翻：坤爲尸，坎爲車多眚，同人離爲戈兵，爲折首，失位乘剛，无應，尸在車上，故輿尸凶矣。

盧氏傳象：失位乘剛，內外无應，以此帥師必大敗，故有輿尸之凶，功業大喪也。

王弼：以陰處陽，以柔乘剛，進則无應，退无所守，以此用師，宜獲輿尸之凶。
孔疏：退无所守者，倒退而下乘二之剛，已又以陰居陽，是退无所守。
程傳：三居下卦之上，居位當任者也。不唯其才陰柔不中正，師旅之事，任當專一，若或使衆人主之，凶之道也，輿尸衆主也，蓋指三也。軍旅之事，任不專一，覆敗必矣。
蘇軾：九二體剛而居柔，體剛則威，居柔則順，是以无專權之疑而有錫命之寵。六三體柔而居剛，體柔則威不足，居剛則勢可疑，是以不得專其師，而爲或者之衆主之也，故凶而无功。
張載：陰柔之質，履不以正，以此帥衆，固不能一師，丈人吉，非柔所禦。
朱熹：輿尸謂師徒撓敗，輿師而歸也。以陰居陽，才弱志剛，不中不正而犯非其分，故其象占如此。
朱震：六三在下卦之上，動而主之，則尸其事者衆也，故曰師。或輿師。輿又訓衆。三動得位，尸之也。坎變兌，毀其師也。荀卿論兵曰：權出一者彊，二者弱。易傳：軍旅之任，不專一，覆敗必矣。
項安世：三與上對，三敗事。師之命在將，使妄人爲之，猶載尸以行，言必敗死。故曰大无功也。三以坎車載坤尸，故曰輿尸。三在險極。
李衡引子：二剛，三柔居上，是兼其領，无君上之命則免矣，故曰或也。 引介：輿，衆也。尸，主也。師命不一則惑矣。九二，一也；六三，不一也。六三陰爻耦不一也。
梁寅：以一卦觀之，九二獨爲將。自各爻觀之，則皆將帥之事也。六三以陰居陽，不中不正，失爲將之道矣。其輿尸而歸，凶孰甚焉。

吳澄：坎爲輿。盧氏曰坤爲尸，坤尸在坎輿之上，故象輿尸。范氏大性曰：二卦主，三失位之柔乘之，此師所甚忌者，故有僨軍之象。古者兵雖敗猶不忍棄死者，故載尸以歸。輿尸猶以車載棺輿櫬也。或者有時而然之辭。

來知德：或者未必之辭。變巽，進退不果，或象。輿者多也，輿論也。尸者主也。言將不主而衆人主之也。六三陰柔不中不正，居大將九二之上，故有出師大將主而三主之象。不能成功也必矣。

王船山：或者未定之辭。師敗將殪，輿尸以歸。六三以柔居剛，又爲進爻，才弱志彊，行險妄動。傳象：三乘上不用命，三敗二功亦墮。

李光地：輿尸從程傳作衆主。六三才弱志剛，居下之上，躁險輕冒，正有弟子之象，故設爲占戒。

毛大可：三過中不當，乘剛，上下無應，偏裨致敗之象，坤震坎皆輿，坤又爲迷，爲死。坤前震動致喪，敗而輿尸。輿，車也，尸，陳也。輿人輿皀，祇指下役。後輿訓衆，尸從臥形，陳是正義，故死人稱陳人。

吳汝綸：輿尸，謂兵敗輿尸而歸。

伊籐長胤：輿尸軍敗載尸而歸也。才疏志廣，以此將師，或有輿尸之禍。蓋祀與戎大事，或自貽禍，六三陰柔不正，致輿尸之凶，固不待問矣。

荓熹頽：三才弱志强，又乘二剛，凌奪將權，衆人主之，凶之道也。石介輿，衆也，尸，主也。案春秋傳輿人城杞註，輿，眾也。詩誰其尸之。春秋傳㚖子尸之。皆取主義。將權不統一，覆軍誤國。

丁壽昌：訓爲眾主，則下文弟子輿尸爲弟子眾主，於文爲不辭矣！　盧氏坤爲尸，坎爲輿，多眚失位，乘剛无應，尸在車上，故輿尸凶矣。

曹爲霖：誠齋易傳邲之師，荀林父爲將而令出先穀，後世中人監軍，師焉往不敗。唐德宗謂陸贄當議規畫諸軍，對曰兵勢無常，違命失君威，奉命害軍事，是用舍皆礙，臧否皆凶。

馬通伯：范大性曰二爲卦主，三失位而乘之，有僨軍之象。張履祥曰居二上欲分其權，阻軍撓事。梁錫璵曰古者兵雖敗，不忍棄死者，故載尸。殃民禍國凶莫甚矣。

劉次源：以陰居陽，不中不正，行險妄動，自陷于危。師或陷沒，至于輿尸，其罪大矣，安得有功？

李　郁：或，指三。三陽不出，以陰當之，陰柔不正，入于坎窞，輿尸而歸，大敗績也，故凶。

胡樸安：戰爭勝敗無常，六三輿師，小敗也。言六三一爻，非全卦也。

高　亨：輿尸者以輿載死人也。戰敗卒死，載尸而還，是凶也。

徐世大：與敵接戰而敗者。然似尚能成軍故能輿尸而退。　譯文：軍隊有在拖死屍的，糟糕。

李鏡池：　輿尸：運送傷亡者。凶，表示失敗。

金景芳：輿尸，王弼和朱熹輿當車，尸當尸首。程頤輿爲眾，尸爲主。輿尸是軍中號令不統一。我同意程解。

傅隸樸：六三下爲九二，以柔乘剛，指揮不動，上六不應。六三陰柔統三軍，上無信任之君，下無听命之將，所以輿尸。作眾主是旁義。何得以眾主解？

李志銳：質柔用剛，志大才疏，統帥軍隊，吃了敗仗，用大車載尸體退回。太无功就是失敗。

黃慶萱：偏激妄動的將領，遭遇悲慘失敗，用車載運屍體。

林漢仕案：前賢解爻，似皆集目力於爻位與爻辭上，極盡覓象與爻辭附會，著力之勤，耕耘之力，實堪追跡攀援，然就本爻即事論事言，似有斟酌迴旋之地，不必盡隨賢者影跡也。

九二，賢者多以中吉，承天寵，師之主許之，甚或許為即王者本身，而王三錫命之隆猶在目，即轉而三欲操二柄為眾主。上方寶劍何在？「剛中」何在？兵法有將在外，君令有所不受。周亞夫的細柳營，豈是一六三所可奪權者！程頤釋九二為師之主，眾陰所歸，專制得中道。如之何至六三即改口為三居上位為當任者？程老先生能無「看圖識字」之嫌！如何看圖識字？爻文「輿尸，」程老從春秋與詩中找到輿眾也，尸主也之文，遂以三居二上，奪二權而眾主之也，九二誠無能矣！前日王賜三命驕寵專愛過頭矣！二之剛中處中，得中道，盡為虛文矣！隨程夫子跟進者又皆斲輪老手，然而斧鑿痕跡斑斑不堪入目矣！

茲彙上文師或輿師眾說如下：

以輿為輪輿者有虞翻，其象為坤尸，坎車，離兵，尸在車上，故輿尸必凶。王弼，孔穎達，朱子，毛大奇，高亨，黃慶萱等人從之。

以輿為眾，尸為主者，蓋即六三以柔質居剛位，預參軍機，至師指揮權眾主之而至敗績者，其說始乎程頤，踵而隨班者蘇軾，朱震，來知德，李光地，金景芳等，而曹爲霖引宋誠齋易傳，證以晉荀林父爲將，令出先縠致在邲之敗。故事誠合三奪二權衆主致敗之實，然三柔能剛，二剛爲柔，豈是舌隨心轉，可任汝翻騰？又豈可面柔佞許二爲中，至三即毀之權被分，爲三所乘？

兩大陣營中取中間路線，折衷主義者，項安世，梁寅語出模稜而傅隸樸另出一格，云九三乘剛，九二指揮不動，六三柔統軍，所以輿尸。是兩說合爲一義。

再就輿師之敗，失敗程度如何？有云「大无功也」，有云「功業大喪！」「覆軍毀師，」「坎車載尸」。吳澄以「車載棺輿櫬也。」蓋小小敗也，非是覆軍誤國之大敗矣，馬通伯引梁錫璵「古者兵敗，不忍棄死者。」胡樸安故云「小敗也，」蓋軍事能輿尸退，所輿者非至要之將不得棺槨也！大敗即上將亦不得屍退矣！是言覆軍毀師，其言似稍嫌過當。

總上師言或輿尸，其敗乃先賢衆口一辭無異義者，輿尸（即車載屍）與衆主而至敗軍殺將一也，倘願回應上爻王三賜命，養之優渥，初爻師出以律，否臧凶，則三爻之敗，固當然矣，其不敗亦凶，況敗軍乎哉！三之敗，在將强兵弱，枝幹在二，然驕將，三位本强而柔居之，故兵弱，弱非驕，猶可一戰，將本悍而驕，小敗也，是故車載輜重以外，得載屍而歸矣，若死傷過多，則車有不可載矣！或者有也，非一切輿棄輜重而輿尸也。至否臧凶者乃可一以貫之：養師宜正，非以嚴整爲心，以師已節矣爲可用，不以師動之名爲念，則師之出，善與不善皆凶，況養驕將欲遂吾大志乎！六三輿尸亦一儆戒矣！前者「否臧凶」乃預估，今者「輿尸凶」乃其事矣！

六四，師左次，无咎。

象曰：左次无咎，未失常也。

荀爽：左謂二也。陽稱左，次舍也。二與四同功，四承五，五无陽，故呼二舍于五，四得承之故无咎。

崔憬傳象：偏將軍居左，左次常備師也。師順用柔，與險无應，取進不可次舍。无咎，得位故也。

王弼：得位而无應，无應不可以行，得位則可以處，故左次之而无咎。行師之法，欲右背高，故左次之。

正義：師在高險之左以次止則无凶咎也。漢書韓信云：兵法欲右背山陵，前左水澤。

程傳：師之進以強勇也。四以柔居陰，非能進而克捷者也。知不能進而退舍，故无咎。見可而進，知難而退，進退得宜。完師之退，愈於覆敗遠矣。易發此義以示後世，其仁深矣。

蘇軾：行師之法，欲左皆高，故左次。

張載：次之不戰之地則不失其常。

朱熹：左次謂退舍也。陰柔不中而居陰得正，故其象如此。全師以退，賢於六三遠矣。

朱震：坎，阻水也。險難在下，救者當倍道赴之。動而左次，阻水以自固，豈用師之常哉！宜有咎。然六四柔能自正，知不可行，量敵慮勝，未失坤之常也。易傳曰：度不能進而完師以退，愈於覆敗遠矣！可進爲退，乃爲咎也。

項安世：四脫於險而在順地，故曰左次。四能不戰而免於咎者，以柔處柔，其德有常，雖不勝亦不敗也。與其剛而偶勝，不若柔而不敗。故曰暴虎馮河，吾不與也，必也，臨事而懼也。

李衡引干：左不用之地，待命而已。　引崔憬：偏將軍居左次，常備師也。　引汪：凡天道，左陽主生，右陰主殺，左次示不欲殺。　引牧：四處坤，坤爲平陸，師律曰平陸處易而右背高，前死後生。此處平陸之地，退守待敵，不足取勝，可保常也。　引勾：止兵於无用之地。　引薛：動左者生之位，次者不急事，事若不急，何以生民，當位不失者之所用心也。

梁　寅：師之左次者，或義有不順，力有不敵，全師以退，或善師不戰，善戰不陣，待敵自服，皆可以无咎。四居陰得正，故能如是。

吳　澄：凡師三宿爲次。虞氏曰震爲左。澄案兵事尚右。右前、左後。左次猶言退舍，謂不前進而退後也。

來知德：三宿爲次，右前左後，左次猶言退舍。　又六四居陰得正，出師度不能勝，完師以退之象。知難而退，兵家之常。其占无咎。

王船山：兵法前左高，後右下，六四憑依坎險故爲左，以柔居柔而爲退爻，次之象也。凡師雖次止不進，前左之軍必進爲游奕，左次則右後皆止。善師者不陳，故无咎。

李光地：柔才處多懼之地，又在上卦之下，左次之象。

毛大可：三宿爲次，左次，退舍也。兵尙右，故以退爲左。今四不及中，五上爲右，已左。度德量力退不爲怯，兵法中常度。

李塨：文事尙左，武事尙右，古陳右前左後，故退後爲左次。兵法知難而退，常道也。六四陰柔得正，猶不失常道。

吳汝綸：左次，退合也，左傳吾左旋入于宋，若我何！

伊籐長胤：左次，軍行退舍也。左劣於右，如左遷。近君處順，知難而退得無咎。蓋四柔才審時，無大功亦無大敗。雖無成功，不失其常。

薛嘉穎：四陰柔居中得正，不妄動輕進，有師左次象。陰左陽右。見可而進，知難而退，兵家之常。

丁壽昌：吳草廬曰兵家尙右，右前左後。胡雙湖曰過信爲次，左次退舍也。兵法上將軍居右，偏將軍居左。明夷六四荀注陽稱左。此卦六四陰變陽，故制左次。

曹爲霖：余謂一將功成萬骨枯，晉文退三舍報楚德，楚莊退三十里許鄭宋平，皆左次无咎之義。

馬通伯：都絜曰陰陽之運自東徂西，易位自下而上，故凡易辭上右下左。左次者，不前而卻也。李舜臣曰軍事出則尙右，故旋反爲左次。左傳師三宿爲次。

劉次源：兵法尙右，右前左後，四依坎險，是爲左次，以柔處柔，知難而退，全師以回，是以无咎。

李　郁：在外曰左，在內曰右，四在外卦，陳師邑國，兵法左生右死，今左次，故无咎。

胡樸安：既有輿尸之事，師退而次舍也。故左次。

高　亨：筮遇此爻，其師舍於左則無咎。

徐世大：譯文：移轉陣地，怪不得。四爻是退師，古以左爲卑，左次猶言退舍，小敗補充仍可反攻。

屈萬里：兵家尙右，故以退爲左。來瞿唐曰：『右爲前，左爲後。蓋乾先坤後，乾右坤左，故明夷六四陰也，曰左腹，豐九三陽也，曰右肱。』（按明夷六二曰夷子于左股，亦在陰位。）

李鏡池：左次，在左邊駐紮，再宿信，過信次。可能左方地形有利，故作較長時間的駐紮。

金景芳：師左次，軍隊稍稍後退。力不足，勢不利後退也可。打仗不一定非前進不可。又傳象師左次是失常了，但六四柔順，因時制宜，雖左次也不爲失常。

傅隸樸：初不與四應，是行軍無接應。危險，此時宜駐軍，次義爲駐。駐軍當「右背山陵，前左水澤。」立於可攻可守不敗之地。左次即靠山近水無害。

徐志銳：師左次，是非主力部隊，駐某地多日不動，雖沒立戰功，自己實力沒損失，這并不是過失。

黃慶萱：陰居四陰，像軍隊屯駐在後方，不致有過錯。

林漢仕案：四爻繼三輿尸而來，輿尸之敗，蓋小敗也。而左次者，左字之義有左陽（禮記），二三子皆尙左（內則），陽稱左（本卦荀注），震爲左。西方位，生位（老子），吉事尙左，君位，猶外也（國語晉語），卑也，下也，不正也，出者，左次，常備師也（易象上傳）。上述諸賢師左次之見，盆聚如下：

陽稱左，謂二。（荀爽）（六四陰變陽，故稱左次。）

偏將軍居左，左次，常備師也。（崔憬）
行師之法，右背高，故左次之。（王弼）
師在高險之左以次止。（孔正義）
退舍也。（程傳）
行師之法，欲左皆高，故左次。（蘇傳）
次之不戰之地。（張載）
四脫險在順地，故曰在次。（項安世）
左，不用之地，待命而已。（干寶）
左生右殺，左次示不欲殺。（李衡引）
師律右背高，前死後生，退守待敵可保常也。（李引）
動者生之位，次者不急事、（李引勾）
師左次或義有不順，力有不敵，全師而退。（梁寅）
師三宿爲次。兵事尚右，左次猶言退後。（吳澄）
兵法前左高，後右下，六四依險故爲左。（船山）
文事尚左，武事尚右，故退後爲左次。（李塨）
晉文退三舍報德，左次无咎之義。（曹爲霖）

陰陽自東而西，易爻自下而上，上右下左。軍事出尙右，旋反爲左次。（馬通伯引李舜臣）
外左內右，四在外陳師也。兵法左生右死，今左次故无咎。（李郁）
師舍於左側。（高亨）
左邊駐紮，可能左方地形有利。（李鏡池）
師左次，軍隊稍稍後退。（金景芳）
四無接應，次，駐，左次即靠山近水無害。（傅隸樸）
師左次，非主力部隊。（徐志銳）
像軍隊屯駐在後方。（黃慶萱）
上二十五賢之釋，再約輯之，可得六說：
四變陽，陽稱左。
偏將軍，預備師居左。
屯兵於左。（依行軍法言。）
退舍。後撤也。
師舍左側。
屯駐在後方。
其中蘇軾論行軍之法，欲左皆高，或有誤植，與夫之先生兵法前左高，後右下。有待斟酌。李衡引左陽生，右陰殺，左次示不欲殺。兵法確貴陽賤陰，蓋陰濕易生憂疾，弊軍器。然謂「左陽生，右陰殺。」生殺何謂也？孫臏兵法殘卷有：「善陣，知背向…」注引孫武：「用兵之法，高陵勿向，背丘勿逆。」又：「平陸處易而右背高，前死後生。」司馬法：「凡戰，背風背高，右高左險。」凡軍之好高惡下，除爽塏外，利覘望，利衝擊人馬之馳也。張預注陽陰爲：「東南爲陽，西北爲陰。」「一般以山南水北爲陽，山北水南爲陰。兵家以前方開闊處軍高阜爲陽。生死者，杜牧引太公兵法：「軍必左川澤而右丘陵。」死者下也，生者高也。賈林曰：「崗阜曰生，戰地曰死。」梅堯臣：「右背丘陵，前低後隆，戰者所便。」至此，「左陽生，右陰殺。」似不能成立，兵法皆以右背高爲生地，即向陽處，人舒和，器健利，兵法有：「高陵勿向，背邱勿逆。」豈左軍勿逆背邱之敵邪？依夫之先生云：「六四憑依坎險故爲左。」荀爽之四變陽，陽稱左。李郁之在外曰左，在內曰右。與兵書之「右高左險。」「左川澤，右丘陵。」「右背高，前死後生。」不類。依夫之先生戰法，「前左高，右後下。」是仰攻也，置之死地而未必可生，諸葛亮曰：「山陵之戰，不仰其高，勢不順也。」蘇軾之「欲左皆高。」用之守則宜曰右左皆高，用之攻則不知所云矣！

軍隊之出進，必以整。三軍其左其右，與中軍互爲救援。兵法云：「善用兵，譬如率然（連屬關係）。率然者，常山之蛇也。擊其首則尾至，擊其尾則首至，擊其中則首尾俱至。」故是師左次，非關乎左師右師，（左軍，左軍。）乃一整體之動。亦非關乎左尊右尊之爭。六三之輿尸，小敗。六四之轉進，就以兵言兵，亦非敗也。孫臏兵法：「月有…（十戰）而十勝，將善而生過者也。」注過疑借為禍。引吳子：「天下戰國，五勝者禍，四勝者弊，三勝者霸，二勝者王，一勝者帝。」故六四之左，當為轉進，整補以後再戰，目前戰有不利，應承皆非人，而王三賜命之恩未報，退舍仍不知戰之罪也，然得小憩，就爻位言，相安乃魚游沸鼎，燕巢飛幕之電光火石短暫耳，弭兵之計，彼惡敢當我哉之大君，欲行其大欲者正寢淫於長夜漫漫之甜夢中也。

六五，田有禽，利執言，无咎。長子帥師，弟子輿尸，貞凶。

象曰：長子帥師，以中行也；弟子輿尸，使不當也。

虞翻：田謂二，陽為禽，震為言，五失位，變之正，艮為執，故利執言，无咎。長子謂二，震為長子，在師中故帥師。弟子謂三，三體坎，坎震之弟，乾之子失位乘陽逆，故貞凶。

荀爽：田獵也，謂二帥師禽五，五利度二之命，執行其言，故无咎也。長子謂九二，五處中應二，二受任帥師，當上升五，故曰長子帥師，以中行也。

宋衷：弟子謂三，失位乘陽，處非所據，師人分北或敗績，死亡輿尸而還，謂使不當其職也。

李鼎祚：六五居尊失位，在師之時，蓋由殷紂而被武王禽于鹿臺之類是也。以臣伐君，假言田獵，六五離爻體坤，離為戈兵，田獵行師之象也。

王弼：柔得尊位，陰不先唱，柔不犯物，犯而後應，往必得直。物先犯己，故可以執言而无咎也。柔非軍師，陰非剛武，故不躬行，必以授也。授不得正則眾不從，故長子帥師可也，弟子之凶，故其宜也。

孔傳：得直往即有功，得直謂理正直，可以執此言往問之而无咎也。己柔陰身，不可爲軍帥，不可親行，須任長子，任用弟子則軍必破敗而輿尸。長子謂九二，德長於人，弟子謂六三，德劣於物。

程傳：五，君位，興師主也。師之興，必以戎夷猾夏，寇賊奸宄，爲生民之害。若禽獸入于田中，侵害稼穡，於義宜獵取，如此而動，乃得无咎。若輕動以毒天下，其咎大矣。若秦皇，漢武，皆窮山林以索禽獸者也。任將授師，當以長子爲師主，若以弟子，雖正亦凶，自古任將不專而覆敗者如郭子儀相州之敗是也。

蘇軾：以陰爲師之主，不患其好勝而輕敵，患其弱而多疑爾。故告之曰禽暴汝田，執之有辭矣。何咎之有！既使長子帥師，又使弟子與衆主之，此多疑之故也。臣待命而行，可謂正矣。然將在軍則不可，故曰貞凶。

張載：柔居盛位，見犯乃較，故无咎。任寄非一，行師之凶也。

朱熹：六五用師之主，柔順而中，不爲兵端者也。敵加於己，不得已而應之，故爲田有禽之象。而其占利以搏執而无咎也。言，語辭。長子，九二也。弟子，三四也。又戒占者專於威委。若使君子任事而又使小人參之，則是使之輿尸而歸，故雖正亦不免於凶也。

朱震：二爲田，震爲稼，坎爲豕，田豕害稼，爲去害。二往之五成艮手，爲執，伏兌爲言，執言者，奉辭罰罪也。六五柔中以任將帥，九二震爲長子，帥衆而衆從之、若五動成艮，震爲弟，乾爲子之三，坎毀，使二主師，又使三主之輿師，所任不一，雖正亦凶。易傳曰自古任將不專而致覆敗者，如晉荀林父邲之戰，唐郭之威相州之敗也。

項安世：六五柔順居中，得出師之道矣，未得將將之方也。柔者无妄舉之事，用於田獵可獲，用於師旅則利執言。有言可執而後伐之，故出師貞而无咎。柔者无果斷之明，當用九二帥師之才，六三輿尸，師出雖正亦凶。將將之道不用丈人爲凶。長子謂有丈人之德，弟子非丈人也。帥師謂能勝其任，輿尸謂不勝其任，故曰使不當也。

李衡引介：執言猶書所謂奉辭也。　引房：以柔居尊，上文德不任剛暴，下之叛逆，先詰之文誥，不服則命將征討。弟子謂懦弱素无威名，如魏豹之任柏直，漢祖謂之乳臭是也。

梁　寅：六五以陰居尊，以柔道服天下者也。田有禽，寇敵之爲害者也。利執言，奉辭以攘除其害也。用兵如是，无咎矣。然將非其人亦敗也。長子衆帥師，長子老成之將也。弟子參之，弟子，不經事之少年也。不免於輿尸，人君委任失人以致傷敗，雖有言可執而得其正，能无凶乎！

吳　澄：田謂二，坎象田有禽可獵。執言謂奉辭以伐罪。帥師當任長，若又兼任弟子則事權不專，威令不一，六三居剛乘九二之上，如馬謖違孔明節制以取敗也。

來知德：田乃地上有水者，禽上下皆陰，坎爲豕，錯離爲雉。禽害禾稼，執者獲也，震綜艮爲手。言者聲討也。坤錯乾爲言。无咎者師出有名也。長子九二也。即丈人，衆尊之也。弟子六三也。又六五師主，柔中，應敵興兵，利執言。在將專，老成任事可也，若新進小人輿尸其間，長子有所牽制，雖貞亦凶。六五陰柔，故許无咎。

王船山：田，獵也。禽，獲也。執言，執辭聲罪以致討也。六五柔中，其興師正矣，然王師雖以柔勝，用將必須剛斷。五與群陰雜處，志柔不定則方命，長子帥師，復遣弟子，爭功躁進，初三皆弟子，徼幸嘗試，必致敗績。事雖正而輕用民於死，亦凶矣。

李光地：長子用事，又使弟子衆主之，其凶必矣！凡言貞凶者皆言常此不變則凶。又爲常凶之義。必專任長子乃合丈人之吉，居尊位爲師之主。用彖義也。

毛大可：蒐狩伐皆師也。田有禽，爲民除害也，利執言，有罪可聲也。化坎豕于坤，田中害稼之禽也。震聲討也，長子无忝帥師，弟子暗不更事，誤任之而尸以歸者必是役矣。

李　塨：坤爲地，田也。蒐獮狩，不外田中。田而有禽，是有獲也。田獵習兵。兵出无名，事乃不成故利執言（注聲其罪）九二丈人，六五視之爲長子，坎智淵深，震勇奮起，剛中行誠，无咎矣。若誤六三互坤同體使之，二既長子，次即弟子，少不更事，雖師出有名，正亦何濟？

吳汝綸：執言者，閒執讒慝之口也。朱子云長子九二，弟子三四，若使君子用事，又以小人參之，則不免凶矣！貞凶，貞吝之貞，皆訓爲當，言當之者凶且吝也。若云雖正亦凶，則乖於理矣。

李富孫：釋文禽，徐本作擒，白虎通禽鳥獸之總名，爲人所禽制也。即說文捦。依字謂禽獸亦通。

伊藤長胤：禽，鳥獸通名。執，奉辭也。長子九二。弟子六三。蓋兵，危事也，出之不可無名，將，重任也，任之不可非其器，非器而授則有弟子輿尸之凶。

薛嘉穎：五柔中居尊，非好兵之主，世敵來害己如田有禽害稼者然。何楷五居坤土之中故取田象。班孟堅云禽，鳥獸總名。應坎爲豕，害稼者也。石介執言猶奉辭。

丁壽昌：釋文禽徐本作擒。鄭注乾九二，於三才爲地道故稱田。禮記迎虎，爲其食田豕也，故田有禽矣。執言即執訊也。小雅出車執訊獲醜。問所獲之眾以歸者當獻之也。六五柔中之德，宜變剛若貞而不變，則凶。程傳正亦凶非也。

曹爲霖：唐李靖對高祖曰王者之師，宜使義聲載道，利執言之謂也。湯武誓師以及甘誓，皆是執言。唐郭子儀等九節度使討安慶緒，魚朝恩爲觀軍容使，九節度使兵大潰，長子帥師，弟子輿師也。

馬通伯：徐文靖曰此爲田獵教戰而言，田則有春夏獻禽，秋冬致禽之事，戒眾庶賴有言以宣之，故利執言。利執此以教民也。其昶案周禮大司馬中冬教大閱前期群吏戒眾庶，修戰法，田之日，群吏听誓於陳前是也。

劉次源：虛己應二，選將得人，故田獵則可獲禽，有事則可仗義執言。二勝三敗，功罪不在二三，五有任將之權，難其知明斷剛也。

李　郁：五柔居尊，二長子帥師戡亂，侵伐有功，故曰田有禽也。利執言者五宜禪二，辭正義順。五若變剛與二敵應貞凶矣。

胡樸安：師退而田獲禽，故曰利。彼此互相執言。雖輿師而无咎也。无咎指全師而言。長子即丈人，所以貞者履中而行。帥師雖貞，弟子才不當位輿尸則凶也。

高亨：田獵獲鳥獸也。利執䇂（讀爲辞，罪也）无咎。弟子猶言次子，長子爲主將，次子喪其軍，用親致敗績也。

徐世大：獵得野味，執法不責，大兒子做師長，小兒子拉死屍，日子久了要不得。紀律未好，野味未必眞野味，百姓不免吃虧。

屈萬里：田，經義述聞卷一云：「獵也。易凡言田无禽，皆指獵言。」丁晏曰：「竊嘗博考而深思之，而知執言即執訊也。小雅出車執訊獲醜，箋云：訊言：爾雅釋言：「訊言也。」」訊蓋間諜偵探之類。帥，熹平石經作率。

李鏡池：田獵獲得禽獸。言，聞一多謂當讀爲訊。訊問謂之言，訊俘亦謂之言。田而獲禽，猶戰而執訊。長子猶言長官，指揮作戰的。弟子猶言副官，管後勤的。凶指失敗。

金景芳：六五興師之主，利執，把敵人拿住。言，王引之經傳釋詞說可以作虛詞用，此處當作虛詞看。長子帥師，弟子又與尸，大家管，大家說了算，不行。諸將各作主張結果吃了敗仗。

傅隸樸：禽入田中，食我禾苗，弋禽不是好殺生。寇入侵，擊寇名正言順。故言利執言。也即師出有名。執言即是宣戰，六五是執言人，選帥，二在三前故稱長子，三在二後故稱弟子，言長子帥師貞吉，弟子帥師則輿尸凶。

徐志銳：古時君主不能親征，長子九二剛中，是以中行也。弟子六三、六四、志大才疏，柔弱无能，任必載尸敗降。

黃慶萱：陰居五位，在田野俘獲敵人，應送上級審問。如長子統率軍隊，又令弟子參戰，必定弄得運屍回來，任將不專卻有悲慘後果啊！

林漢仕案：三爻師或輿尸，四爻師左次，左次者轉進也，轉進乃戰不利，非覆軍殺將，大敗毀潰，稍事整補又有再戰之力。易爻辭各爻之比應乘承，六十四卦之釋皆同，故各卦之比應乘承應聯成一體，非是各爻獨立於卦外，同一卦即同一人事因時位不同各有表現。五爻於位言是君，於時言，是人也，非前日吳下阿蒙，蓋幾經歷練，從戰兢統師以律，至在師中，王三賜命而驕兵至敗，輿尸轉進，風雲際會，人生事業之巔峰，此其時矣，今日六五大人，娘娘，當年師出以律者也。然先賢之傳易，如見圖說故事，某嘗以繪圖為題測試學者：先示之以庖丁為文惠君解牛故事，再以伯樂相馬經啓發，然後以己為犧牲者，作模特兒供同學描繪，事後檢視作品：有濃眉大眼如綠林大盜；有文質彬彬，貌如菩薩之慈祥，有畫成隆胸之妙齡女子，有大腹便便之市儈，高矮肥瘦，凶善笑哭，百相雜陳，而吾一知命老師也。問何為乎者也，皆曰寫吾胸臆。以老師之外相寫吾未之見之思也。夫如是，寫實之形，一知天命之男士外在之貌已無視矣！程子之能發郅治哲理者此也。易經之注，可名之曰「自說自話集」。後之學者喜而愛之者寶，惡而揚棄之者草，是寶是草，擇舍自由也。本爻師六五，田有禽，利執言當為一段；長子帥師，弟子輿尸又為一段，茲誌各家寶見於后：

田謂二，陽為禽。（虞翻）

田獵也，謂二帥師禽五，五利度二之命執行其言。（荀爽）

田獵行師之象，武王禽紂於鹿臺之類。以臣伐君。（李鼎祚）

柔不犯物，物先犯己，故可以執言而无咎。（王弼）

謂理正直，可以執此言往問之而无咎也。（孔穎達）

五君位，興師主。禽獸入田侵害稼穡，義宜獵取。（程頤）

陰爲師主，患弱而多疑，告之禽暴汝田，執之有辭矣，何咎之有。（蘇軾）

柔居盛位，見犯乃較。（張載）

敵加於己，不得已而應之，故爲田有禽象，利搏執。（朱熹）

二爲田，震爲稼，坎爲豕，田豕害稼，二之五成艮手執，執言，奉辭罰罪也。（朱震）

柔順居中未得將將之方。柔者無妄舉，用田獵可獲，用師旅執言利，有言可執而後伐之。（項安世）

柔居尊，上文德，下叛逆先誥之文，不服則命將征討。（李衡引）

田有禽，寇敵之爲害者也，奉辭攘除其害也。（梁　寅）

田謂二，坎象田禽可獵。執言，奉辭伐罪。（吳　澄）

田乃地上有水者，坎豕，錯離爲雉，害稼，執獲也。言者聲討也。（來知德）

田，獵也，禽、獲也。執言，執辭聲罪以致討也。（王船山）

蒐狩伐皆師也。田有禽爲民除害，利執言有罪可聲。（毛大可）

坤地，田也。田獵習兵。利執言聲其罪。（李　塨）

執言者，閒執讒慝之口也。（吳汝綸）

禽，作擒。禽爲鳥獸總名。爲人所禽制。說文捦。（李富孫）

禽，鳥獸通名。（伊籐長胤）

禮記迎虎爲其食田豕也。執言即執訊也。（丁壽昌）

王師宜使義聲載道，利執言之謂也。湯武誓師及甘誓皆是執言。（曹爲霖）

此爲田獵教戰言，田則有春夏獻禽，秋冬致禽之事。戒衆庶賴有言以宣之，故利執言。（馬其昶）

二帥師戡亂，侵伐有功，故曰田有禽。五宜禪二，辭正義順，利執言也。（李郁）

師退而田獲禽，故曰利，彼此互相執言。（胡樸安）

田獵獲鳥獸，利執罪。（高亨）

易凡言田无禽皆指獵言。執言即執訊。訊蓋間諜偵探之類。（屈萬里）

田而獲禽，猶戰而執訊。言讀爲訊，訊問訊俘亦謂之言。（李鏡池）

利執，把敵人拿住，言，虛辭。（金景芳）

執言即宣戰，六五是執言人。（傅隷樸）

在田野俘獲敵人，應送上級審問。（黃慶萱）

再約而言之計六說：

田謂二。（虞）

田獵。（荀）

田即農家耕種稼穡之田。（程）

田獵教戰。（馬其昶）田獵，行師之象。（李鼎祚）

田野。（黃慶萱）

坤爲田。（李　塨）

有禽說亦有五類：

陽爲禽。

物。（王弼）

禽獸。（程頤）　豕、雉（來知德）　鳥獸總名（李富孫引）

敵。田有禽象。（朱熹）　叛逆者（李衡引）　戡亂（李郁）　俘敵（黃慶萱）

獲也，擒。（王船山，李富孫）

「利執言」亦有數說：

五利度二之命，執行其言。（荀爽）

得直，故可以執言。（猶理氣壯以執問也）（王弼）　執之有辭（猶言得話之把柄也。）（蘇軾）

奉辭罰罪。（朱熹）　有言可執而後伐之。（項安世）　奉辭以攘除其害（梁　寅）　執辭聲罪以

攻討也。　有罪可聲討（毛大可，李　塨）

執者獲也，言者聲討也。（來知德）

執言者，閒執讒慝之口也。（吳汝綸）

執訊也。小雅出車「執訊獲醜。」（丁壽昌）（屈萬里）（李鏡池）

王師使義聲載道，利執言之謂也。（案求之在己者）（曹爲霖）

戒衆庶賴有言以宣之。（馬通伯）

仗義執言。（劉次源）

利執言者，五宜禪二，辭正義順。（李郁）

執罪。（高　亨）

執法不責。（徐世大）

把敵人拿住。言，虛辭。（金景芳）

利執言即宣戰。六五是執言人。（傅隸樸）

俘獲敵人，應送上級審問。（黃慶萱）

上十五說雖少有別，如黃慶萱之說，即執訊也，然所執者敵人，異於屈萬里之訊，間諜偵探之類也。

亦可併爲十說：

執行其言。（含五宜禪二，辭正義順）

執問（質問），奉辭聲討。

執獲。

執讒慝之口。

執獲醜。（上只執言獲，此處多一醜字）。含執罪）

求之在己之載道義聲。

宣。誓師辭。

仗義之言。

執法。

宣戰。

師六五，田有禽，利執言，无咎。當以孰釋爲是？

四爻因輿尸後之左次轉進。五有位，有時，敗軍之餘，探究所以敗者，受命受賜，報恩之念當熱中不已，豈仍有閑情玩獵？編整部伍之不暇也，故田以田獵教戰爲是，黷武乃兵家揚己之時也。田有禽，蓋指演習蒐狩中發現眞實情況。禽獸皆園囿內本有之物，喻國內原有而不滿用兵之人，五利執之也，執而縛之則對內反對勢力消，消則可繼續行吾所大欲，是利執言者利執獲彼園囿中之禽也。內敵已去，外寇之逼不旋踵而來。意氣風發，師出以律凌厲之氣仍在，挾執內仇之威，率嚴整如父子兵，一心之固，長子、弟子、喻軍隊團結如兄弟父子也。否臧凶者，臧亦凶，況其否乎！弟子輿尸，六三或輿尸者，所輿之尸不多也，六五之輿尸者，所輿者其長子乎？好戰者終亡也。柔弱之五，後盾柔，若仍堅貞固守己見，焉有不凶之理！戒之有過宜改也乎！言字虛辭說，上有動詞執，下當有受詞，言其受詞乎？是丁壽昌，屈萬里，李鏡池等之執訊說有見也。然言訊也者，逼供乎？欲加之罪乎？言爲有利己之供詞也。有物佐證，有人撐腰，自爾無咎。欺人乎？欺天乎？下文長子帥師，弟子輿師，正應無天德黷武者跌倒在自己一意孤行中也。古人有言，兵者凶事，毒民於死地，孤人之子，寡人之妻，傷天地之和，致无妄之災，故聖王戒之者再。六三之敗著一或字，凶字。六五之敗，直言弟子輿尸，是弟子得苟免也。貞之爲言正也，當也，固也，貞幹也，貞卜也。回應上文否臧凶，正者臧也，訓任何情況以兵出者皆凶也，前日在師中，吉，无咎者，至此凶咎矣，是天時，地利有不可也。

上六、大君有命，開國承家，小人勿用。

象曰：大君有命，以正功也。小人勿用，必亂邦也。

虞翻：同人乾爲君，巽爲有命。承，受也，坤爲國，二稱家，謂變乾爲坤，欲令二上居五爲比。陰稱小人，坤虛无君，體迷復凶，坤成乾滅以弒君，故小人勿用。

荀爽曰：大君謂二，師旅已息，上居五當封賞有功，立國命家，開國封諸侯，承家立大夫也。

宋衷：陽當之五，處坤之中，故曰開國，陰下之二，在二承五，故曰承家。開國謂析土以封諸侯，如武王封周公七百里地也。承家立大夫爲差次，立大夫因采地名，正其功勳，行其賞祿。

干寶：大君，聖人也。有命，天命也。五常爲王位，至師之家而變其例者，上爲郊也，故易位以見武王親征，與師人同處于野也。離上九曰王用出征，有嘉折首。上六爲宗廟，武王以文王行，故正開國之辭于宗廟之爻，明已之受命文王之德也。

王弼：處師之極，師之終也。大君之命，不失功也。開國承家，以寧邦也。小人勿用，非其道也。

孔疏：大君謂天子也。言天子爵命此上六，若其功大，使之開國爲諸侯。若其功小，使之承家爲卿大夫。開國承家，須用君子，勿用小人也。

程傳：上，師終，功成也。大君以爵命賞有功。開國爲諸侯，承家爲卿大夫。小人用功不可用，賞以金帛祿位可也，不可使爲政。小人易致驕盈，況挾其功乎！此專言師終之義，不取爻義。若以爻言，六以柔居順之極，師終无位，善處而无咎者也。

蘇軾：夫師始終之際，聖人之所甚重也。師出則嚴其律，師休則正其功。小人无自入焉。小人之所由入者，常自不以律始，惟不以律，然後能以奇勝。夫能以奇勝者，其人豈可與居安哉！師休之日，將錄其一勝之功而以爲諸侯大夫，則亂自是始矣！聖人之師，其始不求苟勝，故其終可以正功。

張載：師終必推賞，然小人雖有功，不可胙之以土，長亂也。承猶繼世之承也。

朱熹：師之終，順之極，論功行賞之時也。坤爲土，故有開國承家之象。小人雖有功，不可使之得有爵土，但優以金帛可也。戒行賞之人，於小人則不可用此。占而小人遇之，亦不得用此爻也。

朱震：五君位，大君也，號令之所自出。上之三成巽，巽爲命。大君有命以正功也。有大功者建國，小功者承家受邑。四諸侯，位震，長子，開國者也。二大夫，初陰承家者也。巽三在二四之中，有開國承家之象。六三不正爲小人。行師時貪愚在所使，成功行賞，君子開國承家，小人金帛祿位。易傳：小人易致驕盈，況挾功乎！

項安世：三與上對，上成事也。上在順之極。小人勿用，言小人得此爻不可用也。鄭夬曰師不可極。易中言君子吝，大人否亨，言小人可用，君子不可用。

李衡引子：王執而正之，非私惠也。引牧：立師之始，不錄其行，保大定功則制禮作樂以興敎化。引胡：高祖任韓，彭，英，盧，不免叛逆，光武不任功臣。引介：師之事必曰王，曰大君，曰天子，征伐宜自天子出，萬世之通法。

梁　寅：上六，師之終，故言封賞之事。大君有命，功大者開國爲諸侯，小者承家爲大夫。爵必稱功，此王者公天下之心也。至於董正治官，任以庶政，則惟賢是用。小人則勿用。

吳　澄：居一卦之上，大君之象。巽風，震雷皆命令之象。互震在下，大君之命自上達於下也。三四五互坤爲國，震爲諸侯，開國也。上變則二三四五上成離，象家。震長子承家也。大君命或開國爲諸侯或承家爲大夫也。小人謂農工商賈庶人之在官者也。

來知德：坤錯乾，大君象。乾爲言，命象。命開國承家也。坤地，方國象。變艮爲門闕，家象。開者封也。承者受也。功大開國，小承家。陰小，小人象。變艮爲止，勿用之象。（小人享封建之爵不預政）弟子輿尸戒師始，小人勿用戒師終，聖人之情見矣。

王夫之：大君，謂五也。開國命爲諸侯，承家命世爲大夫。上居事外，不與師旅之事，師還論功，六五命之定爵行賞。小人不可開國承家，勿用者，宜早愼擇於命將之日。小人已有功而抑之，乃忠臣憂國，不恤恩怨之道。傳象：故危言以戒之。

李光地：凡上爻有以君道言者皆以卦終取義，非以其爻爲君位也。

毛大可：用師畢，論功行賞也。大君，王。開國，諸侯。承家，立都邑。皆指丈人言。若小人失律，輿尸勿用。上爲宗廟，命將獻功在此。上在剝時艮爲門闕，正廟象。

李塨：凡有功者皆正之，不可吝，亦不可濱。玩辭初四對，初出四退，二將五君，三敗事，上成事。六爻各有象義，上爻結五之意者。

吳汝綸：上爻處眾陰之上，陰極陽生，變師旅之文，獨陳開國承家之戒，言之沈痛，此作易者所以有憂患也。

伊籐長胤：大君天子，開國始爲諸侯，承家始爲大夫。爻在師終述班師行賞之義，小人雖賞，不可用之害政。蓋賞功策勳，軍才任政事則乖其方，審時擇人也。

薛嘉穎：何氏楷王三錫命行師之始，小人勿用於成功之後。正行師論功所謂師貞者。　小人是有才無德，不可畀以國家之政。

丁壽昌：小人勿用，語類以勿更用他與之謀議經畫耳。蘇蒿坪大君謂六五，小人對太君言，小人任私。案說文用，可施行也，从卜中。大徐卜中乃可用。書大誥王惟卜用。古人行事審之于卜筮。勿用先儒以爲非易例。

曹爲霖：唐太宗詔功臣襲刺史，爭之，以堯舜猶有朱均之子，萬一驕愚，兆民被殃，乃詔停之，合爻象。來氏光武雲臺諸將參議大事者鄧禹數人而已！前日軍中功臣戒以小人勿用也。方伯海謂三代以下保全功臣者光武，太宗，藝祖，皆由不使任職故也。

馬通伯：楊簡曰正功言賞必當功。熊良輔曰功成治定，師道終矣，自茲以往戒小人勿用則可保安無窮也。

劉次源：師終論功，祚土分茅，垂之無窮。賞及小人，必爲民殃，有功而詘，其禍難量。敗固凶，勝亦難于爲功也。

李　郁：大君指上，坤爲國，陽來曰開國。成艮屋象故曰承家。小人謂柔，故小人勿用。

胡樸安：師歸，大君論功之命也。師起家變國故曰開，家即蒙六二子克家，早已有故曰承，小人即輿尸之弟子，戒以後勿用，用心亂邦。

高　亨：筮遇此爻有位者將以功受邦，是爲開國。或以功受邑，是爲承家，小人則不可有所施行。

徐世大：大皇帝下詔，封某甲爲什末侯，某乙爲兀那大夫，老伯姓挨不着。上爻是凱旋之師，寵命限於士官階級，老百姓當兵者無與焉，故曰小人勿用。

屈萬里：開國諸侯，承家大夫，小人平民。集解虞翻曰：「承，受也。」

李鏡池：大君，國君。開國，封邑。國邑同義。承家，受邑。家同于邑。戰勝賞功，分封土地，只限貴族長子，弟子等，小人指當兵的，沒分。是戰爭經驗的總結。

金景芳：戰爭勝利，論功行賞，大君即國君，開國指諸侯，承家指卿大夫，小人有功，給一點獎賞是可以的，不可封爵賜官。

傅隸樸：這一爻示帝王鞏固國家道理，爲戰亂循環作警告。軍事結束，所謂賞一人而天下勸，戰時重才藝，平時重德輕藝，論功爲侯爲大夫時必須注意。功臣可加殊榮，但不假任何權力。

徐志銳：得勝回朝，立大功者封爲諸侯，小功者命其有家而爲大夫，小人有才無德，有功也不可用，給些金帛就可以了，錄用小人，去一害增一害。

黃慶萱：大君指已故的國君，譯：偉大的先王有命令，封大功和近親建立侯國，小功和遠親承受大夫采邑，要記住小人決不可任用。

林漢仕案：易六爻本有時位德應，卦有象數氣用，其陰陽順逆，消息盈虛皆可看圖識字。升降爻辰，又可極盡變錯之能事。要之易卦仍一整體，小至個人，大至天下，其易乎！其六單元中群已關係，聖哲之智存焉，是眞範圍天地之化而不過也！上六大君有命，孰是大君也？

荀爽以二爲大君，故云「大君謂二，上居五當封賞有功。」

干寶以大君爲聖人，上六爲宗廟。

孔穎達謂大君爲天子，言天子爵命此上六。

朱震以五爲大君，故云：「五君位，大君也。」

吳澄以上六爲大君，故云：「居一卦之上，大君之象。」
來知德：「坤錯乾，大君象。」
王夫之：「五，大君也。上居事外，師還，六五命之定爵行賞。」
李光地：「凡上爻有君道者，皆以卦終取義，非以其爻爲君位也。」
毛大可：「大君，王；開國，諸侯……皆指丈人言，上六爲宗廟，命將獻功於此。」
徐世大：大皇帝下詔，上爻是凱旋之師。李鏡池：大個君，國君。金景芳：大君即國君。傅隸樸：這一爻示帝王鞏固國家道理。
黃慶萱：「大君指已故的國君。」
二千年於茲，智者之證辭，孰爲大君？
九二？
六五？
上六？
聖人？
天子？
王？
皇帝？

國君？

先王。（已故的國君。）

來知德以坤錯乾，大君象。李光地以上爻有君道，以卦終取義，非以其爻爲君位。傅隸樸云：這一爻示帝王鞏固國家道理。來嫌以錯綜取象，離爻位言事之籠統。傅以常理度義，李非以爻爲君位，則否定九二、六五、上六爲君說。九二臣，孰令上居五爲君？上居五，其自僭上？擁立而上？循序漸上？不畏春秋僭越之筆？而本爻爲六，非五，六五自六五，九二自九二，寧以上六爲六五乎？上六，六五應有分界，九二之說不中矣！

五常爲王位，五君位，乃爻理也，奈何本爻是上六而非五。爻辭各有分際。六五時尙弟子輿尸也，如之何與上六混爲一而言事？以五君位，大君命上六開國承家，命小人勿用，天下豈有是理？六五乃上六之前日，上六乃六五之未來，時乎不同也，上六正是卦之轉換，歲云暮矣，該知前日之非矣，行年六十而六十化矣，吳澄，李郁皆指上六爲大君，豈無的哉！以「已故的國君」爲上六，努爾哈赤乎？既無象可附，又無說可本，其於理有不可順也。孰是大君？孰是先王？向空檗造，夢囈之言也。幸先王造易，有容乃大，異說尙包，不以斯說爲多也。而聖人，天子，王，皇帝，國君，皆跳出本爻取義，然皆以一活生之君主任事，勝似一死君王之遺命也。

六爻以進程言，如乾之初潛龍，二見龍，三終日乾乾，四或躍，五飛龍，六亢龍，則潛龍即日後之飛龍，亢龍也。日後之亢龍亦即日前之潛龍也。若以一國，一團體言，則初爻至上爻各有其位，不可僭越，上爻是五爻之或父或母，五爻爲君，四近君多懼……是例也，干寶以上六爲宗廟，黃慶萱以上六爲死人，干寶以上六爲死物，有異曲之妙，然干寶以大君爲聖人，空靈無痕，不足爲訓也。而小人勿用，各家皆有妙發，張載之言尤力，其云「小人雖有功，不可胙之以土長亂也。李衡引胡旦：高祖任韓，彭，不免叛逆，光武不任功臣。曹爲霖即引方伯海云：三代以下保全功臣者，光武，太宗，藝祖，皆由不使任職故也。經曹爲霖之一證，鄧禹同時之功臣皆落入小人之臼矣！彼輩而爲小人，作易者宜乎「仰天長嘯」也！

總上：師以正動，愼審人選爲原則：師動不以義，雖軍容嚴整，其征也凶多，蓋勝者，或爲今國所勝者皆不能蒙其利也；九二之受命耀武即獲賞賜多，兵之不堪用，誠如東坡言彼以爲知兵者我而已矣，六三之師或輿尸固必然也。小敗轉進，仍未忘情行吾大欲與三賜之寵，奮命一擊，貞幹，貞固之干城，弟子輿師以還矣，上六非爲功成，慶功行賞也，蓋守成原有之祖業，承家風，開國運，不以兵家師旅耀武小人爲用也。戰爭目的在行吾所大欲者，孟夫子議以「服上刑」，師卦正乃「刑其無刑」乎！

泰卦

䷊泰，小往大來，吉，亨。

初九，拔茅茹，以其彙，征吉。

九二，包荒，用馮河，不遐遺，朋亡，得尚于中行。

九三，無平不陂，無往不復，艱貞無咎，勿恤其孚，于食有福。

六四，翩翩，不富，以其鄰，不戒以孚。

六五，帝乙歸妹，以祉元吉。

上六，城復于隍，勿用師，自邑告命，貞吝。

䷊泰，小往大來，吉，亨。

彖曰：泰，小往大來，吉，亨。則是天地交而萬物通也。上下交而其志同也。內陽而外陰。內健而外順。內君子而外小人。君子道長，小人道消也。

象曰：天地交，泰，后以財成天地之道，輔相天地之宜，以左右民。

虞翻：陽息坤反否也。坤陰詘外爲小往，乾陽信內稱大來。天地交萬物通、故吉亨。

荀爽：「天地交泰。」坤氣上升以成天道、乾氣下降以成地道，天地二氣若時不交則爲閉塞，今既相交乃通泰。（集解）后以裁成天地之道。（釋文）

李鼎祚集解引蜀才曰此本坤卦。小，謂陰也，大謂陽也。天氣下，地氣上，陰陽交，萬物通，故吉亨。

又引何妥曰：泰之爲道，本以通生萬物，若天氣上騰，地氣下降，各自閉基，不能相交、則萬物無由得生。明萬物生，由天地交也。

又引九家易曰：陽息而升，陰消而降也。陽稱息者長也，起復成巽，萬物盛長也。陰言消者，起姤終乾，萬物成熟，成熟則給用分散，故陰特言消也。

引虞翻曰：后，君也。坤女主故稱后。坤富稱財，守位以人，聚人以財，故曰成天地之道。

孔正義曰：陰去故小往，陽長故大來，以此吉而亨通，此卦亨通之極而四德不具者，物既太通，多失其節，故不得以爲元始而利貞也。所以象云財成輔相，故四德不具。

程頤：小謂陰，大謂陽。往於外，來居內。陽氣下降，陰氣上交，陰陽和暢萬物生。人事言之，君推誠任下，臣盡誠事君，上下志通，朝廷之泰也。陽爲君子處內，陰爲小人往外，君子得位，小人在下，天下之泰也。

蘇軾：泰之世，小人愈衰，君子愈盛。小人不可勝盡，使君子居中常制其命，君子之患無由而起。財，材也。

張載：中行，中立之行也。若朋比則未足尙也。舜文之大，不是過也。

朱熹：泰，通也。天地交而二氣通，故泰。正月之卦。小爲陰，大爲陽。言坤往居外，乾來居內。又自歸妹來，則六往居四，九來居三。占者有剛陽之德則吉而亨矣。

朱震：小者自內而往，大者自外而來，陰陽之氣往來相交，故亨。交以正故吉。乾坤交成震、震萬物通也。天地泰也；二二交不失中，志同，君臣泰也；以氣言內陽外陰，以德言內健外順，以天下言內君子外小人，內則君子道日長、外則小人道日消。闢子明曰：乾來內、坤往外。則是君闢，小人闔。故名之曰泰。卦氣爲正月。傳象財，裁古通用。

項安世以天道、人道、世道言泰否二彖。從重卦之上下、卦體之內外，暨六爻之消長言內陰、內柔、內小人則死；內陽、內健、內君子則生。否則凡屬君子之道皆消，泰反是。小人得志，必害君子；君子得志，未嘗使小人失所。故吉之下又加一亨字、明物無不遂也。若但言小往大來吉，則疑大者獨吉，福不及小人矣。

李衡引牧：往來者，以內外卦言之。由內而之外爲往，由外而復內爲來。臣往君來，陰往陽來，小人往君子來，如此則泰道成，故吉亨。引孫復屈於一人之下而伸於萬民之上，是以貴下賤，大得民也。引楊繪：治亂之相倚，猶否泰之相生，故於泰之義，則不具四德。引勾：三陰外去、三陽內附。

梁　寅：乾上坤下，不易之位也。泰乾下坤上，乃相交之用也。有不易之位然及有相交之用。陰陽氣交則陰往居外助其化、陽來居內爲之主。上下二體，陰陽相應，其志通，此以所爲泰，吉而亨也。

吳　澄：泰者流通無滯之謂。天氣下降，地氣上騰，二氣交而相通也。小謂陰，大謂陽，三陰皆往居外，三陽皆來居內。吉又亨，占辭之極善者。

來知德：小陰大陽。由內而往曰往，外之內曰來。小往大來者言否內陰往居泰之外，外卦之陽，來居泰卦內也。

王船山：泰，大也，安也。施化盛大而相得以安也。天上地下，一定之位，以此相易以成乎泰、言其氣也。卦因數、數下積故上往、象自上垂、故下爲來，居之安爲吉、行之通爲亨，二氣交通、淸寧不失，故吉，由是而施化萬物，則亨。

李光地：天地之氣通則陰沴去，陽和來矣！上下情通則邪慝去，正直來矣！吉近而亨遠。

毛奇齡：此聚卦也。乾坤同列，往來之象見焉。往自內達外，來自外達內。小陰大陽。陽本上，陰本下，交則上下內外有時反之。陽爲健，爲君子，欲居內，陰爲順、爲小人，欲居外。交則健往外，順來內，迭爲消長、此時君子內也，道長也；小人外也，道消也。

李塨：小者坤陰，大者乾陽。泰小往居外，大來居內。天道下濟，地道上行。內陽外陰，內健外順，內君子，外小人，天地交萬物通，上下交，其志同。

丁　晏：釋文財，荀作裁。漢書律志引易作裁成。貨殖傳引作財成。爾雅邢疏財裁音義同。

吳汝綸：泰，通也，大也；否，用閉也，塞也。太玄擬泰爲達爲交；擬否爲唫爲守。劉向云泰通而治；否閉而亂。大小往來，發卦變之凡例。

伊籐長胤：泰、通也。陽爲大。陰爲小、天氣下降，地氣上騰、有陰陽和暢互相交通象。蓋人之在世、彼此互相爲用、不然則壅蔽乖戾、彝倫攸斁！

薛嘉穎：陰氣上交而往，陽氣下降而來，傳義小謂陰、大謂陽。占者當此交泰之時，吉亨可知。喬氏有陽必有陰，有君子必有小人，必欲絕而去之，有是哉！善養身者化痰邪爲氣血，化盜賊爲良民而已！

丁壽昌：財荀作裁，左右助也。裁成財成古通。案釋詁后、君也，泰消息爲辟卦、故稱后。

曹爲霖：宋高宗甲子春謁孔廟、秦熺執經、高閎講易泰卦。胡宏見其請帝視學表移書責之、謂阿諛柄臣、希合風旨、求舉太平之典、又從而爲之詞、欺罔孰甚焉！史論高宗屯蹇，豈泰道之世、胡責之宜矣！

馬通伯：劉向曰小人道消則政日治。蜀才曰天氣下，地氣上，合乾下坤上、此天地之用。猶火本炎上，水本趨下、既濟水上火下、則水火之用。羅澤南曰泰正月卦陰消陽長，故小往大來。

劉次源：聖人以禮齊天下，天下安泰。陰小陽大、陽內陰外，二氣交生機暢、萬彙吉亨。

李　郁：泰治世之卦。實內虛外，安之道也。虛內實外則危。小坤、大乾，坤往乾外小往，乾來坤內大來，陽長陰消、內外皆應，故曰吉亨。泰不可久也。

胡樸安：共主巡狩時少故曰小往，小國來朝時多故曰大來。其事吉，其運亨也。君子即共主，小人諸侯也。

高　亨：小往所失者小，大來所得者大。亨即享。

于省吾：乾鑿度孔子曰泰者天地交通，陰陽用事，長養萬物也。大太古通，汏初文，泰爲後起字。

楊樹達：漢書劉向傳，向上封事，泰者通而治，詩云兩雪瀌瀌、見晛聿消。與易同義。又國語晉語四，十月惠公卒、秦伯納公子。筮得泰之八曰，是謂天地配、亨、小往大來。（韋註小喻子圉、大喻文公。）

徐世大：順運，進多出少，吉祥公道。泰，說文滑，利也、順溜吉祥。用力少成功多、吉亨以爲當然。

屈萬里：序卦傳：「泰者通也。」之外曰往，返內曰來、陽稱大、陰稱小。坤陰之外，乾陽返內、故曰小往大來。

李鏡池泰通，好。全卦內容散雜。以對立轉化概念爲標題。小往大來、失小得大。即小利轉爲大利。吉亨、大吉大利。

徐志鋭：易，窮則變、變則通、通則久。天高地卑是截對立的，泰卦乾天居下，坤地往上，陰陽交和，對立統一，使萬物生生不息，上下交而志同。

傅隸樸：彝倫攸敍，上尊下卑是靜的道理、是禮制，易所示是動的道理，陽氣上升，陰氣下降。上卦外，下卦內。陽陰上下，故小往大來。天地交泰、君民一體，故吉亨。

黃慶萱：天氣下降，地氣上升，小人走了，大人來了，有收穫，能亨通。

林漢仕案：泰，小往大來。各家說泰，皆有寓意焉，非爲興之所至也，玆誌所以泰之說辭：

彖以天地交，萬物通，上下志同。內君子，外小人，君子道長，小人道消。

象以天地交，財成天地之道、輔相天地之宜，以左右斯民。

虞翻：以陽息坤，坤外小往，乾內大來。

荀爽：坤升成天道，乾降成地道，二氣相交通泰。

李鼎祚引：陰小、陽大、陰陽交、萬物通。又引：泰之爲通，以通生萬物，萬物生、由天地交。又引：陽息長、陰消降。

孔穎達：陰去故小往，陽長故大來。

程頤：小陰大陽，往外來內，陽下陰上，人事言之，上下志通，君子內得位，小人外，在下，故天下之泰也。
蘇軾：財，材也。泰之世，小人不可勝盡，使君子居中常制其命，君子患無由起。
張載：中行，中立之行。
朱子：泰，通也。天地交二氣通，故泰。
朱震：財，裁古通用。小自內往，大自外來，陰陽之氣往來相交以正，故吉。
項安世：內陽、內健、內君子則生。君子得志，未嘗使小人失所，故吉下又加一亨字。
李衡引：往來以內外卦言之。之外爲往、復內爲來。
梁寅：乾上坤下，不易之位，泰乾下坤上乃相交，其志通，此所以爲泰。
吳澄：泰者，流通無滯之謂。
王船山：泰，大也，安也。天上地下，一定之位，相易成泰，言其氣。
李光地：天地氣通則陰沴去、上下情通則邪慝去。
毛奇齡：陽本上、陰本下、交則有時反之。
吳汝綸：泰，通也、大也。太玄擬之爲達。爲交。劉向云，泰通而治。
伊籐長胤：人之在世，彼此互相爲用。
薛嘉穎：有陽必有陰、有君子必有小人，善養身者化氮邪爲氣血，化盜賊爲良民。
曹爲霖：史論（宋）高宗屯蹇，豈泰道之世！

馬通伯引：天本上、地本下，今乾下坤上，此天地之用。猶火本炎上、既濟水上火下、水火之用。

胡樸安：主巡狩時少、故曰小往；小國來朝時多，故曰大來。君子即共主，小人諸侯也。

高亨：失者小，得者大，亨即享。

于省吾：大太古通，汏初文、泰爲後起字。

徐世大：順運，進多出少。泰，說文滑，利也，用力少而成功多。

李鏡池：泰通好，全卦以對立轉化概念爲標題。

徐志銳：對立統一，萬物生生不息，上下交而志同。

傅隸樸：禮上尊下卑、是靜的道理；易所示乃動的道理，天地交泰，君民一體，故吉亨。

黃慶萱：小人走了，大人來了，有收穫。

卦爻辭之釋、先賢今哲，或之艱澀，或失之易猾。神化其技、「非淺薄之徒能讀！」與「特男女兩性之事耳」同屬兒嬉，聖人之所謂兩端，過猶不及也。泰，其所以致泰之理，彖傳似已羅其象，彖云：

1.天地交、萬物通。

2.上下志同。

3.內君子、外小人。

4.君子道長，小人道消。

象謂「財成天地之道」。乃謂萬物之所以通也。虞翻「以陽息坤」，息應作消，蓋息者生也，乾卦乃陽消坤，故謂三陽開泰。察虞文之意、仍包舉在彖之「君子道長、小人道消」內也。「坤小，乾大。」針對往來言，彖亦言內君子而外小人。往者小而來者大在其中矣！荀爽之「坤升成天道，乾降成地道。」乃繼續彖「天地交」之文、特說明二氣相交通泰耳。李鼎祚之陰小、陽大，虞翻之坤小往、陽大來之變文，更易悟生萬物之理，蓋交也。男女交生人、天地交自然生萬物。而陽息長、陰消降，亦君子道長、小人道消之意。至程夫子之「君子內得位、小人外在下」則有以今時以制古之病，以爻文造說辭之嫌。觀泰之二五易位爲水火䷾既濟，不祗君子內得位，外卦小人亦得位矣，奈何泰卦之九二，六五皆失位、虞翻謂「變得正。」程頤不言變而謂得位，是學者之斷案如政黨之論政、不必說理而理必在其中乎？程又謂「陰小人往外、小人在下。」亦有不是！卦中爻之上下、就其位言，下爲內卦、上爲外卦，如乾初九、象傳「陽在下也。」井初六、象傳「井泥不食、下也。」屯初九、象傳、「以貴下賤。」是以初二三爻爲下，今程子以四五六三爻坤小爲「小人在下」，蓋作文時之成見、敦倫之常相。梁寅之「乾上坤下不易之位」是也，今四五六三爻雖陰、屬六、其在上卦、看圖亦可識象。程子「小人在下」何所指？荀爽言坤升成天道、乾降成地道。豈有天道反在下之理！然程夫子言人事之文、切當至理。蘇軾「君子居中制命、小人不可勝 。」君子小人之別，其間不能以寸。蘇洵斥王安石爲小人，王安石眞小人哉！李光地責蘇洵爲小人，蘇洵眞小人哉！管仲在位、易牙、豎刁之徒不能作、是眞君子制其命、小人不可勝盡之紀錄。陰陽小大之言，當是母性社會解體、男性之設限責女子三從四德、主中饋、蕃衍子孫是賴之時也。苟得其養、女子何爲不可大？（陰大）苟失其養，男子何爲不可小（陽小）！英王伊利沙白及維多利亞，置英國於不落日之地，武則天、慈禧、又孰强過彼陰？是大小之類比，就環境遷就現實，吾輩讀書人（男性）會心一笑可也。小大爲陰陽、而來往之文、乃以䷋否卦之循環言，小自內往，大自上（外）來，換言之，陰陽易位也。項安世言「君子得志，未嘗使小人失所。」君子之胸爲襟，刻畫至眞。吳澄以流通無滯謂泰、是泰時無滯礙也。王夫之謂泰，大也。大有「充實而有光輝之義。」又有「美」，「包容豐富之義。」而王夫之於大也下加著一安也，則大，在自謂施化盛大，言其氣外，蓋大亦陽氣也。李光地謂天地氣通則陰沴去，陰去孤陽不生也，泰非去陰、病陰、乃陰陽調和，失和才是沴，泰所講究者非是排斥，排斥、天地如何交？君子之道長、小人之道消，乃於一長一消中取得平衡，儒者將消長納入理想，認定消乃消盡、長乃長滿。陰陽壁壘分明，則將兩傷，和合則兩美，孰謂泰寧兩傷而陰沴、邪去？軾謂小人不可盡勝。項安世謂君子得志、未嘗使小人失所。實有見地，李光地於此，書生之見也。吳汝綸之「太玄擬之爲達。」按太玄經卷二「⚊⚋⚋⚋」下之文曰「達，陽氣枝枝條出，物莫不達。」注謂「象泰卦、陽氣日盛，布施萬物，條枝枚末莫不達者。達之初一、日入壁宿一度。」而鄭衍通之「泰，內乾體、星次大梁、位於丑寅。」二十八宿箕斗之間也。「坤、時位卯。」則其宿次非氐則房。與壁宿相去甚遠、其孰是？「爲交」乃吳杜撰之文，太玄經所無也。伊籐長胤謂「人生在世，彼此相互爲用。」亦係的論。蓋相互爲用，非謂相互利用，相互爲用者，調人人皆有可用之材，善盡汝可用之材，人將取汝長以補己之不足也，其互助之體成，調和之勢必顯，故泰也。薛嘉穎之「有君子必有小人」欲「化盜賊爲良民」，泰之世，其可也夫。曹爲霖之迂於宋高宗非泰之世，謂秦檜講泰卦爲欺罔，是胡宏之斥。置孔哲人人可爲堯舜，孟哲好色，好貨皆爲聖賢之意而不顧，失善導之責。魏徵阻太宗封禪，太宗田舍翁之怒，史家謂太宗之不得封禪告天，孰可？然考其時，徵有不可之理，賢者庶有更上一層樓，故能有「德教加於百姓，刑于四海」之貞觀之治，孔子之抑子路而進冉有（求）聞斯行諸之問，秦檜之欲高宗之進也明矣。無兼人之智典勇，得盛世之泰，岳飛之不戮，韓世忠之不退，迎徽欽二帝指日之事也。胡樸安小人爲諸侯之比，不敢苟同，釋小往大來亦不具說服力，蓋只聞厚往薄來，懷諸侯之謂。又聞說大人則藐之。大人爲諸侯，今以小人爲諸侯，小大固是比出來者，然終嫌不類。高亨之「失小、得大。」徐世大之「進多出少，用力少而成功多。」著眼在來往也。大小多少，蓋謂財物乎？財多身必弱豈爲泰乎？李鏡池與徐志銳之「對立轉化。」與「對立統一。」將互助之體視作矛盾對立也、男女、陰陽、大小、往來豈皆矛盾？對立？大陸夫妻彼此稱愛人，正見男女爲和諧而非對立也，既非對立，又何來轉化？統一？陰陽本和諧，製造對立，統一顯非所宜也。黃慶萱之「小人走了，大人來了」不知置「升級」爲何物！譬諸學生獲選爲文學博士，因學養足、工作力、被提升爲系主任、院長、校長稱作博士「已走了。」新博士將「要接棒了」，抑今系主任、院長、校長乃目前「當權派」！固然，「常常坐首席，」是「快快進祠堂」，做主任、長字號因年高德劭，走得快，然而置目前正發號施令者爲「已走了」顯現不妥！六四近君，六五君位，視不中猶中，如之何可「一走字了得」！將來可能如是，蓋江山代有才人出，否泰循環之理也。乾剝坤至三陽開泰，重心在泰，並未再剝成雷天大壯，澤天夬，如之何可預言「走了」，即先前否，至今之泰，三陰上去，三陽外來，外去至一定點，上陽變三陰，下三陰變三陽，今乃在定點上論卦爻辭也，小人之未去，大人之已來，是泰也，黃教授之論，宜乎哉！不宜也。

初九，拔茅茹，以其彙，征吉。

象曰：拔茅，征吉，志在外也。

虞翻：否泰反其類否、巽爲茅，茹茅根，艮爲手，彙類也。初應四故、拔茅茹以彙。震爲征，得位應四，征吉。

王弼：茅之爲物，拔其根而相牽引者也，茹相牽引之貌也。三陽同志，俱志在外、初爲類首，已舉則從若茅茹也，上順而應不爲違距，進者得志，故以其類，征吉。

正義、初九欲往於上，九二、九三皆欲上行、已去則從而似拔茅舉其根相牽茹也。以其彙者，彙類也。以類相從。征吉者，征，行也，上坤而順，下應於乾已去則納，故征行而吉。

程頤：初有剛明之才而在下者也。時否則退窮處，既泰則志在上進。進必與朋類相牽如矛之根。彙，類也，賢者類進，同志以行其道，是以吉也。不唯相樂與善、實乃相類以濟。自古君子得位，天下之賢萃於朝廷，同志協力以成天下之泰。小人在位其黨勝，天下否矣。蓋各從其類也。

蘇軾：引王弼曰初爲類首，舉則類從。

朱熹：三陽在下相連而進，拔茅連茹之象。征行之吉也。占者陽剛則其征吉矣。郭璞洞林讀彙絕句。

朱震：茅上柔下剛而潔白，君子之象也。茹，根也。拔其一則連起，君子引類之象也。三陽同志，初往則二三同類牽連而進。伏艮爲手，拔茅連茹以其彙征也。征正行。君子在上，必引其類，以濟其道於泰。

項安世：初九君子始以類進、君子難進，故聖人勉之以征，欲其及人爲念，不以獨善爲樂，故曰志在外。初爻震，震草在下，艮手反拔之。陰陽皆以類進、皆稱彙。主下三爻之進退。

李衡引牧：乾剛直之德，能屈其剛而俯于下，用柔也。又復其道而順焉，故以柔明其象，此高明柔克者也。　引石：賢人在上則思引其類聚之于朝，在下位則思與其類俱進　吉者，君子道長也。　引介：志在外者可出之時也。　引劉緯：方與六四相應，己欲達而達人，故與二九同行。

梁　寅：全卦以陰往陽來爲吉，各爻以陽進爲吉。進爲有爲，來而爲主。九在下而三陽牽連並進，如拔茅併其根俱起，此以其同類而進者也。有征行得是占，有同志之引援，亦獲吉矣。

吳　澄：初九變成巽、象茅茹茅根也。彙類也，三陽爲類，茅雖不共本，拔之則其根相連而起。初之以其類同進似之。三陽同行而進吉也。

來知德：變巽陰、草茅象。茹皆根也。初在下，根象。彙類，言拔一茅，根茹牽連起也。征，上進意。當泰時，三陽同體、有茹彙象。志在外卦之君，故吉。

王夫之：茹，茹藘也。彙、根科也。茅與茹藘、莖皆堅韌，拔之不絕，而根科相綴。泰三陽聚下，蟠固不解，初九居地位之下，彙象，陽方興尚潛，未有應四之情，二三兩陽方升而俱升，往交又有汲引之者，故吉。

李光地：泰運初來，君子道長，拔茅連茹之象。傳象言非私其彙也，志於天下也。

毛奇齡：三陽連類以進，陰翩翩應之如茅茹然。卦有互兌即倒巽，巽爲茅。茅根爲茹，茅二則根初矣。拔茅以其根、進賢以其類，二三之征，連初陽並彙，不其吉乎！

李塨：爻變巽爲茅、茹根，彙類。三陽同體而進，是拔茅其根牽連其類矣！吉何疑焉。

丁晏：釋文彙音胃，類也，古文作萺。彙萺古今字。

吳汝綸：以，與也。彙者類也。以其彙征，與以其彙貞對文，征，行也，貞，定也。陽喜進而陰喜靜，泰始則宜進，如否之時宜靜也。

李富孫：釋文彙，古文作萺，董作𠅺，出也，鄭云勤也。傳云彙，古偉字，美也。彙本亦作𠅺，勤也。釋詁𢀇當作萺，爲古文彙，彙俗作蝟，謂之假借，王弼云類也，以爲會之假借。又征吉，足利本作往。形相似，義尚通。

伊籐長胤：拔茅者有土之象。茹根相牽連也。彙同類也。三陽皆應於上，下賢爲上所拔用，援同類以進，其往吉可知矣。蓋見知於君何憚不如其志乎哉！

薛嘉穎：當泰運始，君子道長之時，有拔茅茹以其彙象。

丁壽昌：釋文茹，牽引也。王肅彙類也，傅氏曰古偉字，美也。古文作蕒董作夤，出也，鄭云勤也。

案劉向上封事曰易拔茅茹，以其彙征吉，君子在上則引其類，在下則推其類，以類相致也。本義謂郭璞洞林彙絕句。虞仲翔，孔正義皆以彙絕句也。

曹爲霖：征吉者進用而吉也，貞吉者用必貞而吉也。唐憲宗問元宗先理後亂何也？崔群對曰用宋璟張九齡則理，用李林甫、楊國宗則亂。人以安反爲亂階，臣獨以罷張九齡相李林甫爲治終。泰否初之象與？

馬通伯：鄭康成曰彙類也，茹牽引也。劉向曰賢人在上位則引其類而聚之於朝，在下位則思與其類俱進。李舜臣曰爻自下而上故言征。案九三在上先拔，初二附之而起，劉謂下思其類俱進是也。

劉次源：茅叢生，茹連根，君子眾多，泰運以成，初乾性潛，二三同彙並進，征而獲吉，理有固然。

李　郁：茅菅也，茹牽引也。彙類也。喻陰陽之俱來往也。初獨往四、不從二三，以止陽消，故征吉。

胡樸安：說文茹，飤馬也。假爲挐、牽引。彙蟲也，今作猬或蝟、假爲𢍰、艸木𢍰孛貌。喻臣下牽引同類而仕，征行也。奉君命行發揚國威於外。

于省吾：茍彙類。傅氏注古偉字，美也。古作蕒，董作夤，出也，鄭云勤也。按彙本或作猬，蝟，亦作𢍰，同音謂。蕒即𢍰之異、彙則假借。彙𢍰並㲋之形譌。亦作蔕、蒂、亦作柢，木根也通邸，本也。應讀作拔茅茹以其柢。以猶及也。茅茹今之一名蒨，茜，地血、牛蔓也。所謂類陰陽相與爲類。

楊樹達：續漢書五行志一，茅喻群賢也。魏志崔林傳注引孟達薦王雄稱易拔茅連茹，傳曰舉爾所知。

高亨：以，用也。彙古文作萺、謂、蕢。說文喟重文蕢即其左證。蕢亦有草莖之義。拔茅飤馬帶土則馬不食。是養其所需以備取用之象。如此者征吉。

徐世大：初爻爲好運之初臨、茅根可食，拔之乃得彙類通、人交順運、自覺事事稱轃，如茅根之互相糾纏而至。（運氣到，推不開。）最好是出門（求財。）

屈萬里：離騷王注茹，柔耎也。茅茹疑即茅蒐。詩柔則茹之，茹，食柔物也。孟子茹毛飲血，莊子不茹葷，茹皆食義，茅根柔嫩、甘而可食。彙即㚔、說文㚔，彙，蓋謂茅英也。舍人本謂作彙、注莖也。

李鏡池：茅茹，茹藘，茅蒐一物異名，爲紅色染料的草，古人留下的諺語，有經驗，有分類知識就是泰。

金景芳：拔這一根茅草，把別的茅草的根也連帶著拔出來了。征，表示前進的行動。

傅隸樸：茹相牽引，彙爲類。泰上下交通、下三爻上行，上三爻就得下行。初上升帶頭作用，二三兩爻便都跟進，就像拔茅一樣，故曰拔茅茹。初九升，六四應，是往則吉之象。故曰征吉。

徐志銳：天地陰陽相交相和而致通，六爻皆以上下交與不交取義，凡相應的爻位皆相交、初、四相應故言拔茅征吉。

黃慶萱：以，及也。征，足利本作往。泰初陽爻、就像拔茅草，草根相牽，連別的一同拔上來。正人君子，一個接一個出現，前進必有豐盛收穫。

林漢仕案：本爻重點字茅、茹、以、彙四字，征吉之理安在？茲依先賢卓識羅列其文，以見指謫也。

虞翻：巽爲矛。茹、茅根。彙、類也。震爲征。

王弼：茹，相牽引貌。

正義：征，行也。

程頤：進與朋類相牽，如矛之根。彙，類也。賢者不唯相樂爲善，實乃相類以濟。

朱震：茅上柔下剛而潔白，君子之象。茹，根也。征，正行也。

項安世：君子難進，故聖人勉以征。陰陽皆以類進，皆稱彙。

李衡引：賢人在上思引其類聚于朝，在下則思其類俱進，吉者，君子道長也。又引「己欲達而達人」，故與二九同行。

梁　寅：陰往陽來、吉。陽進、吉。進有爲，來爲主。三陽牽連、如拔茅併其根俱起，同類而進者也。

吳　澄：初九變巽，象茅根。彙，類也、三陽爲類。茅雖不共本，拔之則其根相連而起。

來知德：茹，根也。初在下、根象。征，士進意。

王夫之：茹，茹藘也。彙，根科。茅與茹藘皆堅韌，三陽在下蟠固不解。

李光地：非私其彙，志於天下也。

毛奇齡：卦有互兌即倒巽、巽爲茅、茅根爲茹。

李塨：三陽同體而進、是拔茅其根牽連其類矣。

丁晏：彙，蕒古今字。類也。征，行也。貞，定也。

吳汝綸：以，與也。

李富孫：彙，古作蕒，作夤、出也。勤也。又彙，古偉字，美也。本亦作蕒、俗作蝟，又作䍜，王弼云類也。會之假借。征足利本作往。

伊籐長胤：拔茅有土象。茹根牽連、下賢爲上拔用。

丁壽昌：茹、牽引。劉向「以其彙征吉。」以類相致也。

曹爲霖：征吉者，進用而吉也。元宗用宋璟則理也。

馬通伯：在上引其類，在下思與其類俱進。爻自下而上吉征。

劉次源：茹，連根。

李郁：茅，菅也。喻陰陽之俱來往也。

胡樸安：說文茹，飤馬也。假爲挐，牽引。彙，蟲也。今作猬，蝟，假爲蕒，艸木蕒孛貌。喻下牽引而仕。

于省吾：彙䔍，𡍐之形譌。亦作蔕、蒂、柢，通邸，本也。應讀拔茅茹以其柢。以猶及也。茅茹今名蒨，茜，地血，牛蔓也。

楊樹達：茅喻群賢。

高亨：以，用也。彙，古文作胃，謂、蕡，說文㥜重文蕡。養所需備取用之象。

徐世大：茅根可食。（運氣到，推不開），最好出門（求財）。

屈萬里：茹，柔耎也。茅茹，疑即茅蒐。茹，食也，茅根柔嫩可食。䔍彙蓋謂茅英。

李鏡池：茅茹，茹蘆，茅蒐、一物異名，紅色染科的草。

黃慶萱：以，及也。拔茅草連別的一同拔上來。

茅，各家同認爲草本、潔白、可食、堅韌。又喻群賢。又茅之今名蒨、茜、菅、地血、牛蔓。而其成相爲初變陰成巽、巽爲茅。毛奇齡以互兌即倒巽爲茅，屈萬里疑茅茹即茅蒐。紅色染科草科，金景芳直謂茅草。查類書茅字之義有：

明也。（爾雅繹言）

茅靡遜伏也。（列子黃帝。）

穗也。（廣雅釋草）

茅以縮酒。（書禹貢）

古文茅作苗。（儀禮士相見禮）

或作萌。（國語齊語）
另有茅靡當爲頹靡，茅戒作貿戒，或作茆，作莽，作鶨。
茹字類書引：
食也。（後漢孔奮傳注）
菜也。（後漢馬融傳）
茅根。相牽引貌。（易泰注）
茹藘，茅蒐也。（詩東門之墠）又蒨草也。又茹藘茅蒐之染女服也。一名蒨，可以染絳。（釋草）又一名地血，齊人謂之茜，徐州人謂之牛蔓。（詩東門之墠）
吳越之間凡貪飲食者謂之茹。（方言七）
貪也。（廣雅釋詁二）
柔也。（廣雅釋詁四）
度也。（爾雅釋言。）
臭也，臭敗之義也。（呂覽功名，文選魏都賦）
菜之總名。（文選七發）
咀嚼之名，以爲菜之別稱，故書傳謂菜爲茹。（詩七月箋）
易家茅茹之說如是：

巽爲茅—虞翻。

上柔下剛而潔白，君子之象—朱震。

茅與茹藘皆堅韌—王夫之。

拔茅有土象—伊籐長胤。

茅，菅也—李郁。

茅喻群賢—楊守達。

茅根可食—徐世大。屈萬里更云茅根柔嫩可食。

易家之茅實指茅草之茅，巽爲矛，孟氏逸象也。上柔下剛而潔白，兼言其質。徐世大云可食。若非年荒歲，孰取茅根爲食？蓋饑者不擇食也。朱震云君子之象，楊守達言「喻群賢。」以茅爲君子，爲群賢迨有可議者，莠草也。屈原離騷「荃蕙化而爲茅。」孟氏逸象中另有「爲白茅、爲蘭」注「臭莫如蘭。」然則茅爲蘭之變種，屈原所謂「蘭芷變而不芳兮。」蘭變爲茅，應君子變爲小人庶近，如之何其爲君子、爲賢人？孟子之茅塞之矣，茅之塞，使不通，是遮蔽賢路者也，是秦繆公之誓曰：「人之有技，冒疾以惡之，人之彥聖而違之俾不通，是不能容以保我子孫黎民，亦曰殆哉！」遮違賢路俾不通，其賢乎哉？不賢也。茅之用縮酒，用墊犧牲以祭，茅屋采椽用以居，茅茨不翦，晝爾于茅，同爲謀居室之屋頂也，其爲謙詞曰茅舍，茅不爲賢人君子可知矣！況茅，草名，有白、黃、青之別！而否卦之初九亦云「拔茅茹，以其彙。」句法全同，若以泰之拔茅茹，以其彙爲君子連類，則否亦當言君子連類也，茅之不當爲君子，賢人也明矣。屈原謂「何昔日之芳草兮，今値爲此蕭艾也！」詩所謂「匪莪伊蔚」，是茅之初生似蘭，及長大匪蘭，前賢未及見茅之變以爲其蘭而許彼君子賢人乎哉？第見其初生之象而取義也。

茹之義，易家云：

茅根。（虞翻）

相牽引貌。（王弼）

茹藘。（王夫之）

飤馬也。假爲挐，牽引

茹，柔耎也。又云食也，

茅茹，茹藘，茅蒐，一物異名，紅色染草。（李鏡池）類書中尚有貪也、度也、臭也、菜之總名未蒙著錄。是茅茹，易傳家皆謂茅根也，茅根相牽引也。

茹雖有食義，茅茹，未有言茹茅者。徐世大，屈萬里所云茅根柔嫩可食，是茹一字二解矣，既是茅根，又當爲食，毋須辯而知其說有未愜爻意。

拔茅茹，吾得其二義焉：

拔除茅根，秀草得連根除去，免其春風吹又生也。

其二以茅爲苗，茹仍以根解，苗根之拔，蓋轉植乎？盼其蕃衍也。

以上拔茅茹，暫且案下，再看爻辭「以其彙，征吉」之意：

「以」有四解：

與也。（吳汝綸）

猶及也。（于省吾）

用也。（高亨）

及。（黃慶萱）

彙字之義：

類也。（虞翻）

根科。（來知德）

彙，蕒古今字，類也。（丁晏）

彙作蕒，作夤，出也。勤也。

又彙，古偉字，美也。

本亦作蕒，俗作蝟，又作簞，王弼云類也。

會之假借。（以上李富孫云）

蝨也。今作猬、蝟、假爲蕒，艸木蕒孛貌。（胡樸安）

彙、蕒、蝨之形爲。亦作蔕、蒂、柢通邸、本也。

應讀拔茅茹，以其柢。（于省吾）

彙，古文賁，謂，蕡，說文喟，重文蕡，養所需備取用之象。（高亨）

𦺈，彙蓋謂茅英。舍人本謂作彙。（屈萬里）

彙義可以歸納爲：類也。根科。出也。勤也。古偉字美也。會之假借。艸木𦺈孛貌。柢也，本也。蕡也，養所需備取用之象。茅英。

征之義有：

征，行也。（正義）

征，正行也。（朱震）

征，仕進之意。（來知德）

征，足利本作往。（李富孫）

爻自下而上故言征。（馬通伯）

征，表示前進的行動。（金景芳）

征有征行仕進往之意。拔謂拔取，舉用，拔除之義。

初九，拔茅茹，以其彙，征吉。當譯爲，甲：初九，拔除茅草，連根斬絕。會同其類（根，英）然後行往得吉。

乙：初九，拔擢賢者，連同其類用彼美同行，征行仕進得吉。

泰之至九三，俗謂三陽開泰，三陽缺一匪泰，今初九自否來，其自淸，畫明界線，使得發展純陽之氣，除舊佈新，去莠草根莖英花，一概其餘，使不能滋蔓害生，征吉也。

九二，包荒，用馮河，不遐遺，朋亡，得尙于中行。

象曰：包荒，得尙于中行，以光大也。

虞翻：在中稱包荒，大川也。馮河，涉河，遐遠，遺亡也。失位，變得正，體坎，坎爲大川，爲河。震爲足，故用馮河。乾爲遠，故不遐遺，兌爲朋，坤虛無君，欲使二上，故朋亡。二與五易位，故得上于中行，震爲行，故光大也。（張惠言周易虞氏易）

荀爽：河出於乾行於地中，陽性欲升，陰性欲承，馮河而上，不用舟航，自地升天，道雖遼遠，三體俱上，不能止之，故曰不遐遺。中謂五，坤爲朋，朋亡而下，則二上居五而行中和矣。（孫堂輯引）

李鼎祚引翟元：荒，虛也，二五相應，五虛無陽，二上包之。

王弼曰：體健居中而用乎泰，能包含荒穢受納馮河者也，用心弘大，無所遐棄。無私無偏，存乎光大，故曰朋亡也。如此乃可以得尙于中行。尙尤配也，中行謂五。

孔正義：體健居中而用乎泰，能包含荒穢之物，故云包荒也。用馮河者，無舟渡水，馮陵于河，是頑愚之人，此九二能包含容受，故曰用馮河也。遐，遠也，遺，棄也，用心弘大，無所疏遠，棄遺於物。朋亡者得中無偏，所在皆納，無私於朋黨之事。得尙於中行者，謂六五也。處中而行，以九二所爲如此。尙，配也。得配六五之中也。

程頤二陽剛得中應五，五柔順得中應二。君臣同德。故二雖臣位，主治泰者也。包荒：包含寬容荒穢之量。用馮河：是奮發改革，剛果足以濟深越險。不遐遺：用及庶事，雖遐遠不遺，若事之微隱，賢才在僻陋也。朋亡，絕其朋與之私。有此四者則能合九二之德。尙，配也，言能配合中行之義，其道光明顯大也。

蘇軾：陽在內用事，擯三陰於外，陰不能堪，疾陽而爭矣！九二陽主，故包荒。用馮河小人之勇也。勇者荒者，無用者也。無用者容之，此所以懷小人。其朋以爲非也而去之，故曰朋亡。得配六五，有大援於上，雖亡朋而卒賴此安，此所以爲光大也。

朱熹：以剛居柔，下之中，上有六五之應，主乎泰而得中道者也。占者能包容荒穢而果斷剛決，不遺遐遠而不昵朋比，則合乎此爻，中行之道也。

朱震二之五以陽包陰，包荒也。坎爲大川，出乾流坤，河之象也。震足徒涉也。徒涉曰馮河，勇於蹈難而不顧者也。二近五遠，陽與陽朋，二絕其類而去，朋亡也。人狃於泰，政緩法弛，當有包含荒穢之量，以安人情。二配六五，行中道，坎離日月，充滿六合而無私照，其道光大，無一物而不泰矣。橫渠曰舜文之治，不過是也。

項安世：泰九二得中，剛而能柔，無所偏倚，能包在外之三陰與之相應，如徒步涉河，無所疑忌。上合六五之中行，二五易成既濟，五交二成離，故有光大之象。二致五成坎，故有馮河之象。郭子儀待回紇與魚朝恩，包荒而不惡，馮河而不疑，盜賊小人，意消心化，其道愈大，其德愈光，其九二之謂乎！　又九二、六五上下相交，志同歸於中行，中以行願也。　又泰九二進而得中，聖人喜其能包小人也。君子自內而包外，故曰包荒，荒者遠外之名也。

李衡引石：無不包容，無不納用，至遠不遺，至近不私。

梁　寅：九二剛中應六五之柔中，此大臣治泰之任也。包荒者其量寬，用馮河者其行勇，不遐遺者其慮周，朋亡者心之公。九二剛而柔，其有不寬乎！剛進，其有不勇乎！剛明，其有不周乎！剛中，其有不公乎！寬而勇，周不比，君子之成德也，合於九二中行之道。

吳　澄：包巟，蓋古人以茅葦之屬包裹魚肉也。易言包皆陽畫。巟衁通，血也。郊祭燔柴後進血，達誠於天，二五正應，五天之位。巟，依許愼說文及虞翻本作巟。當作衁，其後傳寫訛，去血加草，失其義矣。馮徒涉，遺失亡去。互坎爲水流，互震爲足，九二變成離，有舟象，足動於前，舍舟徒涉也，朋類亡去。五居上卦之中爲中行，雖朋亡得配於上也。

來知德：包乎初之草茅荒穢，用馮河之勇往，二居柔故教之勇。不遐遺，不遺乎五也。朋初也，尚往事五。得尚，慶幸之辭。中行指六五中以行願也。若惟知包乎荒，則必不能馮河就五，必遐遺乎五，必不能亡朋。陽來惟知包內卦之初，遺外卦君上之象。聖人教占者用馮河之勇尚往中行之君，泰道成矣。

王夫之：荒，猶荒服之荒。遠處外不受治之象。謂六五據位自遠於君子，九二包容而應之。非勇於自任者不能，故爲馮河，六五雖有遐心弗違棄，朋謂初三兩陽，二不立黨遠收六五，不偏倚而尙中道，二實君，蓋內君子，外小人者用舍之大經也。得朋相尙有怙黨交爭之害。象云不宜結黨自矜也。

李光地：包荒者天地之心，覆載之量，尊賢容衆之謂。馮河者勇決也，善必擧，擧必先，不善必退，退必遠。不遐遺者明足燭幽隱，雖側陃之賢，必存心焉，伏匿之奸，必察照焉。朋亡者公足化同異，不獨異行者無濡染之干，同道者亦無比周之累。包荒之用合中道，公則無我，存包荒之體，有容矣！傳象居中故能正大光明不牽於私，不蔽於物，所行無一偏弊也。

毛大可：九二卦主，居乾中儼然一天。三坤地曰荒，二互兌之初，河也。乾健足以馮之，遠邇同觀，三陰雖遐而不遺，三陽並征而非比，朋黨盡消，得乎剛中，行健。

李塨：夫二陰地，地曰荒。二以廣大之量包之，六五正應，得尙于中行矣。（尙如尙公主之尙）蓋天道之高明廣大，固如此也。

丁　晏釋文荒，本作㠩。說文引易作㠩。漢柳敏碑荒作㠩。五經文字云㠩古荒字。

吳汝綸：此文王自記其伐犬戎之事。太玄范注包荒謂包有四荒。馮河，以河爲界。河南之戎皆歸中國之化，此所以爲不遐遺也。中行者。中國之事。尙，配也。馮河爲界之犬戎皆離其醜類，而得自比于中國也。

伊籐長胤：此爻應五得君者也，故能包容荒穢，以有容用馮河剛斷，擧用疏遠之賢以絕朋比之私，得尙合于中道。蓋人情狃于安，非包容何以服人！然寬縱致衰，濟以剛果，官無濫授，剛中可尙也。

薛嘉穎：二剛中上交主泰運，必以天地之心爲心，以覆載之量爲量，有包荒象。何氏楷此爻變離，虛有容者也。

丁壽昌：釋文荒本亦作巟。鄭云穢也。說文水廣也。又大也。鄭讀康，虛也。案康荒聲近義同。五虛無陽，二上包之。馮河孔疏頑愚之人。與爻意不貫，易中言勿用皆指用事，非指用人而言。

曹爲霖：吳氏易說周公吐哺握髮以下士、是包荒。幸而得之，坐以待旦是馮河。思兼三王施四事是不遐遺，苦留君奭同心共濟是朋亡。

馬通伯：遐謂上六，二之包坤涉四應五不遺上也。龍仁夫曰乾包坤曰包荒。屈大均曰地大天更大，二天也，五在其中，有包象。范祖望曰包有四荒。案說文巟云水廣，四荒之廣，阻於水，乾往包坤，有馮河，大地闊則群分、群分則私、則爭。無私而光大。書云帝光天之下至于海隅蒼生。

劉次源：包全地，無荒穢，遐邇殊方、同體一視。不分朋黨、四海昆弟。正大不偏、世運以泰。

李郁：荒，虛也，指坤。二之上，陽包陰，故曰包荒。涉三而過，故用馮河。二不以上爲遠、故不遐遺。九五靈龜所在，是謂之朋，二行于五，已得朋，自五而上，朋遂亡，二剛中止否，故尙于中行。

胡樸安：荒，巟之借字。說文巟，水廣也。鄭注虛，墟也，言網羅人才廣眾也。馮，淜之借字，說文淜，無舟渡河也。言用有武力之人不遐遺也。網羅人才無朋黨，不昵朋比，以得尙于中行也。

高　亨：包疑借爲匏。說文匏瓠也。匏荒，謂瓠空虛也。馮河謂匏空涉河，攜友以渡不遐棄也。六上疑當有悔字。尙借爲賞。中行中道，謂在道中得賞也。用匏馮河，不棄其友，臨難不亡舊，其上嘉賞之。

徐世大：譯廚房裏空空如焉，不用愁，靠著河干，不遠就送柴米油鹽來；朋友亡故了可傷，可是咱得補上了中行。包與姤九二包有魚，釋文作庖。荒，蕪也。譯廚房裏長青草，一時乏糧。馮河濱河，遐遠、遺饋遺，尙上也，中行爲權門貴族。

屈萬里：荒作巟，苞本作包，包即匏、負之渡水，深則不沒。荒，大也。論衡苞瓜之汁猶人之血、其肌猶肉。范望注「包有四荒，故曰包荒。」中行路中也。

李鏡池：包借爲匏，荒，空。把匏瓜挖空。馮也作淜。不遐遺、不至于墜。朋亡，貨幣虧失。尙助、中行、半路上。渡河不墜說明泰，半路得人助，轉爲泰。

金景芳：包荒大度包容，馮河果斷濟險，遠不遺，沒有朋黨（不結黨）能做到上四點就合九二中行之德，尙配也。

傅隸樸：九二大度量，能包含一切荒穢，即使暴虎馮河的人他也用。九二大公無私，苟可用，雖疏遠也不遐遺，未有朋黨私見，故曰朋亡。尙，配。中行指六五。九二言，中行爲君，二五應故尙于中行。

徐志銳：惠士奇荒，古作巟。愚謂廣大爲荒。包荒，包容廣大也。天在地下是天包容了地。二五相應，以天包地。中行即行中正之道、發泰卦天地往來之義。

黃慶萱：二爲社會中堅分子，必須有經營八荒的決心，逢水渡河，不拋棄責任，雖別了至朋好友，在德行上說，也許正合乎中庸之道。

林漢仕案：初剛即展示其苟日新，又日新之不凡。拔絕茅草，連類一概其餘。至九二，包荒，用馮河，不遐遺，乃其氣象，孕育包八荒之志，馮河之險，無遠弗遺之愛，乃其剛明賢傑之見。然本爻釋說者多岐路，茲逐一比較，從眾賢者傳中，試看能否歸納爻文其原始之意：

包荒：

在中稱包荒，大川也。失位、變得正。（虞翻）

荒，虛也。五虛無陽，二上包之。（李鼎祚引）

能包含荒穢。（王弼）

體健居中，能包含荒穢之物，故云包荒也。（孔穎達）

包含寬容荒穢之量。（程頤）

陽內用事擯三陰於外、陰不能堪而爭，二包荒。（蘇軾）

占者能包容荒穢。（朱熹）

二之五以陽包陰、包荒也。（朱震）

九二得中無偏，能包外三陰與之相應。（項安世）

無不包容、無不納用。（李衡引）

包荒者其量寬。（梁寅）

包巟，蓋古人以茅葦之屬包裹魚肉也。易言包皆陽畫，巟盂通，血也。郊祭燔柴後進血，達誠於天，五天位。巟加草失其義。（吳澄）

包乎初之草茅荒穢。（來知德）

荒，猶荒服之荒。九二包容而應五。（王夫之）

包荒者天地之心，覆載之量，尊賢容衆之謂。（李光地）

九二卦中，儼然一天，三坤曰荒。（毛奇齡）

二陰地，地曰荒。二以廣大之量包之。（李塨）

釋文荒，本作巟，五經文字云巟，古荒字。（丁晏）

此文王記伐犬戎事，太玄范注謂包有四荒。（吳汝綸）

此爻應五得君，故能包容荒穢。（伊籐長胤）

二剛中主泰運，以天地心，覆載之量，包荒之象。（薛嘉穎）

荒本作巟，鄭云穢，說文水廣，又大也。鄭讀康，虛也。五虛無陽，二上包之。（丁壽昌）

周公吐哺握髮以下士、是包荒。（曹爲霖引）

乾包坤曰包荒。二天，五在其中。（馬通伯引）

包全地、無荒穢。（劉次源）

荒，虛也、指坤。二之上，陽包陰故曰包荒。（李郁）

鄭注荒，虛，墟也。言網羅人才廣衆也。（胡樸安）

包疑借爲瓠也。匏荒，謂瓠空虛也（高亨）

廚房裏空空如焉。（徐世大以包爲庖）

包即匏，渡水不沒；荒，大也，苞瓜之汁猶人之血、肌猶肉。（屈萬里）

包借爲匏。荒空。把匏瓜挖空。（李鏡池）

包荒，大度包容。（金景芳）

九二大度量，能包含一切荒穢。（傅隸樸）

廣大爲荒，包荒，包容廣大，天包容地。（徐志銳）

二爲社會中堅分子，必須有經營八荒的決心。（黃慶萱）

包荒共十九說，或以時位立言、或以文字引伸，如：

在中稱包荒，大川也。

荒，虛，五虛無陽，二包之。（二以陽包五陰）

包含荒穢。包含寬容荒穢之量。包荒其量寬。

陽摒陰，陰爭，二包荒。

茅葦包裹魚肉，荒應作盃，血也。
包乎初之草茅荒穢。
荒服、九二包容應五。
以天地之心，尊賢容衆。
三坤曰荒。乾包坤曰包荒。
包有四荒。
周公吐哺握髮下士。
包全地，無荒穢。
虛，墟也。網羅人才廣衆也。
包匏也，謂匏空虛也。
包庖也。荒，空空如也。
包即匏，渡水不沒。
苞瓜之汁如血、肌如肉。
匏挖空。
二有經營八荒之心。
以上十九說中，謂荒爲初陽草茅荒穢者其勢孤，謂陰虛，三坤皆荒者其勢雖衆，亦不可從，以包，匏瓜者，因下文「馮河」、似與莊子「五石之瓠，以爲大樽而浮江湖」之瓠同，惠施自云瓠堅不能舉、瓠落無所容矣。非二之所有，尤非孔子徒縣之匏瓜。匏說不得之也明矣！苞茅荒血之謂，則棄上下文不顧，猶之人喃喃自語，其所問答而自語者乎！以天地之心包賢容眾、包八荒、（四荒）似九二卦主之量，所以致泰也，然於爻辭下文不能一氣。否亦有包承句，六二爻辭云：包承，小人吉。注家十數說中，約而言之亦有八見：即抱也、罩住、容也、苞苴，庖者，廚也、滿意也。而字書謂包有藏、含、取、兼、裹、束、本，庖廚，炮、胞，叢生之義，仍不若說文之謂「包爲象人裹妊，已在中，象子未成形也。」之包。賈誼鵩鳥賦云「禍兮福所倚，福兮禍所伏，憂喜聚門，吉凶同域。」史記日者列傳謂：「天不足西北，星辰西北移；地不足東南，以海爲地；日中必移，月滿必虧。」易經之所以爲君子謀者，無乃持贏守缺、明禍福同門之理乎？故是泰二爲卦主之際，不忘有所恐懼憂勞也。初九之拔除茅草，雖謂連根斬絕，其類春風吹又生吹矣。君側雖清，小人之既去，新茅茹孕育其中矣，孰爲小人？孰爲君子？在勢者明「吉凶同域」之義、包孕之可也，彼能胎死腹中乃全民之福，即不能，亦不至於放誕無憚、肆虐天下也。是包孕爲天理，九二權責非趕盡殺絕，亦無畏九二之烈火頻燒也，非是天眷養小人，乃天運堯桀同門，共蒙生養之德。九二之盛，如日之中、君子滿朝，小人亦應運而處焉，故謂包荒，荒者茅茹也。如地支午火之旺而藏子水焉。九二之同時也孕育苞茅也，猶齊桓公相管仲，雖十豎刁、易牙在，亦無所施爲！故謂之包荒。用馮河，不遐遺，朋亡之義，摘述眾家之傳如是：

虞翻。馮河，涉河；遐遠；遺亡；兌爲朋、坤虛無君，欲使二上故朋亡。

荀爽：馮河而上，不用舟航，道雖遼遠，不能止之，故曰不遐遺，坤爲朋，朋亡而下，二上居五中和矣。

王弼：受納馮河，用心弘大、無所遐棄、無偏光大，故曰朋亡。

孔正義：無舟渡水，是頑愚之人，九二能包容，用心弘大，無所疏遠棄遺之物。朋亡者無私於朋黨之事。

程子：用馮河，是奮發改革，足以濟深越險；周及庶事，雖遐遠不遺；絕其朋與之私。

蘇軾：用馮河小人之勇也，此所以懷小人。其朋以爲非也而去之，故曰朋亡。

朱熹：馮河爲果斷剛決，不遺遐遠而不昵朋比。

朱震：徒涉曰馮河，勇於蹈難而不顧者也。

項安世：如徒步涉河，無所疑忌，荒者遠外之名也。

李衡：無不包容、無不納用，至遠不遺、至近不私。

梁寅：用馮河者其行勇；不遐遺者，其慮周；朋亡者，心之公。

吳澄：馮，徒涉、遺失亡去。朋類亡去。

來知德：用馮河之勇往，二居柔故教之勇；不遐遺，不遺乎五也；朋，初也。

王夫之：九二包容而應之，非勇於自任者不能，故爲馮河；六五雖有遐心弗違棄，朋謂初三兩陽。

李光地：馮河者勇決也，不遐遺者，明足燭幽隱，朋亡者，公足化同異，同道無比周之累，無我有容矣。

毛奇齡：乾健足以馮之（河），遠邇同觀，三陰雖遐而不遺，三陽並征而非比，朋黨盡消，剛中行健。

吳汝綸：馮河，以河爲界，河南之戎皆歸中國之化，此所以爲不遐遺也。

伊籐長胤：用馮河剛斷，舉用疏遠之賢以絕朋比之私。

丁壽昌：馮河孔疏頑愚之人，與爻意不貫，易中言勿用，皆指用事，非指用人而言。

曹爲霖：吳氏易說謂周公吐哺下士，得則坐以待旦是馮河：思兼三王施四事是不遐遺，苦留君奭同心共濟是朋亡。

馬通伯：遐謂上六，二涉四應五不遺上也。又云荒，水廣，阻於水，乾包坤，有馮河。書云帝光天至海。

劉次源：遐邇殊方，同體一視，不分朋黨，四海昆弟。

李郁：涉三而過，故用馮河。二不以上爲遠，故不遐遺，九五靈龜所在，是謂朋，自五而上朋遂亡。

胡樸安：馮，淜之借字，說文淜，無舟渡河也。言用有武力之人不遐遺也。網羅人才無朋黨。

高亨：馮河謂匏空涉河，攜友以渡，不遐遺也。亡上疑當有悔字。

徐世大：靠著河干，不遠就送柴米油鹽來，朋友亡故了可傷。馮河，濱河，遺，饋遺。

金景芳：馮河果斷濟險，遠不遺，沒有朋黨。（不結黨）。
李鏡池：馮也作淜。不遐遺、不至于墜。朋亡，貨幣虧失，渡河不墜，說明泰。
傅隸樸：暴虎馮河的人也用，疏遠也不遐遺，未有朋黨私見，故朋亡。九二大公無私。
黃慶萱：逢水渡河，不拋棄責任，雖別了至朋好友，在德行上說，也許正合乎中庸之道。
馮河共得二十一解：
涉河。
馮河而上，不用舟航。
受納馮河，用心弘大。
無舟渡水，是頑愚之人。
用馮河，是奮發改革、足以濟深越險、周及庶事。
用馮河，小人之勇也，此所以懷小人。
果斷剛決。（剛斷）果斷濟險。
徒涉曰馮河，勇於蹈難而不顧者也。（徒步涉河）
無不納用。
其行勇。二居柔故教之勇。（非勇於自任者不能）
乾健足以馮河。

馮河，以河爲界。
用，指用事，非指用人。
得賢士坐以待旦是馮河。
涉三而過，故曰馮河。
淜之假借。說文淜，無舟渡河也。
匏空涉河。
靠著河干、濱河。
渡河不墜。
暴虎馮河的人也用。
逢水渡河，不拋棄責任。
從「暴虎馮河」論語字面走者，謂徒涉，謂頑愚之人，小人之勇也，勇於蹈難而不顧者，淜之假借。
從爻位立義者謂二居柔而教之勇。
從說卦乾健足觀象者謂乾健，足以馮河。
從泰九二卦主立言者，奮發改革，濟深越險、勇於任事、果斷剛決，暴虎馮河的人也用。用心弘大。
從卦象上謂涉三而過，故曰馮河。
鑿空者逢水渡河。渡河不墜、匏空涉河。

誤導字面義之者如：河干、河濱、以河爲界。

古人說爻義時，多喜混淆週旋，致不能就爻文、爻位說爻義。蓋卦爲泰，乃一大前提，各爻非是相互矛盾、鬩牆，亦非互相爲用，而致力開發爻義，說明爻之歷程，亦即整卦之歷程，毋忘其各有各爻之小前提也。故卦之初至上宜視作一身，非是六單位互爲矛盾互相牽制。泰九二，是泰卦大前提中之第二環小前提，包荒，孕育茅茹。吳澄謂泰時無滯礙，王夫之謂充實而有光輝之義。是泰之昇高，同時亦包孕茅茹，如唐太宗貞觀二十二年，太白屢晝見，太史占云女主昌。太宗欲疑似者皆殺以滅禍。史臣謂，天之所命，人不能違，多殺無益。是武氏爲李唐之茅茹也，而無損太宗貞觀之治。

用馮河，非是二馮河，九二時「孕荒。」九二時「用馮河。」用馮河者，敢用孔子所稱「吾不與也」或暴虎，或馮河之人也，有勇無謀者爲二所用，開創大好局面，正需大多數之實行家。有勇無謀者，其實行家乎！「謀」操之在九二也。一頭馬車，祇一個領導中心，勝過多頭馬車，多個領導中心也。九二非是果斷剛決，奮發改革。九二乃大有爲者，不得於「行行如也」方之。爻辭乃說明已成象之狀態，非是自我鼓勵，或謂居柔教之勇也。「用馮河」非是「也用」，乃是專用，所以能成其大、成其美也。下文：不遐遺，朋亡，各家之見，約而可見者謂：

遐，遠。遺、亡也。兌爲朋、坤虛無君，故朋亡」虞翻。

陽性自地升天，雖遠，三體俱上，故曰不遐遺，坤爲朋，朋亡而下。」荀爽。

用心弘大，無所遐棄，無私光大，故曰朋亡也」王弼。

遐遠，遺棄也。無所疏遠棄遺於物。無私朋黨之事—孔疏。

不遐遺，周及庶事，雖遐遠不遺，若事之微隱，賢才在僻陋也。朋亡，絕其朋與之私。—程頤。

容無用者，其用以爲非而去之，故曰朋亡。—蘇軾。

包容果決，不遺遐遠而昵朋比。—朱熹。

陽與陽朋，二絕其類而去，朋亡也。—朱震。

荒者，遠外之名也。—項安世。

至遠不遺，至近不私。—李衡引。

不遐遺者其慮周。朋亡者心之公。周不比，君子之盛德也。—梁寅。

遺失亡去。朋類亡去。—吳澄。

不遺乎五也。朋，初也。必遐遺乎五，必不能亡朋。—來知德。

六五雖有遐心弗違棄，朋謂初三兩陽。—王夫之。

明足照幽隱，雖側陋之賢必存心焉、伏慝之奸必察明焉。朋亡者，公足化同異，同道無比周之累。李光地。

遠邇同觀、三陰雖遐而不遺，三陽並征而非比，朋黨盡消。—毛大可。

河南之戎歸中國之化，此所以爲不遐遺也。—吳汝綸。

舉用疏遠之賢以絕朋比之私。—伊籐長胤。

周公思兼三王施四事是不遐遺，苦留君奭同心共濟是朋亡。—曹爲霖。
遐謂上六，不遺上也。—馬通伯。
遐邇殊方、同體一視。不分朋黨，四海昆弟。—劉次源。
二不以上爲遠，故不遐遺。九五靈龜所在，是謂之朋，二得朋而上，朋遂亡。—李郁。
言用有武力之人不遐遺也。網羅人才無朋黨。—胡樸安。
櫳友以渡，不遐棄也。亡上疑當悔字。—高亨。
不遠就送柴米油鹽來，朋友亡故了可傷。—徐世大。
不遐遺，不至于墜。朋亡，貸幣虧失。渡河不墜說明泰。—李鏡池。
九二大公無私，苟可用，疏遠也不遐遺。未有朋黨私見。—傅隸樸。
二逢水渡河，不拋棄責任。—黃慶宣。
遐遺，遠亡也。坤無君故朋亡。
三陽俱升上，故不遐遺，坤爲朋，朋亡而下。
無所遺棄、無私光大，故曰朋亡。（無私朋黨之事。）
不遺在僻陋之賢才，絕其朋與之私。
容無用者，朋非而去之。
陽與陽朋，二絕甚類而去，朋亡。

不遺五、朋爲初

六五雖有遐心而弗違棄。朋謂初三兩陽。

三陰雖遐而不違、三陽並征而非比。

河南戎歸中國，此不遐違。

遐謂上六，不遺上也。

二不以上爲遠，故不遐遺，九五爲朋，而上，朋遂亡。

攜友渡，不遐遺也。亡上疑有悔字。

不遠送柴米來，朋友亡故可傷。

不遐遺、不至墜，朋爲幣，朋亡，貨幣虧失。

二不拋棄責任。

以上十六說，孰說爲是？遐遠似不必指實，朋之爲言三陰，初三二陽，九五爲朋，朋幣爲朋，朋爲初，無朋黨之私比，泛言朋友。亡爲亡失，死亡，讀爲無有之亡，無怪乎毛奇齡之言一往鶻突也。竊以爲包荒泰九二爻辭，言九二之所處狀態，亦盛世兼容並蓄，事物極盛之警詞。而用馮河乃言九二之意志及其作法，馮河一詞以論語自訴暴虎同，徒搏徒渡皆實行家也。不遐遺亦九二作法之一，朋亡則當是九二用馮河，不遐遺後可以預見之後果也。而得尙應是天意。所謂不遐遺，黃慶萱稱不拋棄責任，是九二之升、之招纜賢才、之有容，皆不拋棄責任也！果眞大有爲之胸襟已現，不能同步之友朋，宜乎有「歸與」之唱矣！李鏡池以貨幣虧失爲朋亡，亦通（以朋友解不以朋幣解），蓋亦二作法及之反響後果也。前賢十六說中不能盡是，亦認知上之不能同步。孰是朋也，九五乎？三陰坤乎？初三兩陽乎？朋友乎？而言遐爾同體一視，舉疏遠而絕朋比，有非近人情之實，聖人可賅賢愚。絕朋比，或係眾賢各有其神性也。

「得尙于中行。」

荀爽謂五爲中，行中和也。尙謂配也，中行謂五，王弼說。孔正義更謂處中而行，二得配六五之中也。程頤謂配合中行之義。朱震謂二配六五，行中道。項安世以泰九二得中，六五上下相交，中以行願也。吳澄以五爲上卦之中，爲中行。來知德謂得尙，慶幸之辭。王夫之謂二不立黨，遠收六五，不偏倚而尙中道。李塨，尙如尙公主之尙。吳汝綸：中行者，中國之事。得白比于中國也。李郁謂二剛中止否，故尙于中行。高亨以尙，借爲賞，中行、中道，謂在道中得賞也。徐世大，尙，上也，中行爲權門貴族。晉國官名。屈萬里：中行，路中也。李鏡池：尙，助也，中行，半路上。半路得人助，轉爲泰也。徐志銳：中行即行中正之道。黃慶萱：在德行上合乎中庸之道。

尙之釋有五說：

尙，配也。尙公主之尙。又配合中行之義。

尙，上也。

尙，借爲賞。

尙，助也。

合乎也。

中行亦有六說：

五爲中行、六五柔中。行中道。

中以行願。

中國之事，（夷狄）自比于中國也。

中道，在道中也。路中。半路上。

中行爲晉國官名，爲權門貴族。

中行即行中正之道。合乎中庸之道。

周易之論吉凶休咎、爻辭備焉。先賢進而以比應錯綜升降半象旁通以神化其義、言之成理，持之有故，毋怪乎有人以矛盾統一，一部周易是階級鬥爭史也，比應之說，直把易卦視同蚯蚓之雌雄同體之怪物也。竊以爲六爻乃抽得是卦者之命數吉凶推定之歷程也，果如是，泰九二剛中，尙配中行，正乃天意也。中行謂中心行願，謂權貴、謂行中正之道似皆可，夫如是，九二一爻，包荒之言其狀態，用馮河，不遐遺爲作法；朋亡爲後果；而尙中行者，宜乎其合天意也。泰之所以泰，此乎！

九三，无平不陂，无往不復，艱貞无咎，勿恤其孚，于食有福。

象曰：無往不復，天地際也。

虞翻：陂傾，謂否上也。平謂三，天地分故平，天成地平，謂危者使平，易者使傾。往謂消外，復謂息內。從三至下體復。終日乾乾，反復道，故無平不陂、無往不復。艱險貞正，恤憂，孚信也。二之五得正，在坎中，故艱貞、坎爲憂，故勿恤。陽在五孚險，坎爲孚故有孚。體噬嗑、食也。二上之五據四，則三來二，故于食有福。

宋衷傳象曰：位在乾極，應在坤極，天地之際也。地平極則險陂，天行極則還復，故曰無平不陂，無往不復也。（集解）

王弼：乾本上也，坤本下也，而得泰者，降與升也。而三處天地之際，將復其所處，上守其尊，下守其卑。處天地之將閉，平路之將陂，時將大變，世將大革，而居不失其正，動不失其應，艱而能貞，不失其義，故無咎也。信義誠著，故不恤其孚而自明也。

正義：九三處天地相交之際，將各分復其所處，乾將復歸於上，坤復歸於下。是初始平必將有險陂，始往必將有反復也。猶元在下者而不在上，元在下者而不歸下也。居變革之世得正，乃得無咎，憂恤也，孚信也。信義自明，故食祿福慶也。

程頤：三居泰中，諸陽之上，泰之盛也。物理循環，下升上降，泰久必否。故泰盛而爲之戒曰：無常安平而不險陂，無常往而不返，陰當復爲否矣！方泰之時，常艱危其思慮，正固其施爲，可以無咎。不勞憂恤，得其所求，不失所期，爲孚如是則祿食有福益也。（艱貞則有福也）

蘇軾：乾上坤下，上下交故乾內坤外，苟乾不安務進迫坤，順者將至於逆，故曰無平不陂。坤不安將下復奪乾，乾適速其復，故曰無往不復。坤知難而貞，可以無咎。九三孚初與二，樂取迫坤，重違之則危，故敎之勿恤其孚，安于食，是以有泰之福

張載：因交與之際以著戒，能艱貞，則享福可必。

朱熹：將過乎中，泰將極而否，欲來之時也。恤，憂。孚，所期之信。戒占者艱難守正則無咎而有福。

朱震初二上往，四五復位，化爲山澤，平者陂矣。若九三又上往，泰將成否。觀無平不陂，則知無往不復。時將大變，唯艱守貞乃無咎。三與上六，有孚者也。陰陽失位爲憂恤，三上相易，恤其孚也。勿恤其孚，自信而已，于食有福矣。天人有交勝之理。關子明曰：象生有定數，吉凶有前期，變而能通，故治亂有可易之理。大哉人謨，與天地終始乎！

項安世：泰之九三，君子之極盛，無所復勉，憂之而已！無咎之下言有福。三將變，能脩人事以勝之使在我者無可咎之事，然後可以勿恤小人之之孚，自食君子之福也。無平不陂，爲三陽言之。無往不復，爲三陰言之。兩言無不者，明此皆天道之必至而有孚者也。當泰之極，艱不敢易，貞不敢弛，操心危，舉動必無過咎。必至之孚，可以勿恤，我固有之福，可以長享，乾之九三，乾之夕惕，用以居泰，不亦宜乎！九三位正，當其變故以勿恤其孚爲自强其志，九三爲群陽所依以拒陰。陰爲貧，虛，禍；陽爲富，實，福。

李衡引子：君子見交會之際，思其所終，慮患而艱守之，不失其正。引胡：天地復則不交而否矣。引牧：泰否與乾坤異者，以其變于中也。此九二知幾，存義與乾之九三同其象焉。引石：三陽同升，不待約自來，不戒而自信也。引介：天之際地而平也，其卒無不陂；地之際天而往也，其卒無不復，艱以處之乃無咎。不恤上之孚，己則于食有福，苟恤其孚，思有以取信于上，不知命者也。不知命則不敢直己以行志，離道失義，無不爲矣。

梁寅：聖人於天下之患，不圖已然，常戒之將然。九三過中即爲之戒，非豫防之意！天下之理，平必有傾，往必有復，治亂相因，善處者如奉槃水，馭六馬，戒懼艱貞守正則可以無咎。亦鞠躬盡力而已，勿恤信斯可也。若事、求可，功求成，利害心生，理義沮；非能艱貞者，能艱貞勿恤，其于食有福也。豈非自天佑之，吉無不利者歟！

吳澄：三四相易則三四五互坎，平夷之坤變爲險陂之坎矣，故曰無平不陂。四易三則外陰來復于內，故曰無往不復。以艱難之心正王事則無咎。徒憂無益。六四食於九三，九三若能孚于食己之實者而得其心，則必無來復易位之禍，是有福也。互兌食象。

來知德：承平既久，無平不傾邪，九三陽往將復，艱貞守正可保泰無咎。不憂此理之可信，自食盡其福祿，天祿永終之意。戒占者可畏也。

王夫之：平謂陽道坦易也。陂謂陰道傾險也。三陽居內，三陰居外，循環嚮背，且自下起，平之必陂，往之必復，自然之理勢也。九三陽得位，重剛，過中，處盛以拒陰，有咎道焉！惟能慮陂與復，艱難守正，則免於咎。孚謂九二。以剛與三道合而相信，非樹三爲黨，忘私懷遠應乎上則與朋亡義合，陽主治，陰主養，不擯陰而善成之，則宜力報效受其福矣。

李光地：平陂往復，理之必然而有信者，所謂孚也。艱貞則無咎。三於時未過中而戒，聖人之於泰如此。

毛奇齡：往來之機，消息之會。天下無有平而不陂，往而不復者。人事之修盈保大，艱而能貞，有何咎乎！獲泰交之福，寢食俱安也。兌口爲食，離合爲孚。

李塨：孔安國曰澤障曰陂。人事乾乾，勞心危行，謹守正度，可無咎矣。艱危保泰，或多過憂。陰來爲吾孚者，終非吾族，疑生事端，致不泰矣！

吳汝綸：孚，驗也。謂平陂之驗不足爲憂，雖禍之將至，往爲之則有福也。于，往也。食，爲也。太玄范注貞，精誠也。艱貞之訓，宜從。

李富孫：王逸離騷注引作不頗。書無偏無陂。明皇改頗爲陂。又勿恤，說文引作勿卹。恤卹並訓憂，疑恤其或體。

伊籐長胤：陂者陂陀不平。艱貞知艱而貞也。恤憂，孚信，食祿言享福祉也。此爻將過中，言預防之道，苟知艱而貞則得無咎。蓋時運之轉，反復相因，兢兢業業，此開物成務之也。

薛嘉穎：九三正天地交泰之時也，然天下之理無平不陂，無有往而不復，惟當艱貞固守之，庶可保泰而無咎。徐氏直方艱則無怠可乘，貞則無隙可攻。蓋平陂往復雖理不爽，信惟脩人事勿憂，人定勝天也。

丁壽昌：蘇蒿坪下經言勿恤者五，皆恤字絕句，此亦同。乾知險故艱貞，三互震恐懼有恤象。變兌為說，故勿恤。兌又為口食，乾福坤富亦有福象。釋文陂傾也，偏也。

曹為霖：誠齋傳平陂相推，往復相移。居泰勿謂時平，其險將萌。開元末天寶初，泰之九三乎？余按召誥，洛誥，君奭，周公皆拳拳於平陂往復之義而艱貞者也。伊尹訓太甲亦然。

馬通伯：關朗曰象生有定數，吉凶有前期，變而能通，故治亂有可易之理，大哉人謀，其與天地終始乎？王引之震長子主祭。大宗伯其孚于食有福，言鬼神來饗也。其祀案泰時可以祈天永命。

劉次源：三乾中，日中則仄，泰極否復，天運挽以人力，艱貞自持，可免過失，誠孚感人，治平之福也。

李郁：三泰極，居內外剛柔之際，是謂之平。物無常平，無久往，故必陂，必復。剛難長故艱，守正得位故貞無咎。戒滿，動兌口，得甘食有福。動而失應，不以為憂，故勿恤其孚也。

胡樸安：無平不陂者，言洪水已降，平地成陂可居也。無往不復者，言居處既定往復頻繁也。艱即艱實。貞，事也。艱難有事耕種則無咎。無憂而孚矣。福，備也。于食無不備也。

高亨：無平不二句喻人否泰相尋。占問患難無害孚讀為浮，罰也。福，祭神之酒也，有福酒可飲，筮遇勿憂受飲祭神餘酒之罰。

徐世大：三爻之順境，如儒林外史范舉人。陂即今隄或埤，可以蓄水，防水。無平不陂與無往不復為偶，泰將達頂點之條件也。貞，副詞。譯句：平地圍隄，放債付利，困難不皺眉，俘奴多吃不生氣，福氣嗎？

屈萬里：集解虞翻曰陂，傾也。恤，憂，孚，信也。韋昭注國語晉語福，胙肉也。

李鏡池：陂，斜坡。艱從莫，旱的異文，說文作暵，田晒乾爲暵。其，發語詞，其孚于食，相信糧食不成問題。平地終會變斜坡，外出的要回來，旱不至成災，還有糧食吃，過好日子由否轉泰。

金景芳：平可變不平，往可變爲復，內卦乾要變坤，泰變成否，明顯地看出裏面有辨證法，不是形而上學。

傅隸樸：九三乾之盡頭，必起變化。平地盡頭是斜坡故曰無平不陂。日月輪轉故曰無往不復，九三艱貞得無咎，恤憂，孚是誠信，不怕人不相信他。食指祿，福即幸福，處變而艱貞，對食祿人是帶來幸福的。

徐志銳：泰過半設戒辭，言無常泰，有平有坡，有往有來，泰極反否，否泰相因，不可不審愼。

黃慶萱：處乾下坤上交接點，沒有平坦路不傾斜，沒有過往事物不反復出現。到這關頭只要艱苦做事，不需憂誠信落空，會有福氣吃到老百姓繳納的俸祿。

林漢仕案：泰九三，三陽開泰，處泰之巔峰。名家所謂「日方方仄」，泰九三亦將方中方仄乎？從易推理中以「知人」、「知時、」「知事、」孔老夫子準之故「時可。」「際可、」「行可」出之也？察得其機，庶入參贊天地！幽敬神明之域，養生生之實。李鏡池斷句異於衆人。佛家謂法輪常轉。史記蔡澤傳引書曰：「成功之下，不可久處。」書經有「皇天無親，惟德是輔。」老子：「禍兮福所倚，福兮禍所伏。正復爲奇，善復爲妖。」易理正是彰明循環變動不居之事，變異之數，通神明之德，使民宜之。繫辭所謂「作易者其有憂患乎」！不特持盈而守闕，蓋明圓缺往來之象，故泰三陽旋開旋反彈，泰之身已不由己矣！茲細比較爻辭「無平不陂」之義：

陂傾，否上；平謂三，消外往，復息內（虞翻）

地平則險陂，天行極則還復。（宋衷）

處天地之將閉，平路之將陂，時將大變，世將大革。（王弼）

乾上坤下，始平有險陂，始往有反復。（孔穎達）

物理循環，泰久必否，故戒無常安平而不險陂。（程頤）

乾迫坤，順者逆，故曰無平不陂。坤奪乾，乾適速其復。故曰無往不復。（蘇軾）

交與之際以著戒。（張載）

過中，泰極將否。（朱熹）

初二上往，四五復位，化爲山澤，平者陂矣！若九三又上往，泰將成否。觀無平不陂，知無往不復。（朱震）

泰九三極盛，無所復勉，憂之而已！（項安世）

君子見交會之際，慮患艱守，不失其正。（李衡引）

聖人於天下常戒之將然，九三過中即爲之戒，非豫防之意！天下之理，平必傾，往必復，治亂相因。（梁寅）

三四相易則三四五互坎，平坤變爲險坎，故曰無平不陂。四外陰來復於內，故無往不復。（吳澄）

承平既久，無平不傾邪，九三陽往將復…（來知德）

平謂陽道坦易，陂謂陰道傾險，循環嚮背，平必陂，往必復，自然之理勢也。（王夫之）

平陂往復，理之必然，三未過中而戒，聖人之於泰如此。（李光地）

往來之機，消息之會，天下無有平不陂往不復者。（毛大可）

澤障曰陂。（李塨引）

平陂不足憂，禍至往之則有福。（吳汝綸）

陂作頗，書無偏無陂。明皇改頗爲陂。（李富孫）

陂者陂陀不平。此爻過中言預防之道，蓋時運之轉，反復相因，兢兢業業，此開物成務之方也。（伊籐長胤）

九三正天地交泰之時，然天下之理無平不陂，無有往而不復。（薛嘉穎）

釋文陂，傾也，偏也。（丁壽昌）

平陂相推，往復相移，居泰勿謂時平，險將萌，開元，天寶初，九三乎！（曹爲霖）

象生有定數，吉凶有前期，變而能道，故治亂有可易之理，大哉人謀。（馬通伯）

三乾中，日中則仄，泰極復否，天運挽以人力，可免過失。（劉次源）

三泰極，居內外剛柔之際，謂之平，物無常平，無久往，故必陂，必復。（李郁）

無平不陂者，言洪水已降，平地成陂可居也。無往不復者，言居處既定往復頻繁也。（胡樸安）

無平二句喻人否泰相尋。（高亨）

陂爲隄或埤，可以蓄水，防水。無平二句泰將達頂點之條件也。又三爻順境，如儒林外史范舉人。（徐世大）

陂，斜坡，平地將變斜坡，外出的要回來。（李鏡池）

平可變不平，往可變復，裏面有辨證法，不是形上學。（金景芳）

平地盡頭是斜坡，日月輪轉故曰無往不復。（傅隸樸）

言無常泰，有平有陂，有往有來，泰極反否，否泰相因。（徐志銳）

處乾下坤上交接點，沒有平坦路不傾斜，沒有過往事物不反復出現。（黃慶萱）

設泰爲安，否爲險，否泰必然相尋，謂之物理循環！似有過當之言。蓋以人之靈，祇知遊走兩極端，視先哲執中之訓而不顧，千載以下，眾口一辭，夫子不爲之氣結者幾希！眾人之心求好，正落入「不能留芳百世，寧可遺臭萬年」之變態心理也，苟患得又患失，夫子寫小人「無所不爲」之狀！或謂寫九三憂患意識，蓋孟夫子之「生於憂患」也。亦有不是焉，孰能勉九三無平不陂，生於憂患？文王乎？伏羲乎？文王、伏羲作卦爻詞，九三必須艱貞，勿恤爲大前提，無平不陂乃說明必須艱貞之理路，無咎與食有福乃九三必然之享有，九三歷經初九之除舊惡，九二之包孕匪人，泛用實行家，雖然友朋（或朋貝）散而之他，結果天意得高尙于中行。九三仍須艱貞，勿恤其孚，庶有福食，蓋除茅茹，包荒，正乃人事上之陂也，茅茹之除不能淨盡，故有包荒之調，九三能謂平而永久平乎？古人之戰戰兢兢，到何時始克言「庶幾免乎，小子」！幾無日無時都得宿夜匪懈也，創業難，繼志承事尤難。平者必陂，往者必復，人謀鬼謀之不善者戒辭，善則長平不陂矣，長往不剝矣！或謂無讀作毋，毋平不陂，毋往不復。亦甚是，蓋平則易墮落，往則易不返，毋平正是孟夫子謂無敵國外患也。九三處泰之盛，小波瀾正用以磨鍊其志節，毋往不復正培育其感情，有鋼鐵意志，又有愛之情懷，九三當之，福食萬年其可也。茲觀各家無平不陂說之歸納：

陂，傾。平謂三，復息於內。陂偏也。

地平，初二上往，化爲山澤，平者陂矣。

物理循環，泰極將否。治亂相因，平傾往復，理也。

三四相易互坎，平坤變坎險。

平謂陽道，陂謂陰道。

澤障曰陂。

陂作頗。

居內外剛柔之際，謂之平。

無平不陂者，洪水已降，平地成陂可居也。

無復不復，言居處既定往復頻繁也。

陂爲隄，或埤，可以蓄水，防水。

陂，斜坡，平地變斜坡，外出的要回來。

平地盡頭是斜坡，沒有平坦路不傾斜。

試從經籍中找陂字之訓：

山旁曰陂。崖也。繁也。池也。澤障也。畜水曰陂。隰之限域。壅也。險也。傾也。衺也。本或作坡。沱也。偏也。頗也。不平正也。

易傳家十三說中幾全賅矣！胡樸安之供水已降，平地成陂可居，往來頻繁釋無往不復，似不只望文隨意生意，亦且忘記泰之成泰之大前提矣！泰三非是始脫困者之象也。李鏡池之易傳，無乃太簡乎！「外出的要回來」釋無往不復，易爻眞是廟中靈籤矣！

平地盡頭是斜坡，沒有平坦路不傾斜。其說似必然而有不必然者矣！猶之言「上庠教授必是飽學之士女子必能胎生繁淵子孫，戰爭之後必然和平」道理同，然仍在文字上推敲，未全失其旨也。平者有謂三，有謂地平，坤爲平，平謂陽道。地有地平，然地亦有崖岸山谷！陽如何平？謂三爲平，皆因爻文附會成象也，更有以初二上與四五易成山澤爲陂者，三四易，使三四五成坎爲險者，險是險矣，陂亦得象矣，易位則非言泰九三也，故升降，飛伏祇介紹而不敢苟同。彼言可離之象，蓋幻像，白雲蒼狗像。彼可染之蒼，亦可染之黃，隨象造象，象是象耶，非原神也。否泰相因，物理循環說，何如荀子之勝天，克天主義，端看吾人應之治，應之亂，故極言治亂非天、非地、非時。修道不貳，天不能禍。如之何其相因？循環？程夫子、王夫之伊籐長胤爲物役矣！人爲物所役則循人欲而莫知其蔽！故荀子謂善言天者必有徵於人。馬通伯謂大哉人謀，其於天地終始乎！是人謀而藏，天不能貧，不能病也，前人之受物理循環，治亂相因之痛，往後人類之互信互愛，合作無間，人得以參贊天地化育萬物矣！佛家所謂跳出六道輪迴也！故無平不陂，無往不復，乃九三宜艱貞之勉辭，無咎乃其艱貞後小應，勿恤其孚乃艱貞後作法，于食有福是許泰九三之果實。各家亦有說辭，然嫌文長，總而言之作爲本爻之結也：艱貞謂艱險貞正；艱危其思，正固其爲；艱不敢易，貞不敢弛，操心危；以艱難之心正王事；人事乾乾，謹守法度，艱危保泰；艱實貞事於耕種；艱苦做事。勿恤其孚者：恤，憂，孚，信也。朱震以三上有孚，陰陽失位爲憂恤，三上相易，勿恤其孚，自信而已。守正保泰，不憂此理之可信。孚謂九二，九三孚初與二。六四食於九三，九三若能孚于食已之實者得其心，是有福。孚是誠信，不怕人不相信他。孚之爲罰，爲俘奴，猶之艱爲旱同，聊備一問不著評也。福爲胙肉，酒肉福慶祿食，福，備也。何如尙書之五福：富、壽、康寧，攸好德，考終命也。「勿恤其孚」蓋可以今人言第問自己曾盡多少力與誠信也，不必憂人誠信與否，求之在我者，簡而易行。求之於人者，無乃太奢乎！盡其在我，明其所以守艱貞之道，一可無咎，一可享福也。食，東坡先生赤壁賦中作適，是往適又有大福也。九三，是眞三陽開泰運矣。

六四，翩翩，不富，以其鄰，不戒以孚。

象曰：翩翩不富，皆失實也。不戒以孚，中心願也。

虞翻：二五變時，四體离，飛故翩翩。坤虛無陽，故不富，兌西震東，故稱其鄰。三陰乘陽，不得之應，象曰皆失實也。　謂坤邑人不戒，故使二升五，信來孚邑，故不戒以孚。二上體坎中正，象曰中心願也，與比邑人不戒同義也。

釋文引子夏易傳云：「翩翩，輕舉貌。」

宋衷易注：象曰：四互體震，翩翩之象也。陰虛陽實，坤今居上，故言失實也。（集解）

王弼：乾樂上復，坤樂樂下復，四處坤首，不固所居見命則退，故曰翩翩也。坤爻皆樂下，已退則從之故不待富而用其鄰也。莫不與己同其志願，故不待戒而自孚也。

孔正義：四翩翩而下，鄰謂五與上也。四下衆陰悉從，不待財富而用其鄰，自孚信以從己也。

程傳：四過中，陰上而志下。翩翩，下往疾飛貌，四五上以其類從志同，誠意相合。陰本在下之物，今乃居上，過中將變，故專言始終反復之道。

蘇軾六五，上六皆失其故處而下者，故翩翩相從，不必富而能用其鄰，不待戒而自孚。

張載：陰陽皆未安其分，故家不富，志不寧。

朱熹：已過乎中，泰已極矣。故三陰翩然而下，復不待富，而其類從之，不待戒令而信也。其占爲有小人合交以害正道，君子所當戒也。陰虛陽實，故凡言不富者皆陰爻也。

朱震：陽實而富，陰虛爲貧。以，用也。鄰，五與上也。三陽在下與上三陰相應，陰得其主而安於上，君子在內，小人安外之象。不富者，失實也。翩翩者，回翔而後下之意。君子初去位，小人猶有顧忌。盡去，飛揚矣！可使一日去位乎！

項安世：泰至四將變爲否，故小人與其鄰，翩翩而下，入此小人之所同願。稱鄰，以其主上三爻之進退也。六四之徒，樂於世變，故以不戒以孚，爲遂其心。四與其鄰，背富違實，故曰翩翩不富，皆失實也。四居三陰之首，群陰所從以叛陽。陰爲貧、爲虛，爲禍。

李衡引陸：象以陰居陰，故曰不富，三陰皆願下復，四能道之，是能用其鄰也。能不富而用其鄰，必其德義素著，故不得戒約其信。三陰皆不安其位，故曰失實。引牧失實者，實言居止之地，久離其居，故窮而不富。

梁　寅：陰爻中分，有鳥羽之象。翩翩，言飛之疾。言陰復之疾，深戒夫陽也。陽自下上，三在前，初二乃其彙；陰自上而下，四其首，五上乃其鄰。不戒以孚者，自相孚信也。君子道消，小人道長，乘機伺隙者不待號召，君子處之，其慮當何如哉！

吳　澄：翩翩飛向下也。小過有飛鳥之象，六四變三四五上得小過全體之半，陽在下，陰上，如鳥身投下。陰虛爲不富，鄰謂五，三陰皆欲陽，故四趨下，鄰皆從之。四孚于其鄰也。

來知德：翩翩飛貌，言三陰群飛來。陰爻不富，言不待依之以富，而其鄰從之者甚于從富；不待戒之以令，而其類信之者速于命令也。從陽信陽也，中乃中心願乎陽也。又傳彖：今來與陽交泰，乃中心至願，故不戒而自孚也。

王夫之：翩翩，飛而欲去之象。陽大陰小，小者不富。六四當位，未至於貧，與五上爲鄰，故不富。與陽密邇，下九應初九，不待戒而自孚，三陰皆下應無異志也。

李光地：翩翩者象四，五之在上就下，詩曰翩翩者鵻，載飛載下是也。陽實陰虛，故言不富。不富以其鄰，則是善忘勢，屈己下交，善類豈有不孚洽者乎！傳象失實，不自有其才能，不自有其勢位皆是。

毛奇齡：四翩翩來交陽，陰能廣生，資陽而後孚之以其心。四互巽之倒，近市利，四反之，坤首亦吝嗇，雖欲富其鄰而莫之以也。又似巽非巽，似富非富，失其實也。

李塨：翩翩飛貌。率三陰下交。三陰失實則不富，欲以乾濟坤陰，不待兌口之戒以孚焉。小人道消仰命君子。

丁晏：釋文作篇篇子夏傳作翩翩。向本同。古文作偏偏。論語偏其反而。晉書劉喬傳作翩其反而，古偏翩通。

吳汝綸：以者及也。翩翩者，及鄰之狀。鄰謂上二爻、不戒以孚者，不謀而合也。

李富孫：翩翩釋文作篇篇，古文作偏偏。輕舉貌。皆同音通用。

伊籐長胤：翩翩疾飛貌。不富，陰爻言。鄰指二陰。不戒、不待戒令而信也。陰柔宜在下位而居上體，志所不安，欲下行乃中心所願也。蓋人患不自知，交泰衆陰蟠結，苟不避何以善後！不蹈凶亦不言吉。

薛嘉穎：泰道交成，四願心下交翩翩之象。四應初偕群陰下交，志同之時，四可謂能以其鄰者矣。三陰皆樂下交陽，中心之誠不待告誡，鄰指五上。

丁壽昌：釋文篇篇，子夏翩翩，向本輕舉貌，古文偏偏，後人從子夏傳改。宋仲子坤居上故失實，虞仲翔無陽不富，九家易陰得承陽心之所願。翩偏通。

曹爲霖：誠齋傳天下理屈甚者伸必烈，伏久者飛必決。三陰失位久矣！六四乘九三陽盛而衰求下集群來翩翩然。六四之時不可爲也。

馬通伯：以，王引之猶而也。其昶案：泰至四過中，患賞濫而罰不行，四佐五持法，節以制度，當乎人心，故能用衆。

劉次源：四欲交三，以鄰助得遂其志。不戒以孚，謂無異志。傳象：心願從陽，勿須戒也。

李　郁：翩翩往來貌。富指陽。鄰指五。以陰爲鄰故不富。初來四往，相孚無異，故不戒以孚也。

胡樸安：翩說文疾飛也。田獵射獲之鳥，不自以爲富，持以贈鄰。不富即失實。田獵相爭，今不戒以孚矣。中心和說無隔閡也。

高　亨：翩本字疑爲猵，說文頭妍也，從頁，翩省聲，讀若翩。不富：鄰人盜其財物致家貧也。猵猵而美者本富家人，今以鄰盜，鄰人惡而其人亦不自戒。盜物宜罰，不戒亦宜罰。

徐世大：翩翩抉活似神仙，用不著佔鄰舍田，用不著叫俘奴守在門前。泰然自得之口吻如繪。

屈萬里：詩巷伯緝緝翩翩。傳往來貌。翩，釋文作篇，古文作偏偏。以猶而也。經傳釋詞卷一有說。

李鏡池：翩翩借爲諞諞，巧言善辯、說大話。富借爲福。不富、遭殃。以同與其鄰，；猶而（以孚）孚、俘虜，說大話，敵來和鄰村一同遭殃，被孚，由泰轉否。

金景芳：失實就是不富，以彙交上，以鄰交下，表示上下交，上謙接下，下剛事上，不必事先告知。

傅隸樸：六四是向下的帶頭，下故稱翩翩，六五上六兩鄰跟下，也不是六四有何財富給予，也不是六四勸戒，不富即不用利誘，不用威脅，出於相同志願。

徐志銳：焦循翩翩爲自喜自樂。惠棟坤虛無陽，故不富。泰過半必將走向反面，鄰謂五上翩翩退下與九二九三應，三陰樂于居下體，顯示泰將轉向否。

黃慶萱：六四率群下飛，不富爲謙虛不自滿之義，陰陽相悅，彼此同心，所以不須教訓，誠信自在其中。

林漢仕案：書牧誓：「牝雞之晨，惟家之索」，從遠古母性、母權只知有母社會中，男子打拼出與易經樹陰陽剛柔之名爲比應配合，實則貶陰揚陽以男性爲尊之世界新貌，經書中之三從四德、女子無才是德，女子所扮演角色，已從主轉爲輔，從尊遞作卑，從幕前入幕後，名爲主中饋是賴，繁衍子孫爲厥責，實則成爲男性洩慾與養口腹之工具。周公之禮行，男子定七出休妻之實，女子被休者孔、孟、曾子是其大者，女子之休男，朱買臣妻覆水難收，徒成千古笑柄。儘管古有：「妻」、「齊」之名，與夫齊禮之說，古文妻從貴。然男子三妻四妾，女子已賤矣！觀其所以致賤，新社會秩序—禮法出自男性聯手製訂。女子讀書，其才不足以濟世，亦不能主事，賢良方正無門，科舉亦擯諸門外，智識成爲點綴，成爲奢移品，於是女子多荒廢天生美才，不得與男性馳騁知識廣場矣！此其從主轉爲奴之第一關鍵。其次經濟大權之旁落，女子已無知識矣，對社會公共事物懵無所見，理財自然拱手讓人，祇滿足於男性之小禮品之饋贈，不再逐浪滾滾紅塵矣！社會結構，已無視女子之存在地位矣！女子之任男子糟塌，由來非一朝也，不祇見諸行動，亦形諸文字，祈千古掌握優勢而女子仍爲我用無怨也。觀易泰九三爻辭，宋，項安世云：「陰爲貧、虛、禍；陽爲富、實、福。」陽富，陰貧，整個易經架構如此，數十萬年，困於母性中心者得於舒解，「牝雞不足司晨」乃自然現象，牝者不能爲牡雄，陰者不得長陽剛豈是和平自由競爭之實？陰爲貧、虛、禍之代表？京房易中以妻爲財，妻財之配，一反常態之易矣！八字中妻爲財，子女反爲食神矣！京房易似乎提陞些微女子地位。京易非主流，殘存者又不足爲證！亦非本文討論中心也，暫且煞住。先探討六四，翩翩，如何翩翩，且聚眾說以爲比較：

翩翩，不富，皆失實也。（象辭）

二五變、四體離，飛故翩翩。（虞翻）

翩翩，輕舉貌。（子夏）

四互體震，翩翩之象。（宋衷）

乾樂上，坤樂下，四坤首，不固所居，見命則退故曰翩翩也。（王弼）
四翩翩而下。（孔穎達）
翩翩，下往疾飛貌，陰本在下之物，過中將變。（程頤）
六五，上六翩翩相從而下者。（蘇軾）
已過乎中，泰已極矣，故三陰翩翩而下。（朱熹）
翩翩，回翔而後下之意。（朱震）
泰四將變爲否，小人翩翩而下。（項安世）
陰爻中分，有鳥羽之象，飛疾，言陰復之疾。（梁寅）
翩翩飛向下也，小過有飛鳥之象。（吳澄）
翩翩，飛貌，言三陰群飛來。（來知德）
翩翩，飛而欲去之象。（王夫之）
翩翩者，象四、五之在上就下。詩曰翩翩者鵻，載飛載下是也。（李光池）
四翩翩來交陽。（毛奇齡）
釋文作篇篇，子夏傳作翩翩，古文作偏偏。（丁晏）
翩翩者，及鄰之狀，鄰謂上二爻。（吳汝綸）
翩翩，篇篇，偏偏，同音通用，輕舉貌。（李富孫）

四應初，群陰下交，四願下交翩翩之象。（薛嘉穎）
六四乘九三陽衰群來翩翩然。（曹爲霖）
翩翩，往來貌。（李郁）
翩翩，疑作䚷，說文頭妍也。䚷䚷而美者本富人從頁，翩省聲。（高亨）
快活似神仙。（徐世大）
翩翩，借爲諞諞，巧言善辯，說大話。（李鏡池）
六四是向下的帶頭，下，故稱翩翩。（傅隸樸）
翩翩爲自喜自樂，下應，樂居下體，泰將轉否。（徐志銳）
翩翩字義與塑造之象，彙而得之於義者：
翩翩，不實；輕舉貌；下飛；下往疾飛；回翔而後下；飛貌；飛而欲去之象；往來貌；疑作䚷、頭妍也；快活似神仙；借爲諞諞，巧言善辯，說大話；自喜自樂。
得之於象者：
二五變、四體離，飛故翩翩。（虞翻）
四互體震，翩翩之象。（宋衷）
陰爻中分，有鳥羽之象。（梁寅）
另作他字義者：

疑作頯，說文頭姸也。（高亨）

借爲諞諞，巧言善辯，說大話。（李鏡池）

二五變，泰卦變成水火既濟卦，三四五爻組成離，孟氏、虞氏逸象皆謂離、爲飛。飛則飛矣，猶之假人衣履以光采自身。曄耀矣，然自頭頂放足其衣履皆人所有也，與泰卦無涉，虞氏之象，六十四卦皆不安於位。既濟亦曰乾二之坤五。泰卦以既濟解，既濟則又云泰五之二，脫离本義，似元神出殼，各隨己意佈局，則泰九二須以既濟之二解也！宋衷君之曰互體震，翩翩之象則又不如虞氏之變卦後之有據也，蓋震之言翩翩者未之見，九家易勉强言震，爲鵠，注吳澄本作鴻，鴻鵠是可以翩翩高飛，亦可以落地啄食，其翩翩之象未必然也。梁寅之陰爻中分爲羽象尤可笑也，覓象劬勞也耶！至另作他義者李鏡池取翩之左旁，曰諞之借。高亨居翩之右半，曰頯，頭姸也。皆可謂勞而少功，隨己立說之前輩也！然則泰六四翩翩者何義？翩翩之言飛、言上下、言自得、自喜、自樂、往來，不息、單字之義，疾飛之外，又旌旆行而舒張貌，是翩翩在路，不息也亦其義，翩翩可以不飛矣，不飛則毋須勤於求象也。不息，往來自得應是之四翩翩之義。下文不富，象與虞注謂失實；坤虛無陽；不待富，家不富；陰虛爲貧；以陰居陰；久離其居故窮不富；四當位，未至於貧，與五上爲鄰，故不富；似巽非巽、似富非富，失其實也；鄰人盜其財物致家貧；富借爲福，不富，遭殃；不用利誘，不用威脅。不富爲謙虛不不自滿之義。字面不富即其義，或以爲不福。原因性不富則謂以陰虛不實，不實即不充實。或以爲久離其居故窮不富，蓋謂本否，離否初六而居六四，李衡引此最不恰切，如穿山甲之藏身，顧頭不顧尾也。否初能好過泰四？復否初是否即富有？否初不能勝泰六四，如之何謂「久離其居故窮不富？毛奇齡亦可笑，謂四互巽之倒，似巽非巽，似富非富。毛之一往鶻突無有勝之者邪！又謂鄰人盜其財物致家貧。高亨不以陰虛爲貧，不著象解爻，彼不遵古法，釀造怪異之調，也能譁衆取寵。吾以爲富之義，言備也，福也，盛也，臣能世祿也，厚也，豐財貨也。以備義爲最長。（見禮記曲禮下。不富而不備，翩翩其樂也，蓋泰卦自始至終皆泰，舒泰乃本卦根本之義，背景爲泰，歷程至六四翺翔上下，何所往而不樂，非以本身備也，蓋有其時，有其位，有其德也，上下應順，即己心中富有，況初九之應？泰六四其歷程受人呵護侍侯者也。不字之義，蓋與丕同，大也，如不顯文武之丕。不富即大富、大備，其翩翩然樂是眞樂矣！觀乎古人貴婦人，不穿金戴玉，身不名一文，而實則無所不備，無所不有也，六四其人也乎！

「以其鄰，不戒以孚。」者：

象謂不戒以孚，中心願也。

坤邑人不戒，二升五信來孚也。虞翻。

王弼謂坤爻皆樂下與己同志，故不戒而自孚。

孔穎達：鄰謂五上、四下衆陰從，自孚信從己。

程頤：四五上其類從志同。

張載：陰陽未安其分，故家不富，志不寧。

朱熹：小人合交以害正道、君子所當戒也。
朱震：以，用也。陰得其主安於上，小人安於外之象。
項安世：稱鄰，主上三爻進退也。群陰叛陽、四爲首。
梁寅：君子道消、小人道長，不待號召。
來知德：從陽，信陽也，中心願也，鄰從甚于從富。
王夫之：與陽密邇，下應初九、三陰皆下無異志。
李光地：善忘勢，屈己下交，善類豈有不孚洽者乎！
李塨：小人道消，仰命君子，不待兌口之戒以孚焉。
吳汝綸：不戒以孚，不謀而合也。
伊籐長胤：陰本下而居上，志不安，下乃中心願也。
曹爲霖引：伏久者必下决，三位失位久矣，六四乘九三陽盛而衰，求下集群來翩翩然也。
馬通伯：以，猶而也。四佐五節以制度，當人心故能用衆。
劉次源：四欲交三，以鄰助得遂其志，不戒以孚謂無異志。
李郁：初來四往，相孚無異，鄰指五。
高亨：孚，罰，盜物宜罰，不戒亦宜罰。
徐世大：孚，俘奴，用不著叫俘奴守候在門前。

李鏡池：孚，被俘，由泰轉否。與鄰村一同遭殃。

徐志銳：三陰樂居下體，顯示泰將轉否。

鄰爲五六爻幾古今無異辭。然泰卦乃舒泰之義，非是矛盾叢生，相順相生，共榮共樂之卦，「以其鄰。」即偕其鄰五爻、六爻，中心之願同，同心乃輔公子，各以正應，締造泰運，毋須告誡而得誠心一志也。然而倚文造義之易家，見好而不能「其心好之」，實不能容，於是有陰陽未安分。（陰宜下以應陽上）小人合交害正道。群陰叛陽。小人道長伏久必決。乘九三陽衰。陰樂居下體。以誣陰四偕五六之異志害陽。「唯女子與小人難養也」大男人主義下之心態繼續發揚也！劉次源君之「四欲交三，以鄰助得遂其志」，鄰爲五六，六豈助四奪己愛！爭風吃醋如何得泰之美名？亂其倫常矣！劉君未之察也！高亨以孚爲罰、李鏡池、徐世大以孚爲俘奴 皆各有本，然以「毋須戒止而孚信眾陰，」或「信於下三陽」說較爲妥貼，蓋得順利和暢之勢也。以孚爲俘、所俘者匪敵己者，亦匪六四被俘，乃六四偕其鄰，而俘得愛人初九，九二，九三也。六爻皆正應，朱震所謂陰得其主安於上也。李光地稱善忘勢，屈己下交者也。高亨以孚爲罰，與泰通，物大通之時也相背，似不能稱旨。六四，翩翩然輕快愉悅下交，偕五六兩鄰獲初九二三同心，致本貴之六四大富，得陽而充實也。

六五，帝乙歸妹，以祉元吉。

象曰：以祉元吉，中以行願也。

虞翻：震爲帝，坤爲乙，帝乙紂父。歸，嫁也。震爲兄，兌妹，故嫁妹。祉，福也。謂五變體离，离爲大腹，則妹嫁而孕，得位正中，故以祉，元吉也。

子夏易傳：帝乙歸妹，湯之歸妹也。（漢上易傳）

孟喜易傳：易有周人五號，帝天稱一也，王美稱二也，天子爵號三也，大君者興盛行異四也，大人者聖人德備五也。（周禮曲禮正義）

京房易：湯嫁妹之辭曰：無以天子之尊而乘諸侯，無以天子之富而驕諸侯，陰之從陽，女之順夫，本天地之義也，往事爾夫，必以禮義。（困學記聞）

荀爽：婦人謂嫁曰歸，言湯以娶禮歸其妹於諸侯也。（後漢書本傳）

鄭玄：五爻辰在卯，春爲陽中，萬物以生，生育者，嫁娶之貴，仲春之月，嫁娶男女之禮，福祿大吉。（周禮媒氏疏）

九家易曰：五者帝位，震象。稱乙是爲帝乙。六五以陰處尊位，帝者之姊妹，五在震後，明其爲妹也，五應于二，當下嫁二，婦人謂嫁曰歸，故言帝乙歸妹，謂下居二，以中和相承，故元吉也。

王弼：泰者，陰陽交通之時也。女處尊位，履中居順，降身應二，用中行願，不失其禮。帝乙歸妹，誠合斯義。履順居中行願以祉，盡夫陰陽交配之宜故元吉也。

孔正義：女處尊位，履中居順，降身應二，用其中情，行其志願，不失於禮，爻備斯義者唯帝乙歸嫁于妹而能然也，故作易者引此以明之也。又婦人謂嫁曰歸，隱二年公羊傳文也。

程頤：湯爲天乙，後有帝祖乙，又有帝乙，未知誰？帝乙制王姬下嫁之禮法者也，使降其尊貴以順從其夫。六五陰柔君位，下應九二如帝乙歸妹然，降尊順陽，受福大吉，盡善成治泰之功。

蘇軾：妹，女之少者也。易女少男長，權在女。六五以陰居尊位，有帝乙歸妹之象。坤在下復，下復病乾，亦非坤利，乾病疾坤，坤亦傷。莫如輔乾行其下復之願，如帝女之歸也。非以勝夫，將以祉之，坤下復非奪乾，將以輔乾，如是而後可。

張載：雖陰陽義反，取交際爲大義。

朱熹：陰居尊、爲泰主。柔中虛已、下應九二，吉之道也。帝乙歸妹之時亦嘗占得此爻。占者如是則有祉而元吉矣。凡經以古人爲言，如高宗箕子之類皆放此。

朱震：史謂湯爲天乙。又有帝祖乙，有帝乙。陽虎謂帝乙爲微子之父。子夏曰帝乙歸妹，湯之歸妹也。湯一曰天乙。京房載湯嫁妹之辭：「無以天子之尊而乘諸侯，無以天子之富而驕諸侯。陰之從陽，女之順夫，本天地之義。往事爾夫，必以禮義。」則帝乙湯也。六五降其尊位、下交九二，帝乙歸妹之象。五柔中下交，二剛中上交，以是成治，以中道致福而獲元吉也。祉，福也。元吉，吉之至善也。二五道行，君臣並吉，故曰中以行願也。

項安世：泰之六五在群陰之中，獨能降心下賢，以受元吉之福，五下二、得所歸，故曰中以行願也。六五陰下交二，如帝女下嫁諸侯，故曰帝乙歸妹、治泰之事，皆九二主之、六五同心以享其效而已，其爻辭言福而不及事，人君之道，莫善於此，故曰元吉。湯嫁妹辭曰：「無以天子富驕諸侯，陰從陽、女順夫，天下之義也。往事爾夫，必以禮義。」湯稱天乙、或亦稱帝乙。

李衡引陸：歸妹者嫁其少女也。五以柔在上，帝女之象，下配於二，下嫁之象，釐降二女于嬀汭是也。天降於下，猶男下於女。天復於上，地復于下，天地之大義也。天地大義者，地順承天也。五志順故獲祉福。天地助順，故必元吉。居中降志，故中以行願。引昭：商諸王多十干為名、甲為陽首，六五陰爻、交泰之主，故以名乙之主為象。引代：此一爻上下陰陽相感，得嫁娶之義。引阮逸：易著人事舉商周高宗伐鬼方…王用亨于岐山事也。引韓康伯：女子居王位，必帝王之妹。引薛：至尊之妹，必歸於夫，人倫之正。

梁寅：商帝乙釐降王姬，其禮必盛，故特稱之，以柔居上，帝女之象也。下配九二，下嫁之象也。以位言之，至尊之女妻下，宜不敢匹，以禮言之，陽尊陰卑、夫先婦後，不得紊也。故六五柔中下應，九二有其福祉而大吉。

吳澄：六五柔中應下之剛中，帝女從夫象，泰互體、卦變皆成歸妹，故以歸妹為辭。祉，福也。指四上二陰言，六五下嫁、二陰從之也。他書湯嫁妹，是後世好事者假託為之。

來知德：三五為雷，二四為澤，有歸妹之象。困本卦陰尊陽下故象。帝乙即高宗箕子之例。祉福也。以祉者以此得祉也。即泰道成。五柔中下應二剛中，故有王姬下嫁，享太平福祉而元吉。

王夫之：帝乙未詳何帝。歸妹與女歸異，女歸，歸嫁於夫家，正也。歸妹者，夫就婦而歸之，如後世之贅婿。昏禮大定於周，商世蓋有男歸女，雖天子或然，男屈從女。婦柔順中正，終膺福祉。

李光地：陰柔虛中，當下交之時，帝乙歸妹之象。貴而下賢，上合天心。天將降福，以歸妹獲祉也。

毛奇齡：交至五爲婚姻，五與二應固，中心願也。二四互兌少女，三五互震長子，歸妹之象成焉。以帝乙之尊歸六五之妹于九二，陰從陽，順從健，小人從君子皆得之矣。

李塨：二五得中相應則婚姻矣。是居中行所願，陰交陽之最正者，得祿大吉。

李富孫：帝乙歸妹，三四變而成歸妹。帝乙湯也。以，此也。祉，福也。

伊籐長胤：泰陰居尊，下有九二應，不取君臣之義，取象夫婦。柔尊不傲夫家，如帝乙歸其妹于諸侯。蓋卑不可踰尊，陽豈可從陰哉！帝女不挾其尊以從夫家，此所以天地交而爲泰乎！

薛嘉穎：六五柔中下交。殷尚質以生日爲名，湯乙日生故曰帝乙。父沒兄主其禮。貴下賢，合天心，天降福大善而吉也。何楷曰心相孚契行願得其願也。

丁壽昌：程傳引史謂湯爲天乙，虞仲翔注紂父，二說皆可從。家大人解故言湯以娶禮歸其妹于諸侯也。祉，祿也。杜注左傳帝乙紂父。陰得中有似王者嫁妹，受福大吉。荀慈明五帝位，震稱乙，是爲帝乙。吳草廬曰，泰互成歸妹，故以爲辭，言寵祿歸夫家也。

曹爲霖：微子啓，帝乙之元子，元子歸妹，祉祿也。杜注帝乙紂父，王者嫁妹受祿大吉。唐太宗貞觀十一年以南平公主嫁王珪子，行婦事舅姑禮，史謂太宗能禮遣其女。此治世之美事也。以祉元吉之謂乎！

馬通伯：白虎通帝乙成湯。乾鑿度云泰正月卦，陽氣始通，陰道順，湯嫁妹，順天道之道、立教戒之義。其祖案帝乙即天乙，自指成湯。陽虎謂微子爲帝乙元子、微子封宋主商祀，可稱湯之元子。

劉次源：以柔居尊，與二同心，王姬下嫁，泰運乃亨。生育蕃盛，福祉駢臻，萬彙昭蘇，吉之元也。

李　郁：五爲帝位，歸妹陰求陽，往二得位，受祿於天。故曰以祉元吉。

胡樸安：履帝位之乙嫁女也。祉，福也，備也，女子多有不嫁者，今備禮而嫁，吉事也。

高　亨：虞翻「帝乙紂父。」左傳哀九年帝乙微子啓父，啓紂兄也。妹少女也。非姊妹之妹。祉疑作姪。元吉大吉也。嫁少女於文王也。（采顧頡剛氏說）

楊樹達：左傳哀九年陽虎以周易筮之，遇泰之需曰微子啓帝乙之元子也，祉祿也，若帝乙之元子歸妹而有吉祿。又白虎通姓名篇：易帝乙謂成湯，書帝乙謂六代孫。又後漢書荀爽傳湯以娶禮歸其妹於諸侯也。

于省吾：九家易，虞翻各有帝，與乙之釋。按祉本作止，以祉讀作以之，猶言用之，又祉祿也。

徐世大：皇帝叫咱妹丈，好風光、大吉祥。自士升卿大夫，有田園奴僕，福吉無疑。處順之頂點，祉，似爲福之最高境界。

屈萬里：帝乙、子夏、京房、荀爽以爲成湯、虞翻以爲紂父。按歸妹猶昏嫁也。不作嫁妹解，昏，冥昧，妹或雙聲音近，或古通。

李鏡池：帝乙，殷代最后第二個王。歸妹，嫁女。帝乙曾把女兒嫁給周文王。詩大明歌詠其事。以祉，有福。這是殷周聯婚的大好事，說明泰。

金景芳：易經是講思想，不是講歷史。帝乙，殷代帝王，京房「商湯嫁妹」。程傳「殷代叫帝乙的很多，不指那一個？」以祉，有福，大吉而完善無憾。

傅隸樸：帝乙爲名有三人：易乾鑿度「易帝乙爲成湯，書帝乙六世王。」左傳「微子啓帝乙之元子。」虞翻「帝乙紂父。」六五歸妹、九二尙中行，六五妻位用歸、九二臣位用尙，此處不是寫歷史，乃喻五順二。

徐志銳：帝乙爲殷紂王之父，殷高宗嫁其少女于周文王，借典故說明六五降尊從九二之正應獲福慶大吉。

黃慶萱：泰陰五位像商朝帝乙把女兒嫁給周文王一樣，筮得此爻，眞有福祿，大吉大利。

林漢仕案：帝乙，依殷商帝王世系表，帝乙爲帝辛之父。傅隸樸謂帝乙爲名有三人，易成湯，書六世王，左傳微子啓帝乙元子。李孝定甲骨文集釋十四引謂：史記殷本紀「天乙立，是爲成湯。」並按「天乙即大乙，大乙疑後人追稱廟號。周世之諡號，殷每稱生日甲子，同者加大以別之。」島邦男殷墟卜辭綜類有父乙、母乙、報乙、大乙、祖乙、小乙、武乙。又世系中有帝乙。錢穆引謂「卜辭中王亥、王恒、祖丙、祖戊、小丁，丁癸等人名疑如帝王，均殷本記所無。」然則依商人以干支記名推之則帝乙當爲商人。子夏謂帝乙爲湯歸妹、虞翻謂紂父帝乙、吳澄斥湯嫁妹是好事者假託爲文。馬通伯謂帝乙即天乙，自指成湯。北宋程頤未加斷案第謂「未知誰」？蓋文獻不足故也，各家依理斷案，馳騖之跡斑斑。茲再依「帝乙歸妹」文、轉彙二千年來之鴻儒碩證以享同道：

震爲帝，坤爲乙，震爲兄，兌妹。帝乙紂父，歸，嫁。（虞翻）

湯之嫁妹。（漢上易傳引子夏易）

湯嫁妹之辭曰：無以天子之尊而乘諸侯…陰從陽，女順夫，天地之義也。（困學記聞引京房易）

湯以娶禮歸（嫁）其妹於諸侯也。（後漢書荀爽傳）

五在震後，明其爲妹，下嫁二。（九家易）

五處尊位，履中居順，降身應二，帝乙歸妹，誠合斯義。（王弼）

婦人嫁曰歸，隱公二年公羊傳文也。（孔穎達）

湯爲天乙，後有帝祖乙，又有帝乙，未知誰？帝乙制王姬下嫁之禮法者也。使降尊順陽。（程頤）

妹，女之少者，女少男長，權在女，六五以陰居尊位，有帝乙歸妹之象。（蘇軾）

帝乙歸妹之時亦嘗占得此爻。（朱熹）

史謂湯爲天乙。另有帝乙。陽虎謂帝乙爲微子之父。子夏曰帝乙歸妹、湯之歸妹也。京房載湯嫁妹之辭，則帝乙湯也。（朱震）

湯稱天乙、或亦稱帝乙。（項安世）

帝女下嫁之象、釐降二女于嬀汭是也。（李衡引）

商帝乙釐降王姬，故特稱之。至尊之女妻下、柔中下應。（梁寅）

帝女從夫象。互體卦變成歸妹。（吳澄）

三五雷、二四澤，歸妹象，王姬下嫁。（來知德）

帝乙未詳何帝！歸妹與女歸異，歸妹如後世之贅婿。男屈從女，商世雖天子或然。（王夫之）

以帝乙之尊歸六五之妹于九二。（毛奇齡）

帝乙，湯也。三四變成歸妹。

卑不可逾尊，陽豈可從陰哉！此所以泰也。（伊籐長胤）

殷以生日爲名，湯乙日生故曰帝乙。（薛嘉穎）

湯爲天乙，紂父二說皆可從。言寵祿歸夫家也。（丁壽昌）

微子啓，帝乙元子，元子歸妹。（曹爲霖）

白虎通帝乙成湯，乾鑿度云湯嫁妹立敎戒之義。帝乙即天乙，自指成湯。微子封宋主商祀，可稱湯元子。（馬通伯）

五爲帝位，歸妹陰求陽。（李郁）

履帝位之乙嫁女也。（胡樸安）

帝乙，微子啓父，啓紂兄。妹，少女也。嫁少女於文王。（高亨）

皇帝叫咱妹丈。（徐世大）

歸妹猶昏嫁也。不作嫁妹解。昏，冥、昧、妹或雙聲音近，或古通。（屈萬里）

殷周聯婚大好事，說明泰，詩大明歌其事。（李鏡池）

易講思想，不是歷史。程傳「殷代叫帝乙的很多，不知那一個」？（金景芳）
六五妻位用歸、九二臣位用尙，不是寫歷史，乃喻五順二。（傅隸樸）
泰陰五位像商帝乙嫁女給周文王一樣。（黃慶萱）
帝乙歸妹說共得：十二說
震爲帝，坤爲乙。
帝乙，紂父。（微子啓，紂兄、帝乙、啓父）
湯嫁妹。（以娶禮歸其妹於諸侯。）天乙亦稱帝乙。
五在震後，明其爲妹。
帝乙制王姬下嫁禮法，使尊順陽。
帝女下嫁之象。互體變成歸妹。
帝乙未詳何帝。歸妹如贅婿、男屈從女。
微子啓歸妹。
五爲帝位，歸妹，陰求陽。
履帝位之乙嫁女。
歸妹猶昏嫁。不作嫁妹解。
商帝乙嫁女給周文王。殷代帝乙很多，不知那一位。金景芳周易講座。

上十二說，金前輩引程傳云「殷代帝乙很多」，想係媒櫱之詞，蓋程頤言「湯爲天乙，後有帝乙祖乙、又有帝乙、未知誰」？程夫子並未言「殷代帝乙很多」！商代帝乙僅一位，紂父，亦即微子啓父也，至言天乙即帝乙者，子夏易傳爲先，十二說中又可併爲三說：

1.以象爲依據：

震爲帝、坤爲乙。

五爲帝位。

2.依文字定位：

紂父。

湯。

微子啓。

妹：1.湯妹。2.五在震後，明其爲妹。3.訂王姬下嫁禮法。4.互體變成歸妹。5.歸妹爲贅婿。6.微子啓妹。7.帝乙紂父之妹。8.皇帝嫁女。9.妹昧聲同，昏嫁也。10.妹，少女也，非姊妹之妹。

3.帝乙其名無足輕重者。

帝乙制王姬下嫁法，使尊順陽。

帝女下嫁之象。

帝乙未詳何帝。

履帝位之乙嫁女。

商帝乙嫁女給周文王、殷帝乙很多，不知那一位。金老前輩老眼昏花，致使自我提示「嫁女周文王」尙「不知何帝」！總不然商湯嫁妹給周文王？帝祖乙嫁女給周文王？知妹之所屬二，即文王，則知帝乙當爲紂父也。王夫之謂「昏禮大定於周。」然醞釀宗室社會之訂定當非一朝期於有成也，周公六禮之制，亦所謂順成時代乎！設困學記聞引京房易湯嫁妹之辭爲足信，則此一制度之醞釀過程有數百年之久，否則吾寧信商帝世系表中紂父帝乙。金景芳「易經不是講歷史」。雖然黃宗羲早謂六經皆史。從泰卦六五言、似又不當爲衰世主也。

祉爲福。惟高亨祉疑作姪。楊樹達引作祿也。于省吾謂本作止、以祉讀作以之、猶言用之。以有福祿爲長，蓋泰之最有權力者也，言其享福祿而元吉也。

上六，城復于隍，勿用師，自邑告命，貞吝。

象曰：城復于隍，其命亂也。

虞翻：否艮爲城故稱城。坤爲積土，隍，城下溝，無水稱隍，有水稱池。今泰反否，乾壞爲土，艮城不見，而體復象，故城復于隍也。二動時體師，陰皆乘陽，行不順故勿用師，坤爲自邑，震爲言，兌爲日，否巽爲命，今逆陵陽，故自邑告命，命逆不順，陰道先迷失實遠應，故貞吝。

子夏易傳：埋，是城下池也。（正義引）

鄭玄：隍，壑也。姚信：城復于湟。（釋文）

九家易曰乾當來上，不可用師而拒之也。自邑者謂從坤性而降也。告命者謂下爲巽，宣布君之命令也。三陰自相告語，俱下服順承乾也。城復于隍，國政崩也。坤爲亂否巽爲命，交在泰上，故其命亂也。

王弼：泰道將滅，上下不交，卑不上承，尊不下施，是故城復于隍，卑道崩也。勿用師，不煩攻也。卑道已成，命不行也。

正義：居泰上極，各反所應，猶若城之隕壞崩倒，及復於隍也。子夏傳云：「隍是城下池也。」今基土不陪扶亦猶臣不扶君，君道傾危。此假外象以喻人事。勿用師者謂不煩用師也。唯於自己之邑而施告命，下既不從，故貞吝。

程傳：掘隍土積累以成城，如治道積累以成泰。及泰之終，將反于否，如城土頹圮復反于隍也。勿用師，失泰上下情不通、民心離散、豈可用也。方自其親近而告命之，雖正亦可羞吝。邑，所居，謂親近。貞凶，貞吝有二義貞固守此則凶吝，雖得正亦凶吝。此云貞吝者，將否而方告命爲可羞吝，否不由於告命也。

蘇軾：取土於隍爲城，封而高之，非城之利，以利人也。泰厚坤於外以衛乾。坤在上欲復於下，猶土之爲城欲復於隍也。有城而不能固，使復於隍，非城之罪，人之過也。上失其衛，下思擅命，故自邑告命，邑非所以出命也。從而懷之則可，正之則吝。

張載：泰極則否，非力所支，故不可以師，其勢愈亂，正以命令諭眾，然終吝道也。故知者先幾，艱貞無咎，著戒未然也。

朱熹：泰極而否，城復于隍之象。戒占者不可力爭，但可自守，雖得其正、亦不免於羞吝也。

朱震：上六治極而亂。闕土為隍，積而成城。師，眾也。坤為眾。城復于隍則是天地閉塞、君失其民。四之初成巽，告命也。五之二自邑告命，上之三成坤、其命亂也。當是時，九五正其道不行于下、貞吝也。泰過此則變，必至於大亂而後已！

項安世：泰之上六，泰復為否，聖人於泰終，追恨其所從來、曰其命亂也。上六位正，故得為貞。上六已亂而又以重陰處之，所謂貞者，固守其柔、不敢動作而已，豈不為可吝哉！　又泰上六，東周平桓之爻，雅降為風、王降為侯，城復於隍也；告命不出於王畿，自邑告命也；當是時，天命已亂，閔默自守而已，故曰貞；若恥貞吝而用師，無德以造命，其可勝乎！　又泰上變初為蠱，自城之至高復於隍之至深。眾變於上，命顛於下，其命亂也。道之廢興，天也，世之治亂，君也。　又泰上六陰方叛陽，若用眾陰，令必不行，自保其邑，雖曰可吝，猶未失正。

李衡引陸：人君資於下民以成尊位，猶築土為墉，上失其道，國邑不寧，故勿用行師，臣執國政，其命亂矣。　引牧：施命不行于王庭，故各自于其邑告命。　引胡：不可用師、但可號令於己邑之中，誠足以鄙吝者也。　引介：城復于隍，下不承上，外不內衛，小者擅命，故曰自邑告命。雖貞亦吝。　引石：過二則無平不陂，過五則城復于隍、城崩則復下，泰之道不可過正，是吝之道。

梁寅：坤土上處至傾圮，城復于隍之象。坤又爲師衆、爲國邑。泰極驕怠，勢將潰散，雖用師必無成。自邑告命，言姑守其邑，不可有爲也。能順理扶衰補敗，不至於凶。其亂成，雖正自守，亦可羞也。

吳澄：掘隍取土以築城，隍陷入地中，耦畫似之，城高出地上連垣不斷，奇畫似之。上城三隍也。泰上耦而爲坤，是城高者平矣，三奇是隍之虛者實矣，故爲城圮復隍之象。上六變，坤不完，衆散邑削，故勿用師，兌口在四，不比不應，威令不行，如是正王事則吝也。

來知德：坤土變艮亦土。離中虛外圍，城象。變艮爲徑路，門闕生草則城傾圮，復隍之象。師者興兵動衆，坤衆、中爻震變离爲戈兵。中爻兌口告之象，綜巽命象，自者自近及遠。又上六承平既久，泰極而否，當人心离散之時，用師平服，民益散亂。不能保邦未危之先，而罪己下詔于既危之後，收拾人心可自一邑及于遠也。

顧炎武：泰之上六政教陵夷之後，一人僅守府而號令不出于國門，於是焉而用師則不可。君子當守正以俟時。桓王不知，故一用師而祝聃之失中王肩，唐昭宗不知此，邠岐之兵直犯闕下。又易之言邑，皆內治之事。（內自修而遠人服之意）

王夫之：隍，城下之溝無水者。城傾則土復歸于隍。上六處高危，其勢必傾，陰陽十二，嚮背幽明，各居其半，循環以發，往者必復。此小人被疾已甚，勢且復興之象。易不爲小人謀，故爲陽戒，言陰將復，不可與爭，但當告戒邑人，內備必至之患，激成之勢已不可挽，雖告命得貞亦吝矣！

李光地：泰極否來，如城圮復隍也。不可力爭於遠，當修德於近。自邑告命者，勤於內治之象。若固守其常以爲可以力爭，羞辱難免矣！

毛奇齡：城土也，隍去土者也。向取隍之土爲城，今傾城之土塡隍。坤外盡坎上形，坤爲土爲城，坎爲隍爲窞，坤爲國邑，近于亂，即守之甚固，猶不免于吝，何況征也！保泰者視此矣。

李塨：泰極否象生焉。城築土，隍城下溝。當此時，惟振奮自强，修我甲兵。上六才柔氣盡，上不能振，民將誰從！雖正亦羞吝難行。

吳汝綸：城復于隍，泰極而否也。邑，挹之借字，若漢文帝之答單于，諭南越，皆自挹之告命。象曰命亂，謂天命當復亂也。

李富孫：隍，釋文云，子夏作堭，姚信作湟。古文作皇。說文隍，城池，有水曰池，無水日隍。堭湟是別體字，皇省文。

伊籐長胤：隍，城下有水曰池，無水曰隍。陰居泰極，變否，猶城頹夷復于隍。威權下移，下制上，雖正不免吝，如衰周禮樂征代自諸侯大夫出。任世道者講求預防之方，此上六所以垂戒也。

薛嘉穎：處泰極則否來，如城之圮而反于隍也。案釋言隍壑也。（郭註）城池空者爲壑，釋詁隍虛也。案坤爲虛，則隍是土之虛者也。當此時不爭遠，但當脩德於近。

丁壽昌：攷易中凡言勿用者皆禁止之辭，義爲不可用。案釋詁隍虛也。郭注隍城池無水者。釋言隍壑也。郭注城池空者爲壑。說文隍城池也，有水池，無水隍。昌案隍虛無水亦取坤虛之象。蘇蒿坪貞吝者徒以上六柔極爲貞而不救弊，吝之道也。釋文隍城塹也。子夏作堭，姚作湟。

曹爲霖：梁武帝末年納侯景致亂，朝臣蕭介等屢諫不听，城陷，武帝安臥不動曰自我得之，自我失之，亦復何恨。此正城復于隍之謂也。宋末，伯顏謂乞班修好之柳岳曰，汝國得天下於小兒，失天下於小兒，其道如此。亦城復于隍也。

馬通伯：沈起元曰坤土在上，中爻震動兌毀，根搖本撥之象。貞吝者其祖案，言其由來者漸致此吝厲也。國家忘戰必危，好戰必亡。泰終言此，其戒深矣。

劉次源：上處泰終，城將復圮，用師壓服，內潰速亡，開誠相告，雖貞亦吝，聊盡人事，

李　郁：隍城池。有水曰池，無水曰隍。陰消反下，故城復于湟。坤上爲迷，用行師終有大敗，故勿用師。坤爲邑，命自小人出，故曰自邑告命。陰消至極必夬，故貞吝。

胡樸安：復即覆字，城墮覆于隍中。師，眾也，不爲其所用也。自邑逃發告求之命令，不能爲其主矣，雖貞亦吝也。初爻率文人進，二爻引武人進，三爻耕種足食，四爻田獵餽鄰，五爻帝乙嫁妹，皇室之泰，上爻眾不听命泰極而否。

高　亨：復疑當讀爲覆，傾也。城崩而傾覆於隍中也。師上疑當有行字。城覆無以守，更不可攻也。以城覆事告君也。

徐世大：城牆塡濠溝，那用兵把守，下邑供奔走，長久了笑話有。上爻驕盈不知保持，將一切防禦盡去以快一時，城壕礙出入，兵徒費糧，棄而不用。有自邑告命自足，不能長治，結語貞吝，幽然之

至。

屈萬里：釋文：「隍，子夏作埕，姚信作湟。」正義引子夏傳，隍是城下池。復，窮高必反。告同誥，命令也，貞卜詞。

李鏡池：隍，沒有水的護城濠。攻破城墻，崩倒在城濠里，本來可攻進去的，但從邑裏來命令要停止前進。貞吝，占不吉兆。說明泰中有不泰成份。

金景芳：隍，築城時因挖土形成那個池。城墻的土又回復到隍裏去。這是比喻，說不久泰要發生變化了，不能興師，自邑告命就行了。貞是守常不變，必得羞吝。

傅隸樸：隍是無水的溝。喻國亡後帝王便平民了。像城與隍的循環一樣。自邑告命，是說命令只能行於邑內，號令不出國門，君雖欲持泰保盈，只有增羞恥罷了，故貞吝。貞是持泰，吝爲羞恥。

徐志銳：城復于隍喻上坤必反于下居原來位置。命即天命象意泰極反否乃天命規律之自然。卦義相反相成構成對立面的辨證統一。

黃慶萱：泰卦快變成否，就像城塌在溝裏面，是不能用兵的，要從所居城邑發佈自我檢討文告，作用雖對但十分遺憾。

林漢仕案：易經爻文都具有前瞻性，易傳家都獨具慧眼，事後皆表示先見之明。元伯顏謂柳岳曰：「汝國得天下於小兒，失天下於小兒。」可知其間已經過三百二十年，以歷史，天道看，固是一瞬，然於人事看，三十年爲一世紀，已過近十一世紀，南北兩宋歷十八主矣！戰戰兢兢，臨淵履深，以君父之愛託臣子，且見於言表矣！泰九三，正如日中天，爻文「無平不陂，無往不復」各家傳注，寧無膽顫心驚，世事多歧路！見落葉而悲秋，見落日而思暮年。蓋有所見而有所喻。處極盛而發衰調，哀則哀矣！未老先衰，壯志未酬，患得患失之情現，重則喪志於宿命輪回，輕則翫物循樂，過非份淫糜生活。莊子養生篇謂「安時處順，哀樂不能入，古之謂懸解。」蓋即保身，全生，養親，盡年也。傳易者之機先之見，日夜在憂懼之中，舍中庸之路而別求蹊徑。王梵志之「打鐵作門檻。一正乃君，父之心也，彼安知「鬼見拍手笑」！即笑也由你，我行我素也，儒者眞能自諒，彼以問心無愧矣，可以作一切過分關懷之總結，愛之深也乎！世事果如日月輪轉，果如大轉輪之歷變不爽？古之人不欲立法可行萬世者，我知之矣！扭於命也。茲依上六爻文逐句彙輯比較之，便於讀易者之仲裁也：

「城復于隍」：

象曰：其命亂也。

虞翻：艮爲城，湟城下溝，有水稱池，無水稱湟。乾壞爲土，艮城不見而體復象，故城復于隍也。

堭，城下池。子夏易傳云。鄭玄，壑也。姚信復于湟。

九家易：「城復于隍，國政崩也。」

王弼：泰道將滅，上下不交，卑不上承，尊不下施，是故城復于隍。

正義：基土不陪扶，猶臣不扶君，君道傾危。

程頤：掘隍土積累以成城，今泰終反否，如城土頹圮復反于隍也。
蘇軾：取土於隍爲城，非利城，利人。有城不能固，非城之罪，人之過也。
朱熹：戒占者不可力爭，但可自守。
朱震：城復于隍則是天地閉塞，君失其民。
項安世：聖人於泰終追恨其所從來。東周王降爲侯，城復於湟也。
李衡引：城復于隍，下不承上，外不內衛。
梁寅：坤土上處至高傾圮，城復于隍象。
吳澄：掘隍土築城，耦畫似之；城高出連亙不斷，奇畫似之，泰上坤，是城高者平矣，三奇隍而實矣，是城圮復隍象。
來知德：坤土變艮亦土，離中虛，外圍城象，變艮爲徑路，門闕生草則城傾圮，復隍之象。
王夫之：城下溝無水者，城傾則土復歸于隍。小人疾甚，勢且復興象。
李光地：泰極否來，如城圮復隍也。
毛奇齡：城，土也，隍去土者也，向取土爲城，今傾城塡隍，坤爲土爲城，坎爲隍爲窞。
李塨：泰極否象生焉，城築土，隍城下溝。
吳汝綸：城復于隍，泰極而否也。
李富孫：隍，埍，湟，皇。埍湟別體字，皇省文。

伊籐長胤：陰居泰極變否，猶城頹夷復于隍。
薛嘉穎：隍，虛也。坤爲虛，則隍是土之虛者也。
丁壽昌引釋文隍，城塹也。
李郁：陰消反下，故城復于湟。
胡樸安：復，覆也，城墮覆于隍中。
高亨：復，疑當讀爲覆，傾也。城崩而傾覆於隍中也。
徐世大：城牆填濠溝，將防禦盡去以快一時。
屈萬里：復，窮高必反。
李鏡池：沒有水的護城濠，攻破城牆，崩倒在城壕里。
傅隸樸：隍是無水的溝。喻國亡後帝王成平民，像城隍循環一樣。
徐志銳：喻上坤必反于下居原來位置
本爻所呈之象有：
1.天命亂，卑不上承，尊不下施。
2.戒占者不可力爭，可自守。
3.泰終反否，人之過也。
4.天地閉塞，君失其民。

5.小人且復興象。

6.國亡後帝王成平民。

天命亂，不可爭，泰反否，君失民，小人興，亡國痛乃泰上六爻意，竊以爲宜商榷者：

一、城復于隍，不當兩極化，泰終反否，蓋即如眾賢所稱取隍土築城，城周圍之所形成之濠，塹，所謂否者也，今城頹壞，濠塹塡平，既塡平，當然非泰象，然亦非否象可知，蓋否必異於常，土去成塹也，今塹平，非爲否之譬也。又上古建城廓溝池以爲固，禮運以爲小康世，家天下之始，亦可以喻內小安而外不可測，建城垣以自保也。始皇帝已統一天下，去兵策之一爲毀天下名城，毀名城非是自毀，尤非自弱入否，乃大環境足以致安也，國强可以悍衛，城可棄也，文明更向上向前推進，普天下大安於一統政府之下，城堡反成惡勢之集中地，有礙大環境之統一也。觀今日中國由北至南，由西至東，可仍以城廓溝池以自固？中國可未離否運？此各家之說不可信者一也。

二、城去土平，人工城塹除，則城市四通八達，非祇限於東西南北四門也。恢復舊觀，即恢復城邦之自由，孰謂自由不可貴而濫加限制，故濠隍之平，有利交通運輸貿易往來也，無隍濠城塹之設，即無否之舊觀，如之何反泰爲否？

三、所謂戒占者不可力爭，其謂勿用師乎？不可力爭者，認命之將否也，天下之至癡者莫過不爭，宿命之認定，人生奮鬥乃無意義之傻子，梁啓超所謂不奮鬥乃是澈底失敗，故持不力爭做命運之孝子者，不知命者也。

四、上六仍爲泰體，視作小人身居要路津；國亡後帝王成爲平民。亦爲至荒唐之論，上六是將然非爲已然，以明皇爲例，彼能有開元二十九年，天寶十四年之治，然彼亦有三十五年王子生涯，戰兢於武后之朝。以天寶爲上六爻意，天寶有十四年之久，其間大事有伐突厥，殺烏蘇米施可汗，伐雲南，大赦，免租庸。非爲一爻天寶即賜貴妃死，次蜀都也。上六所指當非一整面十四年間事也。即玄宗幸蜀，太子即位于靈武，玄宗乃爲上皇天帝也。故上六乃爲泰卦，轉變之際，局面風光自不如從前，如此而已。平民之說，蓋上六仍爲泰之一體末之詳察也。

先賢傳城復于隍可約而見者計：

1. 象，其命亂也。
2. 艮爲城，湟，城下溝，有水曰池，無水曰湟。
3. 坤土似掘隍土爲城。奇畫似城連亙不斷。高平奇實城圮復隍象。
4. 坤土變艮亦土，離中虛，外圍城象。變艮爲路，城傾圮。
5. 壑也。城下池也。
6. 泰將滅，國政崩，亡國後帝王成平民。
7. 天地閉塞，君失其民，臣不扶君。
8. 小人疾甚，勢且復興。
9. 城覆墮于隍中。

10.去武備以快一時。

11.攻破敵人城牆，崩倒在城壕里。

城本人爲，令覆于隍，則是屏除四周界限用以自晝者，請勿師心自用，自以爲是，仍以干城重鎭自居，留戀自晝家天下之高來，高去榮耀。既不能令，又不受命，則是自絕於人。今自邑中有告命，受之而已，仍以貞固幹濟自命，不能明察時務，順應環境，郁郁從衆開闊胸襟，將有悔吝小疵也。或謂「勿用師」爲毋扭時違衆，以武力恢復雄風，告命天下，天下之不從己也已可知矣，蓋上六矣，歲云暮矣，固執以往，貞吝而已也。解雖有違衆賢意，亦亂中取其義而已也。

泰，初九，拔除茅草，除惡務盡，擢拔同賢，仕進迪吉可卜。九二至剛至明，孕育八荒之志，兼容並蓄，用馮河之勇實行家，抱無遠弗愛之志，雖不爲朋輩理解，而作法上合天心也。九三仍須艱貞，勿恤其孚，庶有福食。六四往來自得，雖未必事事皆備，其實無所不備，無所不有，偕五六兩爻，中心願同，各以正應以輔公子，毋須告誡，其心一志也。六五帝乙嫁妹，享福祿人吉祝福。上六，時代巨輪之轉，封建城廓之夷平，交通四達，幸勿師心自用，逞一時之快，以貞固自居，宜郁郁從衆，免乎其小疵也，庶克終泰義，小往大來，吉亨也。

否卦

䷋否之匪人，不利君子貞，大往小來。

初六、拔茅茹，以其彙，貞吉，亨。

六二、包承。小人吉，大人否，亨。

六三、包羞。

九四、有命无咎、疇離祉。

九五、休否、大人吉、其亡其亡，繫于苞桑。

上九、傾否、先否後喜。

䷋否之匪人，不利君子貞，大往小來。

彖傳：否之匪人，不利君子貞，大往小來。則是天地不交，而萬物不通也。上下不交而天下无邦也。內陰而外陽，內柔而外剛，內小人而外君子，小人道長，君子道消也。

象傳：天地不交，否，君子以儉德辟難，不可榮以祿。

虞翻：陰消乾又反泰也。謂三比坤滅乾，以臣弒其君，子弒其父，故日匪人。陰來滅陽，君子道消，故不利君子貞。陰信陽詘，故大往小來，則是天地不交而萬物不通，與比三同義。　傳象君子以儉德辟難：君子謂乾。坤爲營，乾爲祿，難爲坤爲弒君故，以儉德辟難。巽爲入，伏乾爲遠，艮爲山，体遯象，謂辟難遠遁入山，故不可營以祿。營或作榮，儉，或作險。

崔憬傳彖：否不通也。於不通之時，小人道長，故云匪人。君子道消，故不利君子貞。又云：君臣乖阻，取亂之道，故无邦。君子在野，小大在位也。

蜀才傳彖：此本乾卦大往，陽往而消；小來，陰來而息。

何妥傳彖：天地不交，此明天道否也。傳上下不交曰：此明人事否也。泰中言志同，否中云无邦，言人志不同，必致離散而亂邦國。

宋衷傳象：天地不交，猶君臣不接，天氣上升而不下降，地氣沈下又不上升，二氣特隔，故云否也。

孔穎達正義：言否閉之世，非是人道交通之時，故云匪人。由小人道長，君子道消，故不利君子爲正也。陽氣往而陰氣來，故云大往小來。陽主生息，故稱大。陰主消耗，故稱小。

程頤：凡天地之中者皆人道也，天地不交則不生萬物，是无人道故曰匪人。謂匪人道也。消息闔闢，相因而不息，泰極則復，否終則傾，无常而不變之理，人道豈能无也！上下交通、剛柔相會、君子之道也，否則反是。故不利君子貞。君子正道否塞不行也。大往小來，陽往陰來也。小人道長，君子道消之象，故為否也。傳彖及象云：上施政以治民，民戴君而從命，上下相交所以治安也。今上下不交，小人得志之時，君子居顯榮之地，宜晦處窮約也。

張載：蓋言上下不交，便天下无邦，以不成國體也。於否之時，則天下无邦也。

蘇軾：春秋傳曰，不有君子，其能國乎？君子道消，雖有國與无同矣。

朱熹：否，閉塞也，七月之卦。與泰反故曰匪人，謂非人道也。其占不利君子正道。蓋乾外，坤內。自漸卦來。或疑之匪人三字衍文，由比六三而誤也。傳不特解其義亦可見。

項安世：以天道言之，內陰外陽則死。以人道言之，內柔外剛則為小人。以世道言之，內小人外君子則為亂世。合而言之，消字而已！否則君子道消，小人道長。否之匪人，言否塞不通，无復人理也。以一身言之則為匪人，天下言之則為无邦，上下不交，陰陽斷絕，其惡如此。不利君子貞，當循君子之義，儉德以退避，若欲正之，使變塞為通，必无可免之理。否有所不利，小人得志，必害君子。

朱震：天地相交，是生萬物，其卦為泰。人在其中，為天地萬物之主。天地當交，否之匪人道，則人道絕滅。初三四上不正、二五正。正者少，不正者眾，小人多也。難乎免於衰世、故曰不利君子貞。大者自內而往，小者自外而來，乾坤不交、震反成艮、艮，萬物之終，故萬物不通。坤在上爲邦，在下爲邑、上下不交，坤反於下，民困主不恤、下怨而上不知，俗敗政不修，內外塞矣。以氣言，內陰外陽，乾闔而坤；以形言，內柔外剛，氣反而死。小人道長，君子曰消，禍至空國无君子，極坤疑乾，君臣相傷，故聖人於此終言之。　象雖有厚祿，不可榮之之象。

李衡引牧：危言危行，禍斯及矣。宜遜以避難，无自立辟也。　引胡：非人之常道。引何妥傳彖：泰中言志同，否中言无邦者，言人志不同，必致乖散而亂邦國也。　引介：否之者匪人也，天也，故君子遇此，則儉德辟難而不憂，樂天而已！匪人非爲致否言，爲君子遇否者言之也。　引胡傳象：不可與小人並立，但守儉素之德，不得已而仕，則不可居重位，享重祿，可全己遠害。　引袁建：儉恡其德，不可强施於小人之眾也。卷而懷之，可施則施、韜光晦跡則難可避也。

梁　寅：乾上坤下，尊卑得所。卦爲否者，二氣不交而閉塞故也。人事言，陰小人主內，陽君子居外，此天地塞、賢人隱之時。否之匪人，言當否運者匪其人。居其位非其人，君子正道不利，故大往而小來。

來知德：言否之者非人也，乃天也。即大往小來。不利者即彖萬物不通，天下无邦，道長道消也。君子貞者即，儉德避難，不可榮以祿也。大往小來，否泰相綜，陽往居外，陰來居內。否之匪人者天數也。孔之與命，孟子之命也皆宗文王匪人之句，君子貞人事也。孔孟進禮退義，守君子之貞。

又否之者匪人乃天也，占者不利，丁否運君子豈容智力于間哉！惟當守其正而已。

王夫之：否塞也。天地高下本分定，邪人據地之利，尸人之功而絕天。否之者乃匪人也。君子秉剛居外無不正，小人否之，不利必矣。不利君子貞，非利小人之不貞，亦非君子可不正。陰據要津，君子無所往而得利。貞且不利，況可不貞乎！大往小來，各歸其位，所以否也。傳彖：匪人乘權，君臣義絕，賢姦倒置，聖人無可如何者。　傳象：百里奚不諫虞公、孟子不復發棠、用否道以應否勢，不嫌絕物矣。

李光地：言君子之正道不可一日無也。若否時之匪人，則以君子之貞爲不利而必欲害之。或以不利君子貞，爲戒君子之辭，然君子之貞隨時消息，豈有不利者乎！故屬之匪人爲是。

毛西河：否之匪人，言否卦中之小人也。

李　塨：否時之非人，尚利君子貞乎？滔滔者天下皆是，故曰无邦。內柔而外剛，所謂色厲而內荏也。

吳汝綸：王介甫云否之者非人也，天也。貞、占也。不利君子之占。易之君子小人多以位言，易爲君子謀。獨彖傳之言消長則以德言之，乃推論及此，非經指也。

丁　晏：儉德，儉或作險。榮以祿，虞翻作營以祿。字亦通。荀子富國篇下儉注讀爲險。

李富孫：榮營漢時二字互異，皆以音同形似而易雜爾。

杭心齋：泰極則否，物極必反也。上天下澤，非天地定位之當然乎！聖人命之爲否，憂天下後世至矣。二至四爲艮，複象巽、遯、姤、漸、剝、觀，均與泰相反，尊者愈尊，卑者愈卑，於是小人道長，君子道消，天下事不可問矣！然物無終否，天有厭亂之機，人有悔禍之日，亂極正致治機也。

丁壽昌：否卦消息七月。否，不通、小人道長，故云匪人。君子道消，故不利君子貞也。匪人、非人。呂藍田曰、非其人者，惡正醜直。王童谿曰、非君子人也。後世稱小人爲匪人，古無此義。

馬通伯：姚配中曰、任匪人也，失賢而任匪人者亡。

劉次源：陰柔匪人，陰盛逐陽，鬱而成否。宜貞固自守、大往小來、往非永逝、无往不復、傾否可俟。雜卦伏益，否于上已益于下，可以觀天意。

李　郁：否爲亂世之卦。否者人事不合天則也。不忠、不義、不孝、不貞、不誠，苟免无恥，此世變之至極、正氣之銷亡。以九五爲卦主。

曹爲霖：大小之往來，君子小人進退消長耳。宋神宗用王安石、罷司空侍中韓琦、宋史廣義曰，此泰之終否之初也。

薛嘉穎：引李氏曰否之時用事的都不是人也。異乎己者則不利。君子往，小人來，天地否矣。人事上則上下之情不交。上下乖離，豈復成個世界，有邦與无邦同。

楊樹達：夫惡猶疾也，攻之則益悛、不攻則日甚，故君子相求，非特興善，將以攻惡。惡不廢則善不興，自然之道也。易曰「否之匪人，不利君子。」陰長陽消之謂也。

胡樸安：孟子曰天下之生久矣，一治一亂。此歷史必然之事。否、閉、隔、塞，不通。上下相交之路不通。貞，事也、劉向傳否者、閉而亂是也。萬物不通如水旱飢饉之類。內自卑而愈柔，外以尊而愈剛、此否之必亂也。

高　亨：使不肖者閉而不通，是否其所當否也，使賢者閉而不通，是否其所不當否也。否其所不當，是謂否之匪人，賢者斥、國政亂、君位危矣。大往小來，失者大，得者小，筮遇此卦、將失大得小。

徐世大：（逆運）：壞運的框人哪，不宜於先生們。長久。用途大，進款小。說文不，云鳥飛上翔不下來也。去而不來，可爲逆運之註腳。

惠士奇：內三爻皆小人。小人志在君必長君逢君，從君不從道。

伊藤長胤：人之爲道，不過是非二端，知否塞之凶則知不仁之爲逆德、則知不善之可改。內荏而外厲，親小人而疏君子，皆爲否也。君子當收斂其德、不可以爵祿見寵榮也。

屈萬里：不可營以祿者，世莫能惑以祿也。兩漢相傳之本，多作營惑之營、作榮者、假借字也。辟，古避字。

傅隸樸：否的時代不是講人道的時代，屈原見逐，尙官得寵。見於政事，便是君民隔絕。陽外即君子投閒置散、陰內即是小人居中用事。君子當窮約自處。

黃慶萱：否泰卦陰陽相變，循環不止。使人陷輪迴、宿命消極中、決非易本意。天地氣不交、上下心不接、人心渙散，不能安定國家。外三陽示內心虛弱外表倔强，小人排拒君子。在閉塞時不講求作人道理的時候，不利遵守正通。

徐芹庭：否之者天也，由於天數、君子丁玆否運之世，惟守正以避難耳、進禮退義、歛其道德之光，避小人禍，三陽出居外，避難之象也。

沙少海：上下閉塞，整個社會將回到鴻荒時代的原始狀態，否之匪人，幹壞事的敗類，對守正道的君子是不利的，隱居不仕，逃避禍難。

金景芳：「之匪人」三字，朱子認爲衍文，相傳的本子都有，查愼行就不同意朱子之說。否卦君子居外正是君子道消時候。這卦是告訴你在否時怎麼做。榮作營、我看不一定對。

林漢仕案：「否之匪人」所以示人者在否與匪人之義，想當然之辭耳，試排列易家組合之卦象與卦義以明究竟：

彖以「天地不交、萬物不通，內小人，外君子，小人道長君子道消」釋卦義。

虞翻謂陰消陽又反泰，以臣弒君、子弒父，故曰匪人。

崔憬云否不通、小人道長，故云匪人。

何妥：天地不交、天道否也；上下不交、人事否也。志不同而亂邦國。

宋衷：天地不交猶君臣不接。天氣上、地氣下、二氣隔故否也。

孔穎達正義：否閉之世，非人道交通之時，故云匪人。

程頤：天地不交則不生萬物，故曰匪人道也。

張載：上下不交，不成國體，天下无邦也。

朱熹：否，閉塞也。與泰反故曰匪人，謂匪人道也。或疑「之匪人」三字衍文，傳不特解其義亦可見。

項安世：言否塞不通，无復人理，以一身言之則爲匪人。

朱震：否之匪人道則人道絕滅。

李衡引胡：非人之常道。引介：否之者匪人也，天也。匪人非爲致否，爲君子遇否言之也。

梁寅：乾上坤下，尊卑得所。卦爲否、則二氣不交，天地塞，賢人隱之時。否之匪人，言當否運者匪其人，居其位，非其人……

來知德：否之匪人者天數，孔子與命，孟子之命也，皆宗文王匪人之句。又占者丁否運不利、匪人乃天也。

王夫之：否，塞也。天地高下本定分，邪人據地利尸人功而絕天，否之者乃匪人也。

李光地：若否時之匪人、屬之匪人爲是。

毛大可：否之匪人、言否卦中之小人也。

李塨：否時之非人、尙利君子貞乎？

丁壽昌：否，不通，小人道長、故云匪人，非人也。惡正醜直。後世稱小人爲匪人，古無此義。

馬通伯引曰：任匪人也，失賢而任匪人者亡。

劉次源：陰柔匪人。
李郁：否爲亂世之卦、否者人事不合天則也。不忠不孝。世變之極，正氣銷亡。
曹爲霖：宋神宗用王安石，宋史廣義曰此泰之終否之初也。
薛嘉穎：否時用事的都不是人。
胡樸安：一治一亂，歷史必然之事，否閉不通，此否之必亂也。
高亨：使不肖者閉不通，是否所當否；使賢者閉不通，是否不當否。否不當是謂否之匪人。賢者斥，國亂君危。
徐世大：壞運框人，不宜先生們。不、鳥飛不下來可爲壞運注腳。
惠士奇：小人從君不從道。
伊籐長胤：親小人、疏君子爲否。
傅隸樸：否的時代不是講人道的時代、屈原見逐，尙官得寵。君民隔絕、君子投閑。
黃慶萱：否泰卦陰陽相變、循環不已，使人陷入輪迴宿命中，決非易本意。天地氣不交、上下不接、人心渙散、不能安定國家。
徐芹庭：否之者天也、君子丁茲否運之世。惟守正避難。
沙少海：上下閉塞、整個社會將回到鴻荒時代的原始狀態。
金景芳：「之匪人」朱子認爲衍文、相傳的本子都有、查愼行就不同意朱子之說。否卦君子居外正是君子道消時候。

易傳大家之著論皆圍著卦爻彖象轉，平日所謂時位比應之取象一概棄而不顧、即王輔嗣說易多取應爻爲義者，於否之時、默而未著一字。李光地謂「若逐爻必以應言，恐非周公之意，亦非孔子所以釋經之旨也。」是以各家得以「方便」發揮，馬通伯論爻位、上宗廟師傅；五君；四公，近臣；三侯；二卿大夫；初士民。上五三才天位，四三人位，二初地位。初四應、二五應、三上應、又必一陰一陽相感然後應，俱陰俱陽則不應。又初爲本爲始、初上對觀、二五對觀、三四對觀、此即反對之理。杭辛齋稱一卦六爻、初爲足爲趾；二爲脛爲股、三四爲心爲腹，上五爲首爲面。又云六爻各有變化、位有方位，貴賤之位，地位，千態萬狀，知幾其神，易始可言矣。李光地論爻應謂上下兩體，陰陽相求固其正，而不繫於應。二五之應最吉、初四間有取焉、三上取義絕少，易道陰暗求陽明、於九五六二則時義所當，亦有相助之善、往往有戒辭焉。

準上論爻之位應，則彖之所謂「天地不交，萬物不通」是想象之辭，䷋否，以下陰求上陽，雖非正品、亦時義之所當，所謂每爻皆應也，雖非六位時成之䷿未濟，八卦正位之䷾既濟，兩卦合看則爲爻位體用合圖、其相應即有相助之善。而易家不取爻象、第以彖辭天地不交發撝者何妥、宋衷、程頤、黃慶萱等是也，既舍比應說卦，又棄卦辭而只循彖也、俗稱吠影也，梁寅謂乾上坤下，尊卑得所。而其下文，又有於二氣之不交也。曹爲霖以宋神宗用王安石爲否始，是眞儒者之見也。諸葛亮不明分工使長之秘，第誣「儒者筆下千言，胸中實無一策。」此儒者清儒也，既不通經濟，又不明機械、醫術、化學、工農之用。王安石王道之術不行，令後世只知因循之腐儒有籍口保守之資、安石之敗，固非政策之誤，又其人人格，豈稍遜司馬、歐陽子哉：曹爲霖引譬之不當也。朱子疑「之匪人」三字爲衍文，是宋人讀經率眞也，朱子不敢「奮筆直改浴爲沿」，然其疑，正說明「否之匪人」如爲匪？雖然金景芳稱「相傳的本子都有，查愼行就不同意朱子之說。」然試比較各家「否之匪人」，即不難知朱子之讀易解易，非爲無的之矢也。

否之匪人、各家之解，彙輯如上，六爻中何者爲匪人？虞翻泛指「臣弒君，子弒父。」初二三四皆臣位，未知如何弒也！以否不通、閉塞，非人道交通之時爲匪人，彖象之義也。朱子之「匪人道。」項安世「無復人理。」朱震之「人道滅絕。」李衡引「非人之常道。」「匪人也，天也，匪人非爲致否，君子遇否。」梁寅之「言當否運者匪其人，居其位，非其人……」來知德「否之匪人者天數，占者丁否運不利，匪人乃天也。」王夫之「否之者乃匪人也。」李光地「若否時之匪人……故屬之匪人爲是。」毛奇齡「言卦中之小人也。」丁壽昌「匪人、非人也，惡正醜直，後世稱小人爲匪人、古無此義。」馬通伯「任匪人者亡。」劉次源「陰柔匪人。」曹爲霖「宋神宗用王安石爲泰終否初。」薛嘉穎「否時用事的都不是人。」伊籐長胤「親小人疏君子爲否。」

彖象泛指非人道之時爲匪人、故以否不通、閉塞爲泛象，匪、非也、匪人道、無復人理，人道滅絕，非人之常道，天也，君子遇否。以上蓋謂朝綱不振、大環境險惡，是非不分，空氣窒息，居位者之貪狠顢頇，更有助桀爲虐者狼狼橫行，故君子不樂居也，君子遇否也！然「匪其人」仍未指實、至梁寅始明點當否運者匪其人、居其位非其人。匪人乃有位者矣，白居易詩「李義府輩笑欣欣，笑中有刀潛殺人。……不測人間笑是嗔。」正乃宰相忍人人貓之寫照，笑死怒生，好惡與人相反也。來知德一轉、以爲占者丁否運不利，是謂匪人力可以左右者，天實爲之也。匪人蓋謂匪人力矣！他如卦中小人，匪正醜直者，傅隸橫謂屈原見逐，倘官得寵，是一代言之也。伊尹何在！孟子謂伊尹聖之任者，治亦進，亂亦進，彼將以先知覺後知，先覺覺後覺、焉有遇否之時候！蓋所遇皆賢君也，所治皆賢民也。有大能覺格君非，故不以治、亂，爲治亂，恃我有大能也。文王、聖王，孔子、素王，皆聖人也、亦有莫可奈何之時遇矣！時可。行可，見可，際可之無入而不自得之美譽皆有所不可矣！觀爻辭初之有貞吉亨、二之亨、四之无咎、五之大人吉，上之後喜。各家以天地閉賢人隱、同情賢者之不遭賢王之世爲著墨者多，以爻比應，即有相助之善著墨者少，可否爲之言「賢人隱，故天地閉」邪！賢者如有人世之心，眾賢皆有伊尹之志，不以避世獨善爲高，世道仍有可爲也，逆局仍有可緩轉也。孟浩然之「北闕休上書，南山歸敝廬，不才明主棄，多病故人疏。」是欲進言退也，其心態正乃千百儒者心態。孟子之謂自棄者乎！自暴不可有爲，自棄亦不可有爲也。占者遇否卦、「之匪人」，所之皆匪人。周遭皆與已不同其志者也，非謂皆匪人也。設占者爲倘官，爲李義府，爲王安石，其所遇匪人，匪人爲屈原，爲韓琦，司馬光、歐陽修矣！君子謂易不爲小人謀，孰爲小人？你？我？無「爲生民立命，爲萬世開太平」者皆小人也！易不爲廟堂諸公專有，秦火之不焰可爲之證也。否時所遇匪已同道之人，我若爲小人邪，我知生存之道，逢迎拍合有餘刃焉；我爲君子邪，卦辭儆之曰「不利君子貞。」是君子亦宜「大往小來，」與在位者「打哈哈」，內方外圓，亦生存之道。劃清界限，是自我標榜清流，自絕於人也，焉避害！或謂君子貞爲句，不利爲句。來知德謂不利者，即彖萬物不通道消也！君子貞，人事也。亦通。君子人之爲頂天立地，所謂「入水不溺，入火不傷。」正乃人間楷模也，觀晏嬰之哭齊莊公，崔杼不能害也。朱子之「之匪人」爲衍文，則不利上讀，與來知德之君子貞，君子正德即可正俗，作中流砥柱矣，不以一身安危計也！爲萬世計，文天祥其人乎！滔滔者天下皆是也，中心有所從矣！易家之言不利君子貞，隱晦韜光，卷而懷之，皆爲個人計較多，爲大眾層面計較少，聖人亦黨君子矣！各家宏文在，請讀者諸君細味可也。

初六，拔茅茹，以其彙，貞，吉，亨。

象：拔茅貞吉，志在君也。

荀爽：拔茅茹，取其相連彙者類也。合體同包、謂坤三爻同類相連欲在下也。貞者正也。謂正居其所則吉也。

九家易傳象：陰志在下，欲承君也。

李鼎祚案：初六巽爻，巽爲草木。陽爻爲木，陰爻爲草初六陰爻，草矛之象也。

王弼：居否之初，處順之始，爲類之首也。順非建也，可可以正，居否之時，動則入邪，三陰同道，皆不可進，故茅茹以類，貞而不諂則吉亨。

孔穎達：居處未可以動，動則入邪、不敢前進、三陰皆然，猶若拔茅牽連其根相茹也。已若不進，餘皆從之。守正而居，志在於君，乃得吉而亨通。

程頤：茅有牽連之象，故泰否皆取以象。泰時同征爲吉，否時同貞爲亨。易隨時取義，變動无常。否時在下君子，三陰皆上應，初六能與其類貞固其節，則處否之吉，其道之亨也。當否而能進者小人也。君子則伸道免禍而已！君子進退，未嘗不與其類同也。

張載：柔順處下，否以靜者也。能以類正吉而必亨，不事苟合、志在得主歟！

東坡：自泰爲否，否爲泰，陰陽易位，未有不志於復，既復未有不安其位。故泰有征，否无征、苟无征則終无泰也而可乎！故坤處內而不忘貞於乾，斯以爲泰之漸矣。故亨。

朱熹：三陰在下，當否之時，小人連類以進之象。初之惡未形，故戒其貞則吉而亨，蓋能如是，則變爲君子矣。

項安世：乾初爻震，坤初爻動亦爲震，震草在下，艮手反拔之，否泰初爻皆有拔茅之象，否取變象，言小人能變爲君子。陰陽皆以類進退，故否泰之初皆稱彙。主下三爻之進退也。

朱震：初六自下引九四，以退有艮巽，艮爲手，拔也，巽爲白，上柔下剛，潔白者茅也。茹九四之剛也。三陽同類，以其彙也。四應初，正也，得處否之吉。身伏道亨。君子之退，小人得志，安於下以俟復、未嘗一日忘君。君子屈能伸，退能進，此否所以爲泰之本歟！

李衡引胡：引類而退，守以正道。引牧：三陰同體，志在從陽。引介：如有用我者，則以其類往矣。

梁　寅：三陰亦取拔茅之象。初進在二陰之後、處卑位，罪惡未形，苟能持正，亦君子矣，其吉亨宜哉。

來知德：變震爲蕃，茅茹之象。貞者上有九五剛健之君，三陰牽連志于君則貞矣，小人從君子豈不貞！吉而且亨之道也。

王夫之：三陰連類相挾以據內，有拔茅茹以其彙之象。初六柔居下、不党同伐異而思上，應乎陽故貞而得吉，以有亨通之理而吉也。

李光地：否之拔茅，拔而退也。見幾而作，歛德辟難，所謂貞也。遠小人之害，故吉，守道俟時，故又有亨道。

毛西河：茅茹拔不可征，貞則有守，志不在彙而在君。互巽爲茅，故三爲茅、初爲茹，與泰同。

李　塨：爻變震爲蕃，亦有茅茹之象。初安於下與上應，則拔茅茹，以其彙，雖與泰初同而不征。守正不在彙而在君，吉亨之道也。乾爲君。

丁壽昌：折中云聖人雖許小人改過，恐繫吉亨之理。李資州曰、初六巽爻，草茅之象。蘇蒿坪初變震，震草忙莽亦茅象。

馬通伯：胡一桂曰互巽爲茅、泰三陽象根、否三陰象根。

劉次源：初變震與乾同氣，消弭二三，拔茅以彙，貞固自守，可以復泰，故有亨道。

李　郁：三陰俱長故以其彙。初之四得位故貞吉，陰陽交故亨。

曹爲霖：仲長統所謂信任親愛者、盡佞諂容悅之人；寵貴隆豐者，皆后妃姬妾之族，遂至熬天下脂膏，怨毒無聊，禍亂疊起，土崩瓦解，一朝而去者也。不如是不足以成否。

胡樸安：否之初以正行亨也，否之吉志在君，思有匡救君德也。

高　亨：養其所需以備取用之象。亨即享字，古人行享祀，筮遇此爻，故記之曰亨。

徐世大：「禍不單行」爲拔茅茹之象。吉亨者自慰之辭，言世無久否。

伊藤長胤：否時與陰皆應乎上也。苟以貞自守則吉而得亨。蓋否時道不行，材柔則守易移，得君則志易滿，所以戒貞也。

傅隸樸：就爻義言，居否之下者都是君子，初有九四之應，本可進不肯進，爲守正處約之象。不是圖一身之逸、乃留有用之身、待可爲之時，故曰志在君也。

黃慶萱：小人相連出現，切忌驚慌失措，必須守常不移，就能得吉而亨通。

徐芹庭：變震爲蕃，茅茹之象。初在下，三陽同體、能牽連志九五剛健休否之君，正而且吉，能亨通者也。

沙少海：意謂治田者拔去茅草之根及其同類雜草，以免妨害庄稼、其事正、結果吉、這是說否已轉化爲泰。比喻大臣除去君側小人、志在爲君盡忠，爲國效勞。

金景芳：征是動的意思，征吉，前進則吉。貞，固也，固守不前進。亨是道亨。否貞與泰征意思相反。

林漢仕案：拔茅茹，以其彙，貞吉亨。爻辭與泰初九全同、泰初九爻：拔茅茹，以其彙，征吉。象辭：拔茅征吉，志在外也。否初九象辭：拔茅，貞吉，志在君也。爻辭與象辭之意如此之近、無怪乎項安世泰否同論，然易否是否，泰是泰、各有力點、今仍依各大家之見分述如后：

「拔茅茹、以其彙。」各家在否言否之意，荀爽謂「取其相連彙者類也，謂坤三爻同類相連欲在下也。」

九家易：陰志在下，欲承君也。

王弼：否初順始，何可征，三陰同道、故茅茹以類。

孔穎達：未可動，動入邪，三陰猶茅牽，其根相茹也。

程頤：茅有牽連之象，初六與其類貞固其節、與其類同也。

朱熹：三陰在下，小人連類以進之象。

項安世：否泰初爻皆有拔茅之象，否取變象，言小人能變爲君子。初皆稱彙、主下三爻之進退也。

李衡引胡：引類而退、守以正道。又引曰三陰同體、志在從陽。

來知德：變震爲蕃、茅茹之象。三陰牽連志子君則貞矣。

王夫之：三陰連類相挾以據內、有拔茅茹以其彙之象。

李光地：否之拔茅，拔而退也。
毛西何：茅茹拔、不可征、志不在彙。三茅，初茹。
劉次源：變震與乾同氣，消弭二三、拔茅以彙。
李郁：三陰俱長、故以其彙。
高亨：養其所需以備取用之象。
徐世大：禍不單行爲拔茅茹之象。
黃慶萱：小人相連出現。
徐芹庭：變震爲蕃，茅茹之象，初在下，三陽同體，能牽連志九五君……
沙少海：治田拔去茅草之根及其同類雜草，比喻大臣除去君側小人。

茹義依經籍纂詁引有：①食也。②菜也。③茅根。④相牽引之貌。⑤蘆茅蒐也。⑥蘆蒨草也。⑦一名茜、一名地血，徐州人謂之牛蔓、⑧臭敗之義。⑨度也。⑩說文飤馬也。易家取茹義不出此、而李鼎祚覓象、見巽有「爲木」二字，即意斷陽爻爲木，陰爻爲草，而巽與天地否卦何涉！只是否初爲六，即以巽下斷視之同巽也。不知坎亦有木、艮亦有木、離亦有木，而孟氏逸象更明依說卦震有萑葦而廣象曰草莽，巽更有白茅爲蘭、爲草莽、爲葛藟。坎有蒺藜，棘七。有象則卦可變以應象，隨女錯綜、半象、總可附會而見象也，象之不可恃如是。試看項安世云：坤初爻動亦爲震，來知德即稱變震爲蕃，來氏之象已不可靠，況以來氏爲研究者耶！朱震取巽爲白、如逸白茅爲象、就逸象找象、亦高於李鼎祚依易說卦巽有木而造新象：陽爲木、坤爲草。朱震之茹九四之剛，三陽同類、以其彙。所以茹者、相牽引之貌乎？初爲四所牽引，則連類六位一體矣！蓋陰陽同爲彙矣。若謂茹、食也，度也，則義當別裁，而徐氏芹庭所謂「初在下，三陽同體、能牽連九五剛健休否之君」，依朱震之「三陽同類」抑依李衡引牧「三陰同體。」或來氏之「三陰牽連志于君」，其所謂初應四，四五上三陽同體。既已同體，則吉凶休咎同，焉來否？亦焉來泰？否泰一體矣。所謂否極泰來者，否有否時，泰有泰時，怎可一鍋熟，鹹甜不分！朱子、黃氏慶萱即謂「小人連類」也！

茹、毛大可云三茅，初茹、荀爽謂取其相連彙者類也。

王弼謂茅茹以類，是茹爲茅根，本爲一體，毛奇齡故以下卦之上，三爲茅，初爲茹，則其所謂彙類者，同株茅也，所連類者，莖葉根也。沙少海稱「治田拔茅草之根及其同類雜草。」「及其同類雜草」乃衍生當然之辭也。此說亦由來有自，程頤即謂茅草有牽連之象。朱熹：小人連類以進之象。拔茅茹，取其連類之義，不若取除惡務盡之義爲長。古書之釋，可理解而未必愜，如「爲長者折枝。」有三解：折腰枝，鞠躬也；按摩疲肢；折樹枝。望其文，析其義，朱子之折樹枝最爲通俗可悟，然爲長者攀折樹枝，舍譬作容易之外，可有啓發教育之內涵？是飢不擇食，引譬非類也，折樹枝給長者墊地而坐如晏嬰之諷齊王？抑折樹枝爲長者驅蚊蠅？是朱子之議不如折腰肢、按摩疲肢也！同理，拔茅茹，與其取連彙類一義，毋寧取去莠草、連根拔去、除惡務盡也！

否之惡有天來，有本生。天來者、卦名否、是值否運也，卦辭即謂「否之匪人，不利君子。」有本生、人之初、善惡天生而同源、陽明所謂「無善無惡心之體，有善有惡意之動，知善去惡是良知，爲善去惡是格物。」不下工夫格物而盼去人欲者，象山先生直攻本心之流弊也，孟荀性善惡論，殊途同歸、順勉與勵責、皆所以防「野火吹又生」之匪人之思，故拔茅茹以其彙者、普遍之基礎教育、欲去人欲而存天理也。除惡務盡也，初在下爲萬民，爲基層，爲被領導者，基礎教育入手工夫正，做得澈底，則所謂「一代强如一代隆」可預見，社會美景之來非奢望也，故爻辭貞、吉、亨。貞之謂正也，貞之謂卜也，貞之謂貞固也，謂定也，皆所以吉亨之道。否時復建工作第一步，步出否運，邁向可喜之未來。

六二，包承，小人吉，大人否，亨。

象：大人否、亨。不亂群也。

荀爽：二與四同功，爲四所包，故曰包承。小人二也，謂一爻獨居閒，象相承得繫丁陽故吉也。大人謂五，乾坤分體，天地否隔，故曰大人否。二五相應，否義得通，故曰否亨矣。

虞翻傳象：否，不也。物三稱群，謂坤，三陰亂弒君，大人不從，故不亂群也。

王弼：居否之世而得其位、用其至順，包承於上，小人路通，內柔外剛，大人否之，其道乃亨。

孔穎達：居否之時，小人路通，故於小人爲吉也。大人否亨者，若大人用此包承之德，能否閉小人之吉，其道乃亨。

程頤：六二其質則陰柔，其居則中正。以陰柔小人而言，則方否於下，志所包畜者，在承順乎上以求濟其否，爲身之利，小人之吉也。大人當否，則以道自處，豈肯枉己屈道，承順於上！唯自守其否而已，身之否乃其道之亨也。或曰上下不交，何所承乎？曰正則否矣，小人順上之心未嘗无也。

張載：處二陰之間、上順下容，衆下可異，故其道否乃亨。

蘇東坡：陰得其位，欲包群陽而以承順取之，上說其順而不知其害，此小人之吉也。大人欲濟斯世出爭，君莫之信，小人所疾，故莫如大人否退。及群分類別正，未有不勝者也，故亨。

朱熹：陰柔而中正，小人能苞容承順乎君子之象、小人之吉道也。故占者小人如是則吉、大人則當安守其否而後道亨。蓋不可以彼苞承於我而自失其守也。

項安世：易中稱包，皆謂陽包陰也。否之六二，君子自上而包下，小人在下承之，故曰包承。承者下載上之名也。否之小人，亦足致吉者，得中不爲已甚之事也。君子否時欲包，小人受，其承大人，能於否中致亨，涅不緇，磨不磷，不亂群也。君子之儉德常道，辟難而已！包字指五。

朱震：五包二，二承之，包承也。六二在否時，得位在內，小人也。順以承上，小人之正也，故曰小人吉。九五中正在外，不亂於小人之群。和不亂，群不流、大人處否而亨歟！

李衡引胡：六二居否之時、小人見用者也。能包其柔順便佞之心以奉承於上、是以吉。若夫大德，大才之人、以正自守，卷懷道德，不爲世俗所變，而雜於小人之中，傃患難，行乎患難，是大人君子行否之道所以亨也。　引昭：正在小人群行之中，上下皆小人、若不包容和順其上下。必遇疾害。

梁　寅：三陰所處高下見其惡之淺深。二應五，已居位任事，處中正猶能包容承順君子、小人之吉也。大人當此時，其身雖否，其道自亨。幸小人包承，亦君子之亨也。

來知德：包承者包乎初也。二乃初之承，言將承包之也。大來乎下曰包荒，小來乎下曰包承，小人爲群不害大人爲群。在小人有不害正之吉，在大人則身否而道亨也。

王夫之：與九五相應而承之也。大人，剛正之君子也。小人得位行志，承順乎陽而應之，吉矣！否，下三陰與上不交，皆以應言之。聖人贊易扶陽抑陰、不欲陰怙惡自絕。

李光地：二三兩爻皆以上下不交取象。上下不交之時，蓋有蓄志承順以求交者，此唯細人婦寺之類行之，得其本分而吉。大人則斂德辟難，身否而後道亨也。

毛西河：將用其包幷之量欲上包陽，必不可包，乃徒包其承己之小人爲群、在小人則吉。大人肯亂其群哉！不亂故否，故亨，小人都不可與作緣也。包承作兩事解不通。朱升以承作脀牛牲也，謂苞苴餽遺之事。

李　塨：六二之陰、小人也而得中得正，其所包藏者，乃欲承順乎五。五居乾中爲大人，小人承之，不其吉乎。大人與大人爲群，不亂故否，亦惟不亂故亨。

吳汝綸：包承、包羞、說者依文生訓，最爲不詞。吳幼淸云、承當爲脀，牲之正體，羞者、食之加品、非正品也。然則包當讀爲庖、庖脀，賤有司之職，行禮之所有事，故曰小人吉。籩豆之事則有司存、故大人否亨否，不也。

丁壽昌：蘇蒿坪曰、包坤象、互艮爲手，承象，小人坤象，大人取變坎、剛中之象。九二亦稱大人、蘇說是也。

馬通伯：彭申甫曰、承者二承五，包者五包二。胡遠濬曰、不亂群者上下各安其分也。泰天包地，否地爲天所包。在卦義爲不交，在爻位二五得正。陰陽不亂。

伊藤長胤：包承者，包藏承順也。陰柔中正應五、與其類同爲諸陽所包，陰柔小人唯奉承致身則吉。爲容悅者正是包承之人，大人者正已而物正、晦處窮約、身否道亨。

劉次源：二陰中正，能包乾施，恭順承上、小人吉也。大人雖否否而道亨，不可因彼包承而移也。不亂群不汙彼也。

李　郁：二獨承五故曰包承。小人指陰，大人謂五、九五降身從二，是自亂其群。

曹爲霖：諸家以小人包容承順君子爲說、余不謂然。如狄梁公于武后朝，桃李盡在公門，參朮備于藥籠，卒成休否傾否之功，此六二包承實象也。不亂群，不君子小人參用也。

胡樸安：說文承、奉也。奉承也。奉、承義同，皆下奉承以進上、小人以說君爲事，於小人本身吉；大人以匡君爲事，於大人本身則否。大人不入小人之群，故曰不亂群。

高　亨：釋詁包裹也。承疑讀爲脀，說文脀、騃也从肉丞聲。从肉本義當屬肉、國語之烝即脀。包脀者以茅葦包脀肉也。小人包脀、雖無鼎俎，尙有肉，是小裕之象；大人雖有脀肉，已無鼎俎，是大貧之象。亨即享。

徐世大：苞訓庖、廚房垃圾箱，百姓倒好，大人豈甘受此。

屈萬里：包，取也。承、順也。小人能含容奉承。否，熹平石經作不。承順者，承順乎君子。

傅隸樸：六二具備了雙重人格、一陰柔小人，一爲大人中正之位。處否時脅肩諂笑，包爲滿的意思。大人不會枉道事君，君子固窮，不與群小爲伍，伯夷清即不亂群的行爲。

黃慶萱：包承蓄志奉承的意思，小人說其占爲吉。小人存心巴結，自有收穫；大人不屑奉承、其占爲否，卻能流芳萬世。大人出污泥而不染，不因處小人群中而迷亂啊！

徐芹庭：二乃初之承。包承者，包乎初也。否者不榮以祿，小人爲群不上害大人，小人得不害正之吉，大人身否道亨。不亂群者陰來陽往，兩不相交。

金景芳：小人在否時，其象是包承，小人得吉。大人否才能否，所亨是道，不亂群，大人不與小人同類。

沙少海：小人庖中有肉，生活好轉。不亂群，是說辨別貴賤上下，健群眾各守職位，不相紊亂。

林漢仕案：古文字組合，其義界未安，則其辭流行不能廣遠、胡適先生所謂「死文字」也。包承二字，合之則兩傷，蓋其義晦，茲集各家大觀共爲咀嚼：

荀爽：二爲四所包，二小人。

王弼：居否用順、包承於上，小人路通……。

孔穎達：大人用此包承之德，否閉小人之吉。

程頤：六二質柔居正，陰柔小人，志所包畜者在承順乎上以求濟否，小人順上之心未嘗无也。

蘇軾：陰得位，欲包群陽而承順取之。

朱熹：小人能苞容承順乎君子之象。

項安世：易中稱包，陽包陰也。君子自上包下，小人在下承之，故曰包承。承者，下載上之名也，故曰包承。

朱震：五包二，二承之，包承也。

李衡引：六二小人包其柔順便佞之心奉承於上。　引昭：在小人群中，上下皆小人，若不包容和順其上下，必遇疾害。

梁寅：二居位任事，能包容承順君子。

來知德：包承者，包乎初也，二乃初之承。

王夫之：與九五相應而承之，小人承順乎陽而應之。

李光地：二三兩爻皆上下不交取象，蓄志承順求交者，唯細人婦寺之類行之。

毛西河：用其包并之量上包陽，必不可包。徒包其承已之小人，包承作兩事解，不通。承作脅牛牲也，謂苞苴餽遺之事。

李塨：小人得中正，其所包藏者欲承順乎五。

吳女倫：包當讀爲庖、庖脅，幾有司之職。

丁壽昌：包坤象、互艮承象。
馬通伯：承者二承五、包者五包二。又云地爲天所包。
伊籐長胤：包承者，包藏承順也。陰爲陽所包、陰唯奉承致身，容悅正是包承之人。
曹爲霖：諸家以小人包容順承說、余不謂然、狄梁公時、桃李盡在公門、參朮備于藥籠、卒成休否之功、此六二實象也。
高亨：包，裹也。承、疑讀爲脀、說文、駷也，本義屬肉，烝即脀。包脀者，以茅葦包脀肉也。
徐世大：苞訓庖，廚房垃圾箱。
屈萬里：包、取也；承，順也。小人能含容奉承。承順乎君子。
傅隸樸：六二具備雙重人格，一小人。一大人中正之位，否時脅肩諂笑。包有滿的意思。
黃慶萱：包承，蓄志奉承的意思。
徐芹庭：二乃初之承，包承、包乎初也。
沙少海：小人庖中有肉、生活好轉。
坊間有「比較易經」，易經只此一部，施、孟、梁之易早已失傳，即京易亦祇存片段、今古文已無可比，即古文間，彼高相易亦早無傳人，比較也者，自比邪？抑易傳間比較異同，本書雖不以比較爲名，而讀者從著列古今大家異說中，實得比較之眞也。
「包承」，約而見者

二小人，爲四所包。

二包承於上，小人路通。至少心存包上。

二欲包群陽而承之。小人包容承順君子之象。

陽包陰，君子上包下，小人下承上。

五包二、二承五，陰爲陽所包，陰唯奉承致身。

二居位任事。

二包初，二乃初之承。

二、三兩爻皆上下不交，蓄志承順求交，婦寺之行。

陽不可包，徒包承己小人，謂苞苴餽遺之事。

庖脅、賤有司之職。

茅葦包脅肉。

廚房垃圾箱。

小人取順君子。

六二既爲小人，又爲大人，包有滿意。

蓄志奉承。

小人庖中有肉，生活好轉。

以上十六說，包有八義，包即抱也，包有也即罩住，包容也苞苴（包裹）也，庖者也，滿意也，庖廚也，包肉也。而承亦有四說：承當也（如墊子之承物）。下載上之名。奉承致身。順承也。和順也。如婦寺之行。奉承。胥，牛牲也。苞承連用爲苞苴餽遺。胥爲肉。說文駿，肉也。垃圾箱。

其所謂承當，下載上，奉承致身者，說者雖未明言即女子以身承男，男子在上包女，女子在下承男敦倫也。而實即男女交媾之意。而其所謂包，所謂承、以大件言、似乎項安世之陽包陰，上包下爲是、然以小件言，何嘗非陰包陽，下搖而上承，故包承實一體也。觀包十六說中，包爲抱、爲罩住之意、伊籐長胤之陰唯奉承致身容悅，是六二與九五之媾合也。蘇氏東坡胃口大，謂六二欲包群陽而承順之，上說其順而不知其害。則上乾三陽皆淫棍也。小人之亂如是，其能獲吉也幸矣！

其次言包容順承者，乃以小事大、順承之也；以大事小，包容之也。上下庶有亨理。

再其次包爲裹、承爲肉，以茅葦包裹肉。古苞茅之不進、曾是用兵之託辭，注以苞茅墊牲以祭。此謂以包裹肉，爲小裕之象，故有謂「生活好轉者。或謂苞苴餽遺之事。」

再以包爲庖、庖廚也，古膳夫掌庖事，吳汝編稱賤有司之職、行禮之所有事。徐世大尤荒繆立言，謂廚房垃圾箱。

以包爲滿意者，傅隸樸謂六二處否時脅肩諂笑，包女滿意，雙重人格者之表態。

包承連詞，約有五說如上述，漢仕讀易，竊以爲皆不當，或失之黃，或失之晦，不能以卦之否爲大原則，否之六二爲前提也。所謂大原則，蓋處否也，所謂前提，小人吉也。小人如何吉？包承也，則所包所承皆六二，小人因包承爲吉，大人仍本未遇時之胸襟，不能高瞻遠矚，則不能引導風俗之厚薄也，故以大人言爲否，亨亦以六二包承言，能包承則亨也，所謂易爲君子謀者，曷嘗不爲小人謀也。然則包承何謂也？包：

包義有藏，含，取、兼、裹、束、本、庖廚，作炮，作胞，叢生，不若說文謂象人裹妊，已在中象子未成形也。是包即妊娠之謂。承有繼，續、傳、次、奉、事、受、盛、迎、佐、猶丞、作拯、作撜、待、又懲音之義。

初爻拔茅茹爲除惡務盡，使否時有補闕之功。六二之包承、即孕育承受否時之橫逆而注入新意識，共體大環境之否來而包承孕育著一復字，蓋即希望也，越王勾踐可以復國。戰後日本、德國之否運、孕育另一型式爭霸世界也，曹爲霖「謂狄梁公時，桃李盡在公門，參朮備于藥籠。」以比較言之，狄仁傑與武則天，狄爲小人矣。孟子所謂趙孟之所貴，趙孟亦能賤之也。以武后之位，去十個狄仁傑如反掌也。然而未之去者，以上之能容也。曹說亦極是。大人何爲否？蓋大人之不亂群（象言），不治群也，仍以包孕爲事，不能當機立斷，行所當行，或以大模大樣以復國姿態，均將招致外力之干預而加深否運，此時之否，對內盼人民忍受幾年計劃而有意延宕無濟燃眉之貧賤厄運，對外又有大人不欲貍屈之危行，如此招搖，處六二時有大人行是否中加否也。六二小人吉者，在否中自污，不擺高姿態，默默孕育復機。孕育，包也；承也。新機運、舊橫逆，皆能以小人物，小角色身分一肩挑而默默運作，必得內而安，外獲同情與援助，是否中吉也，否中亨也。六二之吉之亨，僅可如此。

六三，包羞。

象：包羞，位不當也。

荀爽傳象：卦位爲否，其義否隔，今以不正與陽相承，爲四所包，違義失正而可羞者，以位不當故也。

王弼：俱用小道以承其上，位不當，所以包羞也。

孔穎達傳象：言群陰俱用小人之道，包承於上，以失位不當所包承之事，唯羞辱已。

程頤：三以陰柔，不中不正，而居否又切近於上，非能守道安命，窮斯濫矣！極小人之情狀者也。其所包畜，謀慮邪濫，无所不至，可羞恥也。傳象云：處不當位、爲不以道也。　牁

張載：處否而進，履非其位，非知恥者也。

蘇軾：三本陽位，故包承群陽而知羞之矣。

朱熹：以陰居陽而不中正、小人志於傷害而未能也，故爲包羞之象。然以其未發，故无凶咎之戒。

項安世：小人之極盛，無所復戒，羞之而已，小人在內，德不當位，反使君子在外而包之，名位愈高

，羞辱愈大，故曰包羞，位不當也。當否之盛時，小人以爲榮，聖人獨指其本心之辱者，以示之使知榮辱之實，在此而不在彼也。

朱震：六三始有處不當位之羞，體巽而自動，是以知其羞也。管仲謂齊候，恭而氣下，言則徐、見臣有慚色是也。六二、六三小人之致否者，君子力爭則否結而不解矣！必包容之，庶幾有泰之漸。三四相易，巽成離，離爲目，羞愧之象。與恒九五或承之羞同。

李衡引子：位陽也，而陰處之。包承，柔佞之過，是以羞辱及之。引牧初以處卑應上，故吉亨。二以中正應上，故否亨。是居小人道長之際，不居小人之行者也。以陰居陽，不正也。處下體之上，失中道也。不言凶咎，以其體順而承陽也。引介：處臣之盛位而不能發舒以正其君，是可羞也。

梁　寅：三不中正居位益高，姦惡益甚。所爲不善，未免於媿靦，故爲包羞。或云公論漸伸，三以爲不善而包羞也。

來知德：三見二包乎其初，三即包乎二，三不從陽，非正道也，可羞者也。又六三不中不正，舍四之大人而包二小人，羞孰甚焉！占者之羞可知矣。

王夫之：三非柔所當處之位，以柔居剛，進爻邇陽求合，蓋小人挾勢媚君子者，言其可羞，示君子賤惡之。

李光地：柔不中正、處不交之時，承媚苟合，包蓄其羞而已。否不交之義，二三以消長，取陰長之象，聖人取卦義之交不交，雖不交，在下者善處之、故發不交之義。傳象以不正之德，當不交之時。

毛西河：包羞，則凡可恥者俱容之矣！朱升以羞爲膳，謂腥胾膾炙醢醬之屬，非食品之正，較胥抑末矣。

李　塨：此小人之最无賴者，不中不正，其所爲者皆可羞者也，而胥包之。

吳汝綸：三失位，故爲庖羞，所執之事，非正品矣。

丁壽昌：不正與陽相承，爲四所包，違義失正而可羞，位不當故也。

馬通伯：王安石曰、處臣盛位不能正君，是可羞也。郭雍曰、尹祿素餐、邦無道穀、恥也。其祀案、三見包於上，處下體之上，艮止不去，當小人道長時、三所爲君子恥之。

伊藤長胤：否時爻柔不正，爲陽所包，依阿澳涊，可羞恥也。蓋仕無道，位不稱德，昧於時，短量己，邦無道富貴恥也。

曹爲霖：否之包羞，以人臣言，馮道足當之。三否極，亡國君降居之位，晉武帝謂吳主皓曰待卿久矣，皓曰臣在南方亦待陛下久矣，則老羞成怒之詞矣。

劉次源：三當否極，與陽相迫，包藏禍心，待時而發。以陰居陽，位不當，心懷叵測，宜防也。

李　郁：進爲陽包，退則二不願動，進退无所容也，故羞。

薛嘉穎：忍恥處，謂之包羞。

胡樸安：說文羞、進獻也、从羊，羊所進也。引申羞辱。廣雅羞，辱也。言六三所網羅者可羞之人，小人盈庭。

高　亨：金文武生鼎等皆从又持羊，蓋獻肉謂之羞，因而肉類皆謂之羞。專指熟肉言。包羞者以茅葦包熟肉也。此有所饋獻之象。其休咎未明言。

徐世大：羞本从羊，而丑屬牛，以拆字格釋羞，廚房裏牛羊待人宰割，如交逆運者無由自奮，痛苦不必贅評。

屈萬里：取羞辱也。漢書文帝紀，以羞先帝之遺德。注羞謂忝辱也。尙書顧命無遺鞠子羞。

傅隸樸：充滿了羞辱卑鄙之色。六是陰柔小人，三位是亢進不安，否時不顧羞恥，故曰包羞。包承是阿諛奉承，包羞隱含了不可見人的卑鄙行爲。因其無所不至。

黃慶萱：有包羞含恥現象。當黑暗時代作小人的領袖，眞夠羞恥的。

徐芹庭：包者包乎二，止知包下，不知上有陽剛大人，舍四大人，包二小人，非正道可羞者也，故有包羞之象。

金景芳：郭雍說尸祿素餐，所謂包羞者也。

沙少海：包借爲庖、羞，饈本字、从羊，訓美味，是說小人感到美味的，大人們吃膩了。

林漢仕案：六三之包，仍宜以說文包解爲是、蓋女子懷孕，大肚子裏有小孩也，說文云象人裹妊，已在中象子未成形也。羞，經傳之義有一、進也。二、飮食之物也。三、謂所食也，不盡食也。四、雁鶩之屬或熟煎和也。五熟食也。六、薦羞、進而未食未飮爲薦，進而既食既飮爲羞。七、恥也，辱也。又國語周語，姦禮爲羞。恥也。八、古文作膳。九、宿聲相近。十、本文作惡。十一、說文進獻也，从芊，芊所進也，从丑，丑亦聲。是羞之不一義也，定位於恥辱，顯然上十數說中祇得其一，處否之六三、果當羞恥乎？試比較古今大家之珍見、作爲您我仲裁之尺寸！

象以包羞者，位不當也。荀爽詳廣其義曰：卦否，不正與陽承，爲四包，失正可羞。孔穎達群陰用小人之道包承上、失位唯羞而已。程頤：三柔不正、非能守道、窮斯濫矣、謀慮邪濫、无所不至、可羞恥也。張載：處否而進、非知恥者也。蘇軾：三本陽位，包承群陽知羞矣。朱熹：以陰居陽，小人志於傷善而未能，故包羞。項安世：小人極盛，無所戒、羞之而已！小人內，君子外包之，小人以爲榮，聖人指其本心爲辱。朱震：六三有位不當之羞。李衡：位陽陰處，柔佞之過，不正、失中道，不能正君，是可羞也。梁寅：不中正，位愈高益姦，所爲不善，未免媿靦。來知德：二包初，三即包二、不從陽是可羞也。占之者可羞知矣。王夫之：小人挾勢媚君子者，君子賤之也。李光地：當否不交之時承媚苟合，包蓄其羞而已。毛大可：包羞，凡可恥者俱容之。又引羞爲膳。至此羞有第二解，羞爲膳食矣。李塨：不中不正，小人之最无賴者，所爲可羞也。吳汝綸：三失位，庖羞非正品矣。丁壽昌：三爲四包，違義失正。馬通伯引：不能正君，尸祿而邦無道穀，恥也。伊籐長胤：爻柔不正，爲陽所包、昧於時，短量已、邦無道富貴，可恥也。曹爲霖：馮道足以當之。劉次源：三包藏禍心，心懷叵測。李郁：進爲陽包，退則二不願動，進退无所容。胡樸安：言六三網羅者小人，小人盈庭。高亨：肉類皆謂之羞。包羞，以茅草包熟肉也。饋獻之象。徐世大：廚房裏的牛羊待人宰割，如交逆運者痛苦。屈萬里：羞，忝辱也。傅隸樸：六三小人元進不安、否時不顧羞恥。包承是阿諛奉承，包羞，含卑鄙行爲。黃慶萱：當黑暗時代作小人領袖，眞夠羞恥的。徐芹庭：止知包下，不知上有陽剛大人，非正道可羞也。沙少海：饈本字，小人感到美味的，大人吃膩了。

以羞恥著義，說何以羞者謂位不當也，不中正也。爲四包也。小人極盛無所戒。二包初、三包二、不從陽，可羞。包藏禍心，邦無道穀，可恥者俱容之。卑鄙行爲也。

以羞爲膳饈，因三不正而庖羞非正品，迨孔子割不正不食相反。又謂茅草包熟肉，饋獻之象。徐世大以待宰之牛羊引申爲交逆運者之痛苦。

所謂否泰，乃比較言之，非謂職位有否泰也，猶之你我同爲師大畢業生，數年后，一升爲教育主管一仍爲初級中學教師，前者泰運當頭也。忽然又因案降調爲高中校長、後者因功升爲初級中學之祭酒，而前者之謂否，後者之謂泰，而後者之泰仍不及前者之否也！豈否皆在陷中？易六十四卦，有六三其爻者共卅二卦，而六三，上九如否之六三上九際遇者十五卦，又豈六三皆挾勢媚君者？一時之不當位，就必須「猛虎在閘，搖尾乞憐」？處否並不可羞，處否時委曲順承爲可羞，孟子爲齊上卿，不得行志，擁楹而歎，欲行而毋老，苟非孟母之賢，有三從之道，孟子不離齊矣。委曲順承，是丈夫必有愧恥之心。處否不可羞，聖人亦有在陳絕糧，上下无交之時、子路之慍見，小人窮斯濫矣之發，正明處否者天也，女能怨天尤人乎？處否乃運中一厄，否而不知否者，樂天安命者也，否而悔惡遷善去惡者，必有小貞小祥，進而孕育善根，孕育復志，豈長否乎？心之安也，理之易明也，雖漫漫長夜，有復旦之時，稍安勿躁也，故包孕善志以承運，一切不如意皆心安理得矣。蓋行行如也，必欲伸剛而不屈者，死之徒也，非處否者也。處順矣，如越王句踐之嚐夫差糞便，王見王之矮化自己，著實可羞也、非其時，非其位，與其一憤亡身，何如包孕愧辱之心以待橫逆之自遠？六三之不當位也，含垢忍恥，貍貓之屈身乎？

以包爲庖，以羞爲饈，其說亦有本。初爲小人連類、二三皆云廚中有肉、承爲肉、羞爲膳饈，似言小人處否之樂，酒肉不斷、呼朋引類也。君子處否，小人處否，皆言不如意事也，君子不如意於志行，小人何嚐非不如意於志行哉！不如意而連類有酒食，是小人皆願不如意處否矣，更何以言泰？徐世大言處否交逆運之痛苦，痛苦必有造作，必有造作而必加速橫逆之來，是否中加否也。沙少海之「大人吃膩了，小人感到美味」眞不知其所云爲何也。來知德以同性戀爲可羞，徐芹庭更謂「不知上有陽剛大人。」三上之應，硬派爲否不通，易眞爲男女事矣！雖然，陰與陰之戀，無種可播，無預期之收成爲可羞，孰如不以禮合，不以禮防之男女也！不以禮之得種，又孰如陰與陰之相包，孰爲可恥？

包之言不正，與陽承，爲四包者，荀爽而后有蘇軾，丁壽昌等伸其義。包之言下包者，如二包初，三包二，陰與陰包爲可羞，來知德、徐芹庭之說是也。上包陽，下包陰有所爭議。其可羞亦有位不當之羞；人格低下、小人无所不至之羞；不盡忠職守以正其君之羞；（尸位素餐。）公論漸伸，三以爲不善而包羞；凡可恥者俱容之羞；進爲陽包，退則二不願動，進退无所容之羞；言而總之、六三包陽也羞，包陰也羞，自己感覺羞，公論亦以爲羞。羞羞羞也，只因爲爻文「包羞」也。

包羞正解，當爲孕育愧恥之志處否，則不以橫逆爲橫逆矣，安時處順，含垢忍恥，不祇忍人污而亦自污，是眞大丈夫也。「句踐，女忘會稽之恥乎」！此爲包羞最佳注腳。

九四，有命，无咎，疇離，祉。

象：有命无咎，志行也。

九家易：巽爲命，謂受五之命以據三陰，故无咎，无命而據則有咎也。疇者類也，謂四應初據三，與二同功，故陰類皆離祉也。離附祉福也，陰皆附之，故曰有福，謂下三陰。離受五四之福也。

荀爽傳象：謂志行于群陰也。

王弼：夫處否而不可以有命者，以所應者小人也。有命與小人則消君子之道者也。今初志在君，處乎窮下，故可以有命无咎。而疇麗，福也。疇謂初也。

孔穎達：九四處否之時，其陰爻皆是小人，若有命於小人，則君子道消也。今初六志在君，守正不進。九四有命命之故，疇匹謂初六，離麗，謂附著。初被命附依，初六得福也。

程頤：陽剛近君，有濟否之才。高位足以輔上濟否，若能動必出於君命，威柄一歸於上則无咎而其志行矣！事皆出於君命，則可濟時之否。君子之道行，則其類同進以濟天下之否。疇類，離付麗、福祉也。

張載：居否之世，以陽處陰，有應於下，故雖有所命，无咎也。

蘇軾：君子之居否，患无自行其志爾。初六有志於君而四之應，苟有命我无庸咎之矣！故君子之疇，獲离其福。疇類也。

朱熹：否過中矣！將濟之時也。九四以陽居陰，不極其剛故其占爲有命無咎。而疇類三陽皆獲其福也。命謂天命。

項安世：否至四將變爲泰，故君子與其疇相麗而求福，泰九三言有福，否九四言疇離祉，二爻當天命之變，正君子補過之時也。否九四爲脩人事，有可行之時，无可咎之事，則不獨一己之利，又足爲眾賢之祉也。九四變初爲益，天地變而風雷作，風雷皆命令之象，故爲有命。當否之時，群陽將復，苟无天命，四雖有志可若何哉！否極亂成益、天所令，君所造，道之興廢，豈非天邪？世之治亂，豈非君邪？

朱震：九四否道已華。四爲朝廷、五君、巽命、疇類也。祉福也。九四剛而履位，有濟否之才而近君，五錫二福，四應初，三應上，君子之類，附麗其祉以進，九四志行乎下矣。五錫二成離，麗也。志者中也。

李衡引子：上近至尊，下據其民，咎以專也。五元休否、有命任己，卑以奉上，正以率下，其志得行，又何咎？誰麗其福，乃已自致。引牧：過否之中，亨否之道，而已爲之先。引石：九四居上卦之首，体又剛健，足以遏止三陰，小人不進，則君子志行。

梁寅：否極復泰，故言有命无咎。疇離祉，謂天運循環，疇類三陽皆獲其福慶。

來知德：變巽爲命之象，受九五之命，順从五、故有命，无咎。疇者同類之三陽，離者麗也。離祉者附麗其福祉也。又九四當否過中，剛居柔從休否之君，濟否之志行矣，故不惟在我无咎獲慶、同類並受其福也。

王夫之：疇與儔通。所相應而爲伍者，謂初也。離、麗也。九四剛居柔、退爻，下行應初六，君子就小人，乃承九五懷柔，非己之私欲。拔初於彙消其否，六資其誘，掖進而麗，吉亨之祉矣。小人之世，拒則陷惡，引可爲善，不得嚴淸濁之辨而錮其嚮化之情，君子体國用人道之當然也。

李光地：外卦在卦義爲陽往，在爻義爲陽來。陽往必來，天之命也，雖在否中而无咎矣。疇類亦爲天命所佑而麗於福，蓋君子窮通出處，盛衰治亂無時不與其類。否至四後有喜何也。先事而預圖，有功。

毛西河：復泰之始，乾剛與下不交，而太君命常伸于下。蓋艮爲門闕，巽爲命令。布乾德加坤眾、縱使小人茹彙，不利大人，大人自有群。否時儔又欲離祉，初以彙見志，此以儔見志也。注疇，儔也。離，罹也。

李塨：九五有命，九四承以濟否，則大人有群，其志得行，微特一身无咎，三陽之儔且共麗此祉矣。

吳汝綸：命，天命。否已過中，天命將復，故无咎。五上二爻與四同類而受福、故曰疇離祉。

李富孫：釋文疇，鄭作壽。案釋詁疇，誰也。釋文疇本又作壽，說文壽，誰也。古今字。王逸云：二人爲匹、四人爲疇。韋注疇，類也。故疏云疇匹。

丁壽昌：三至五互巽故有命，乾爲福，故下三陰皆受祉也。

馬通伯：謂陰皆附離祉福。疇謂初，離祉謂受益。

伊藤長胤：命謂天命、疇、類也。離、遭也。以陽剛之才，居近君之位，三陽同類，共離福祉。蓋君子仕君，時當閉隔，豈可絕意於斯世，恬然不爲乎！圖與復九四之事也。

曹爲霖：有才無命爲陳蕃，曹爽；有命而君非陽剛，爲高貴鄉公。九四以陽剛之臣，受九五陽剛君命，此清群小，濟否世，豈惟无咎，又且疇類皆蒙福焉，可以行其志矣。

劉次源：疇其類，離其麗也。否過乎中，轉機至也。或否或已，皆有命也。養晦待時，无須咎人，故其志得行也。

李郁：有命謂受大君之命，疇指陽類，四離其類，降初包陰，止陰長，陽復于下，禍轉爲福矣。

胡樸安：疇離祉者，疇即書洪範九疇，卜筮之類。離、麗也。祉、福也。有命之後，卜筮之麗福也，則大人之命民眾從矣。

高亨：有命者，君有錫命加於其身也。疇疑借爲壽，離訓附，當讀爲麗，古字通用。疇離祉即壽附於福，壽附福至，筮得此文，將有錫命至。福至則無咎，壽亦隨之。

屈萬里：命，令也，謂天子之命。離猶遭也。應劭說。

徐世大：四爲否之轉捩點，處逆境既久，歸命之不齊，聊以自慰。疇借作誰何之連讀，離祉猶言受福。有命，不怨那個福星照臨。

傅隸樸：四剛而能柔，九五有命，幹濟否局，振衰起敝、自然无咎。疇與儔同，即儕輩之人，離祉即福祉所附蒙福也。

黃慶萱：以剛居柔、能上承九五之命，所以說有命。疇與儔通，指九四應初六，言下應不但自己无咎，初六連帶蒙受福祉。

徐芹庭：變巽爲命之象。受九五之命也。疇者，同類之三陽。離，麗也。九四過中，剛而居柔，因大君命，濟否之志行矣，同類亦並受其福也。

金景芳：有命是自然規律，即「不知命，无以爲君子也」的知命。能根據客觀規律行事的人，是无咎的。

沙少海：有命猶言大君賞賜之令。无咎，沒有災害。疇訓誰，離訓遭，受到。是說大君有賞賜，但不知賞給誰？得不到賞是苦悶。

鄭衍通：疇讀爲儔，朋也。月爲日儔，祉與止同音，艮也，疇離祉謂月在艮。象曰誌天道。

林漢仕案：有命，无咎，疇離，祉，分別輯各家卓見如后：

象辭：有命无咎，志行也。荀爽謂志行于群陰。

九家易：巽爲命，受五命據三陰，故无咎。

孔穎達釋王弼注：有命於小人則君子道消，今初志在君，九四有命故无咎。
程頤：近君，動必出君命則无咎而其志行矣。
張載：以陽處陰，有應於下，雖有命而无咎也。
蘇軾：初六志君而四應，苟有命我无庸咎之矣。
朱熹：九四以陽居陰，不極其剛，故占爲有命无咎。
項安世：否九四變脩人事，有可行之時，无可咎之事。否至四變爲泰。
朱震：四爲朝廷，五君，巽命。九四剛而履位，有濟否之才，九四志行乎下矣！
李衡：五有命任己，卑以奉上，正以率下，其志得行，又何咎？引石則云：九四剛健，足遏三陰，小人不進，則君子志行。
梁寅：否極復泰，故言有命无咎。
來知德：變巽爲命，受九五命，順五故有命无咎。以剛居柔，從休否之君，濟否志行矣。
王夫之：九四剛居柔，不行應初，君子就小人，承九五之懷柔，非己之私欲。不得錮小人嚮化之情。
李光地：陽往必來，天之命也。雖在否中无咎矣。
毛西河：乾與下不交，太君命伸于下。布乾德加坤眾。
李塨：九五有命，九四承以濟否，其志得行。
吳汝綸：命，天命。否過中，天命將復，故无咎丁壽昌：三至五互巽故有命。

伊籐長胤：命謂天命。陽剛近君，圖興復九四之事也。

曹爲霖：有才無命爲曹爽，有命爲高貴鄉公。九四陽剛受九五命、此淸群小、濟否世，豈惟无咎，蒙福行其志矣。

劉次源：否過中，轉機至，或否或已，皆有命也，養晦待時，无須咎人。

李郁：有命謂受大君之命，四降包陰、陽復于下轉爲福矣。

高亨：有命者、君有賜命加於其身也。筮得此爻，將有錫命至。

屈萬里：命，令也，謂天子之命。

徐世大：四爲否轉捩點，處逆久，有命，不怨那個福星照臨。

傅隸樸：四剛能柔，九五有命，振衰起微、自然无咎。

黃慶萱：剛居柔，承九五之命，故有命。

金景芳：有命是自然規律，即「不知命无以爲君子」的知命。

沙少海：言大君賞賜之令，无咎，沒有災害。

所以重述各家之說者，乃就九四一爻單元中，要點字句之匯集煮煎而拼盤之。任君簸篩取舍而饜慊所嗜，必其可而後已也。

有命无咎：象辭以「志行」二字籠統之而意仍晦，荀爽故發「志行于群陰」以導引所嚮。孔疏有命爲九四有命，程頤更稱動必出君命，朱震以四爲朝廷、五君。然則九四志行乎下、乃奉九五大君之命也，故李衡稱五有命任己，卑以奉上，正以率下，其志得行。易傳至此仍一貫其意、九四志行下、乃九五之命、初四之應，氣氛和祥，理路亦愜、惟一有所憾者，蓋「九五之命」一說似嫌空穴，風來只爲「有命」之爻文，勉强湊以可行命之大君九五也。李衡引石云「九四剛健，足遏三陰。」有殺伐之聲矣！理得不饒人固書生本色。王船山之「懷柔掖進、不嚴清濁之辨以錮小人嚮化之情」又撥之正矣。李光地以陽往必來爲天命。九家易直截了當以巽爲命，丁壽昌故謂三至五互巽爲有命。曹爲霖以魏「高貴鄉公爲有命。」謂承先人烈爲帝也。劉次源則以或否或已爲有命，蓋否過中，轉機至也。屈萬里以命爲令，謂天子之命。金景芳以有命爲自然規律。有命一說遂有：

九四有命，應初之命，與奉五遏三陰之命、

君命、五君、九五大君有命。天子之命、命、令也。

巽爲命、三至五互巽爲有命。

以二十剛出頭即被殺之高貴鄉公爲例、蓋彼有命爲帝也。

或否或已爲有命，金景芳謂自然規律。

「命」字不一義，而易家一之曰命令、命運、天命、而另有命作告、教、使、呼、性、道、名、爵之義者皆略而無一賢述及。孟子「女子之嫁也，毋命之。」趙注「命、告也。」儀禮士冠禮有贊命。注：告也。設以「告」解本爻有命爲「又告」，則否義一氣呵貫：初之告以拔茅茹、除莠草、去惡務盡、故以其彙。六二之孕善志、育受復果、秉持否中一線希望、默之耕耘。六三包孕一愧恥之志、橫逆終將遠去、雲開日見、晦暗將一掃而空。九四之有命、乃作易者之又命、又告也。九四之來、剛居柔位、是柔而能剛、大明之轉機已屆、故一切皆无咎、劉次源之謂否過中、轉機至、徐世大之謂四爲否轉捩點。是九四之有命爲又告、又告以无咎、則見初之去惡工夫、二之孕育承受一復念、三之忍受愧恥、一切躭待、一切橫逆至此已有小成，告以无咎者，勉之也、勉彼功必不唐捐，是善處否者矣、不只在「要留得青山在。」而是要檢討從前之失，庶有補過機會，孕受恥辱，所謂唯有愧恥者反彈愈大，復志愈强也。曹爲霖以高貴鄉公爲例，解「有命」似得矣，彼所謂有命者，稟受窮達富貴之命也，有命爲天子，卻无命制司馬氏、英年蚤滅，既不善處否，一憤亡身，否之萬年不復矣、无咎之文徒具矣，曹說之不切也如此。各家之所謂君命、九四應初之命，自然規律也者可以休矣，而九四受五命據三陰（九家易），初六志君而四應（蘇軾），九四剛足遏三陰（李衡引石），陽之求陰，出於命令，是政治婚姻？前聞有舉業不通者「飭紀敦倫」故事，九五其亦如是乎！初四、二五、三上各自有應，何用大君之命！四之據三陰，即五上亦有所不容也！而各家就君臣大義，君子小人之情實，發揮至精至當，文字之優美，如王夫之謂「不得嚴淸濁之辨而錮其嚮化之情，君子体國用人之道之當然也。」是讀易者既得樂易經之化，又得償優美句讀之饗，盍興乎來也！

疇離祉三字之義，約而言之，疇，類也。離、附也。祉，福也，謂下三陰類附受五四之福。王弼謂疇爲初，蘇軾謂君子之疇，獲离其福。朱熹三陽皆獲其福。項安世言當天命之變，正君子補過之時，足爲眾賢之祉。朱震五錫二福，四應初，三應上，君子之類，附麗其祉以進。李衡四乃已自致麗其福。又四足遏三陰，君子志行。梁寅，來知德皆謂三陽疇類獲福。王夫之九四應初，君子就小人，拔初於彙消其否，掖進而麗。李光地否至四後，疇類爲天命所佑而麗於福。毛西河疇、儔也；離，罹也。李塨三陽之儔共麗此祉。吳汝綸五上二爻與四同類而受福。李富孫疇，誰也。王逸云二人爲匹，四人爲疇。丁壽昌乾爲福，故下三陰皆受祉也。馬通伯疇謂初，離祉謂受益，陰皆附離祉福。伊籐長胤離遭也。三陽同類，共離福祉。曹爲霖九四陽剛之臣，受九五君命清群小，疇類皆蒙福焉。李郁疇指陽類，四離其類，降初包陰，止陰長，陽復于下，禍轉爲福矣。胡樸安卜筮之麗於福。高亨疇，疑借爲壽、離附，當讀爲麗，疇離祉即壽附福至。將有錫命至。徐世大疇借爲誰何之連讀，離祉猶言受福。傅隸樸，疇與儔同，即儕輩之人附蒙福也。黃慶萱疇與儔通，九四應初六，初六連帶蒙受福祉。沙少海疇訓誰，離訓遭，是說大君有賞賜，但不知賞給誰？得不到賞是苦悶。鄭衍通疇爲儔、朋也、祉與同音。從上述中歸納：

疇，類也；儔也；誰也；四人爲疇；疑借爲壽；借爲誰何之連讀；儕輩之人；朋也。疇類言下三陰類受五四之福。王弼謂疇爲初。朱熹謂三陽君子爲疇。丁壽昌謂下三陰皆受祉福。李郁謂四離其類包陰，止陰長，陽復轉爲福。

以類釋疇者，謂初爲類；謂三陰爲類，謂三陽爲類。

離之義，附也；麗也；罹也；離祉爲受福；遭也；離開也。是離有附麗、遭受、離開三義而已。

祉皆訓福、鄭衍通以月爲日儔天象訓祉與止同音以爲月在艮，止之象。

疇離祉三字之義，可歸爲：

三陽同時附麗受到福祉。

三陰同時受到福祉。

四應初，初受到福祉。

四離其類包陰、陽復轉爲福。

否至九四，又獲告以无咎，非止本身无咎，亦且疇類皆可獲福祉。疇類也者，不止陽以陽爲類、陽與陰一体矣，陽與陰亦爲類，志同相應亦可爲類，是大其類也，故是三陽，初，三陰皆我同類，上下皆得福矣。處否至此，生機蓬勃矣！所謂福祉也者，有離否轉機矣，否中人之福祉，是離否運即爲福份也。

九五，休否，大人吉。其亡其亡，繫于苞桑。

象：大人之吉，位正當也。

九家易曰：否者消卦，陰欲消陽，故五處和居正以否絕之，乾坤異体，升降殊隔，卑不犯尊，故大人吉也。

荀爽：陰欲消陽，由四及五，故曰其亡，其亡，謂坤性順從，不能消乾使亡。包者乾坤相包也。桑者上玄下黃，以象乾坤也，乾職在上，坤体在下，雖欲消乾繫其本体，不能亡也。

京房：桑有衣食人之功，聖人亦有天覆地載之德，故以喻。

陸績：包，本也。言其堅固不亡，如以巽繩繫也。

鄭玄：猶紂囚文王于羑里之獄，四臣獻珍異之物而終免于難，繫于包桑之謂。

李鼎祚案：其亡，其亡。近死之嗟也。其與幾同，幾者近也。九五居否之時，下包六二、二互坤艮，艮山坤地，地上即田，五互巽木，田上有木，莫過于桑，故曰其亡，其亡，繫于包桑。言五二包桑，根深蒂固，若山之堅，如地之厚者也。雖遭危亂，物莫能害矣。

王弼：居尊得位，能休否道者也。施否於小人，否之休也。唯大人而後能然，故曰大人吉也。處君子道消之時，已居尊位，何可以安，故心存將危乃得固也。

孔穎達：休，美也。謂能行休美之事於否塞之時，能施此否閉之道，遏絕小人，則是否之休美者也。雖大人乃能如此得吉也。其亡者，在道消之世，居尊位而遏小人，必近危難，須常懼戒慎，丁嚀如此。苞、本、牢固也。言若能自行戒懼，則有繫于苞桑之固、无傾危也。又心存將危，乃得固。又桑根眾也，眾則牢固。

程頤：五以陽剛中正之德，居尊位，故能休息天下之否，大人之吉也。夫人當位能以其道休息天下之否，以循致泰，猶未離於否也，故有其亡之戒！否既休息，泰不可安肆，當深慮遠戒，常虞否之復來，曰其亡矣，其亡矣！係于包桑，謂安固之道，如維係于苞桑也。桑之爲物，其根深，苞謂叢生，固尤甚。是故君子安不亡危，存不忘亡，治不忘亂，是以身安國可保也。

張載：以亡爲懼，故能休其否。包桑，從下叢生之桑。叢生則其根牢，書云：「厥草惟包。」一如竹叢蘆葦之類，河朔之桑多从根斬條取葉，其生叢然。

蘇軾：九五大人之得位，宜若甚安且强者也。然其實制在於內，席其安强之勢。與小人爭求勝，不可，故曰休否，大人吉。恃安强之勢不虞，小人之內勝亦不可，故曰其亡其亡，繫于苞桑。小人之不吾敵，惟乘急則有幸勝之利，苟否而不爭，必有不吾敵者見焉，故大人吉。

朱熹：陽剛中正，以居尊位，能休時之否，大人之事也。此爻之占，大人遇之則吉，然又當戒懼如繫辭傳所云也。

項安世：否之五在群陽中獨能撥亂休否，以建大人之功，雖才足以有爲，然因君位，遂得爲之，故曰位正當也。又大人之道，如龍變化，雖否而不詘於否，否有可通之理，（六二）否有可止之功（九五）故曰休否。非大人不能也。

朱震：休，息也。息否之時也。二五易，陰息于五，故曰休否。位者聖人之大寶，息天下之否者，其唯有其位，有其德，又有其時乎！故曰大人之否，位正當也。九五不動，安其位者危，保其存者亡，故曰其亡其亡！此因九五不動以明戒也。巽爲木，三陽積美而根于坤土，其根深固，包桑也。巽爲繩繫也，慮其危亡，當繫維之，以防否復。如是則大人吉、非位正德當，能无凶乎！

李衡引陸：休猶廢也。包桑之戒，志在下民而固其根本也。

引胡：休，息也。引牧：休，退也。四過中，否道方變，五則否道退矣。引薛：休否，休而自謂之否，不自安也。

梁寅：必陽剛中正居尊然後能休息其否也。休否者爲剛中之大人則吉。其亡其亡，懼之辭也。无道之君，自謂不亡故亡，有道之君常懼亡故不亡。苞桑，叢生之桑，繫則堅固之至，人君能常戒懼，則其堅固如是也。

來知德：休否者休息其否也。大人遇之則吉。惟未傾否也。故必勿恃其否之可休，兢業戒懼，念念恐其亡，若國家繫于包桑之柔小，常畏其亡而不自安。又人依木息曰休，五居巽木之上，休象。二居巽下木柔，桑象。巽爲繩，繫象。國家大事不繫于磐石而繫桑柔，危如累卵之意。

王夫之：休，安處也。木叢生曰苞，桑根入土深固，叢生則愈固矣。九五陽剛中正，道隆位定，又得四上夾輔，時雖否安處自如，吉道也。三陰據內相迫，有其亡其亡之象。正己擇交，不改常度，周公止流言，靖國家，用此道也。

李光地：五否過，居休否之時位，有休否之德，然去否未遠，必有其亡其亡之心而後有繫于包桑之固。否五安不亡危，治不忘亂。否五遂休何也，聖人之情，治欲其常，亂欲亟返。治生於天，而人承之；亂生於人，以人制之，推吉凶之理，無適而不然也。

毛西河：否从此休矣。未至傾稍休息焉。前大人否，今吉，消長之理，循環無端，安危之幾不容髮，否開泰轉，存亡未定，故念其亡其亡，繫于苞桑乎！夫九鼎之重，不懸縷絲，萬乘之絢，難繫弱木。今以叢生之桑，繫奔亡之轡，危矣！苞桑枝細，不能繫物，與堅厚相反。舊泥苞字，非也。

李塨：九五有中正之德當尊位，故不忘危亡也，是能休否者也。紫巖易傳曰巽爲木爲苞桑，繩直爲繫。

吳汝綸：休，息也。否道將極，唯大人能使之息也。其亡其亡，大人休否者，戒愼之心如此也。繫于苞桑以喻固也。

丁壽昌：李資州曰其亡近死之嗟也，其幾同，近也。九五下包六二，若山堅地厚，雖危亂，物莫能害也。

伊藤長胤：休，息止。其亡者重言戒危亡也。繫于苞桑喻固結也。此陽剛之君能濟天下之否，故曰休否，猶未離於否，不可弛其警戒，繫屬人心如苞桑之固結不可搖。

馬通伯：張浚曰巽木爲苞桑，巽繩爲繫。京房曰桑有衣食之功。其亡其亡者，言天下將危亡矣，不可亟任賢以維繫民心，二在下有苞桑象。民心有所繫，亂群之徒不作。

薛嘉穎：馮元成曰否不可急治而休之於先，否不可終長而傾之於後，是能齊否者也。

劉次源：休止也，惟恐否之復熾，共相儆惕未敢肆也。繫于苞桑，邦本以固也，多難興邦，此之謂也。

李郁：休止也，亂世有大德之人撥亂反正，凶化吉，故曰休否，四五合力包陰、五得柔應，萬鈞係一枝，亦曰殆哉！其亡其亡，所以深歎危而存之幸。

楊樹達：潛夫論思賢篇，尊賢任能，信忠納諫，所以爲安也。老子曰：夫唯病病，是以不病。風俗通凡變怪皆婦女下賤，何者，愚而善畏，邪氣乘虛，故速咎證。

胡樸安：大人能負荷天下之重任而當位。否塞雖息止，未屆亨通時，天下幾亡，繫之于大人之身，猶繫之于苞桑之本也。

高亨：休猶怵也。休休，警懼存於心也。休否者懼否塞之來也。即安而不亡危，有位者能如此則吉。苞桑者深根而固柢者也。其亡其亡，懼其危亡也。

徐世大：今日雙方停戰曰休戰，否轉至泰曰休否。不復走不坡。繫於苞桑，猶言其托之堅强。

屈萬里：謂否已休止。休，美也。休否，處否而能休也。又疑休義蓋如「其心休休焉」之休。包訓茂爲得，蓋桑本最固，左傳戰勝者有繫桑本之事，茂桑，斯更固矣。

傅隸樸：九五剛中至尊，九四奉命，故世否亂得以休止。但禍根仍在，必須心念危亡。桑根之鬚爲苞，苞桑，盤根柢固的桑樹。後漢書臧宮傳：「光武審黃石，存苞桑。」即言武存其亡之心。

黃慶萱：休否一詞，異義紛歧，採九家程朱休止之說。苞，豐茂的意思。譯：偉大領導者獲勝，心常存「要亡了！」的警惕，就會有像繫在茂盛的桑樹上般的牢固。

徐芹庭：休否，休息其否。其亡，惟恐其亡。以國家之大，不繫于磐石之固，而繫苞桑之柔小，危如累卵者也。勿恃否之可休，當兢業戒懼，若國家繫于苞桑之柔小，恐恐然而憂其危亡，則不亡而吉矣。

金景芳：否休即將變泰，大人得吉，心中叨念要完了，反而不完。桑根深固，苞謂叢生者，其固尤甚。繫辭安不忘危，存不忘亡，是以身安而國家可保也。

沙少海：大人擔心國家危亡，夙夜辛勞，化否爲泰。渲染國家將亡，好象系在柔弱的苞草或嫩桑枝上，危在旦夕以提高國人警惕。

林漢仕案：本爻需加澄清者「休否」也，「其亡其亡，繫于苞桑」二義。先匯解「休否，大人吉。」一象以位正當爲大人吉之因。九家易謂五處和居正，卑不犯尊爲大人吉之由。王弼以五居尊得位，能休否道者也。孔穎達謂休美也，施此遏絕小人，大人吉也。程頤：五陽剛中正，居尊位，故能休息天下之否，大人之吉也。蘇軾謂九五若安且強，實制於內，席其安強之勢，與小人爭求勝，不可，故曰休否。朱熹：九五能休時之否，大人之事也。項安世五能撥亂休否以建大人之功，雖否不詘於否，有可止之功，故曰休否。朱震謂休，息也。息否之時也。息天下之否者。其唯有位有德有時乎！李衡引謂休猶廢也，退也，休而自謂之否，不自安也。梁寅：休息其否也。王夫之：休，安處也。李光地：五居休否之時位，有休否之德。毛西河謂否从此休矣，未至傾稍休息焉。吳汝綸：否道將極，唯大人能使之息也。伊籐長胤：休，息止。陽剛之君能濟天下之否，故曰休否。薛嘉穎引謂否不可急治而休之於先。劉次源休止也。李郁：亂世有大德之人撥亂反正，凶化吉，故曰休否。高亨：休猶怵也。休休，警懼存於心也。休否者，懼否塞之來也。徐世大：停戰曰休戰，否轉至泰曰休否，不復走下坡。屈萬里謂否已休止。休，美也。休否，處否而能休也。又疑休義如「其心休休焉」之休。（漢仕案休休寬容，美大貌，能含容賢者逆耳之言。又謂休美寬大如有所容納也。）傅隸樸九四奉命，故世否亂得以休止。金景芳云休否即將變泰，大人得吉。

所以吉者：一、位正當，卑不犯尊，能休天下之否。二、否道將極，即將變泰。前者謂有位、有德、有時、有大能撥亂反正；後者謂自然流轉，否道自去而泰運將來也。

休否之義，蓋大人有時、位、德、王弼所謂能休否道者也。休、息也、撥亂休否，大人之功也。不只息個人之否，亦息天下之否也。休又謂廢、退，安處、息止、猶怵也，不復走下坡，否轉至泰，休美也，處否能休，又休休，心胸寬容有所容納逆耳之言也。毛奇齡謂未至傾稍休息焉，則否仍未去也，猶之云未成一簣，止，吾自止之也。總上說、休否者：

一、大人有位、時、德能撥亂休否。故廢否、退否在其中。

二、安處，或係莊子之謂「知其莫可奈何而安之若素乎！」此非大德之君，即爲庸弱順天之主。

三、怵否，蓋準下爻其亡其亡而生之義，警惕之辭也。

四、不復走下坡、聽命於自然循環之運，否盡自然泰來。

五、休休、注以寬容美大貌、可併二項言。謂君有大德、或敬畏天威之弱小、前者能容、後者不得不容。

六、毛大可之未至傾而稍休息焉。則不無僥幸心理在，人力之未至、消長循環之念高漲，其休也天幸，其未休仍否者亦天乎！是眞宿命者之論。

六說中，以人力勝天說爲上，蓋否經蟄伏經營，時至九五、下得六二之應，乾飛龍在天之兆、是宜屈者伸，伏者動，至怵惕惻隱之心，安時處順有容之度，大德者歷練初二三四之否運，其人事洞達矣、運作必自如也。

「其亡其亡」，繫于苞桑」說，輯眾議如下：

荀爽：陰不能消乾使亡，包者乾坤相包，桑者上玄下黃象乾坤也。

京房：桑有衣食人之功。

陸績：包、本也。言其堅不亡如繩繫。

李鼎祚：其亡，其亡。近死之嗟，其幾同，近也。坤地即田，田上木桑，言五二包桑，根深蒂固，山堅地厚也。

王弼：心存將危乃得固也。

孔穎達：道消之世，居尊位而遏小人必近危難，須常懼戒愼。本，牢固也。苞桑根眾也，眾則牢固。

程頤：以循致泰猶未離否，故有其亡之戒。虞否之復來，桑根深，苞謂叢生，固尤甚。故君子安不亡危，國可保也。

張載：以亡爲懼，包桑，從下叢生之桑，如竹叢蘆葦之類。

蘇軾：小人乘急有幸勝之利，不爭必不吾敵。

朱熹：又當戒懼如繫辭傳所云也。

朱震：安其位者危，保其存者亡，故曰其亡其亡！巽木根于坤土，其根深固，包桑也。

李衡引：包桑之戒，志在下民而固其根本也。

梁寅：其亡其亡，懼之辭也。苞桑，叢生之桑，繫則堅固。

來知德：勿恃否之可休，兢業戒懼，念念恐其亡，若國家繫于包桑之柔小，常畏亡而不自安。國家大事不繫于磐石而繫桑柔，危如累卵之意。

王夫之：木叢生曰苞，桑根入土深固，叢生則愈固。三陰據內相迫，有其亡其亡之象。

李光地：去否未遠，必有其亡之心而後有繫包桑之固，聖人之情，治欲其常，亂欲亟返。

毛西河：否開泰轉，存亡未定，故念其亡其亡。今以叢生之桑，繫奔亡之轡，危矣！苞桑枝細，不能繫物。

伊籐長胤：其亡者重言戒危亡也。繫苞桑喻固結不可搖。

馬通伯：其亡其亡者，言天下將危亡矣！二在下有包桑象。

劉次源：惟恐否之復熾共相儆惕未敢肆也。邦本以固，多難興邦也。

李郁：萬鈞係一枝，亦曰殆哉！其亡，所以深歎危而存之幸！

胡樸安：天下幾亡，繫之于大人之身，猶繫苞桑之本也。

高亨：苞桑者深根而固柢者也。其亡其亡，懼其危亡也。

徐世大：繫於苞桑，猶言其托之堅強。

屈萬里：包訓茂爲得，蓋桑本最固，茂桑，斯更固矣。

傅隸樸：世否亂得以休止，禍根仍在，必須心念危亡。桑根之鬚爲苞。苞桑、盤根柢固的桑樹。後漢書「存包桑」即言存其亡之心。

黃慶萱：苞，豐茂的意思，獲勝而存「要亡了」的警惕，就會有像繫在茂盛的桑樹上般的牢固。

徐芹庭：其亡，惟恐其亡。勿恃否之可休，當兢業戒懼，若國家繫于苞桑之柔小而憂其危亡。

金景芳：繫辭：「安不忘危，存不忘亡。」是以身安國家可保也。

沙少海：渲染國家將亡，好像系在柔弱的苞草或嫩桑枝上。

漢仕之所以不厭其煩，重輯「其亡其亡，繫于苞桑」眾家解說，正欲眼前再現先賢繼志述事之跡，供讀者之唯唯否否也。

其亡，其亡。主流派大抵意見一致，間亦有他說，如：陸績之「不亡。」李鼎祚之「近死之嗟、其幾、近也。」王弼一聲「心存將危乃得固」之唱，千載以下以爲正音，孔穎達之「常懼戒愼。」程頤之「其亡之戒。」張載之以亡爲懼。來知德之念念恐其亡。朱震之「安其位者危、保其存者亡。」王夫之「三陰據內相近，有其亡之象。」雖辭有所轉而意多大同小異，朱震乃說明安危存亡之道理，王夫之則解下三陰相迫爲象，陰之剝陽，正乃亡象也。其亡無異辭。「繫于苞桑」則傳聞異辭，則所見亦異辭，南轅北轍，意多唐突，獨樂樂於是，何如眾樂樂而賞析之：

苞，荀爽作包，謂乾坤相包。陸績言包，本也。孔穎達釋本爲牢固。程頤謂苞爲叢生。來知德以包桑爲柔小。毛奇齡謂叢生之桑枝細。屈萬里以苞訓茂。傅隸樸以桑根之鬚爲苞。沙少海云苞草。桑，荀爽謂上玄下黃象乾坤，京房謂桑有衣食人之功，聖人亦有覆載之德。李鼎祚之包桑，根深蒂固而后，苞桑即成桑根眾，眾則牢固，如叢生竹，葦之類而牽出托其堅强，固結不可搖，聖人之情，本固邦寧，桑之代表堅固矣！來知德不以爲是，故以兢業戒懼，念國家繫于包桑柔小，危如累卵而恐其亡，斥主事者國家大事不繫于磐石而繫于桑柔爲非。繼之者如毛西河謂以叢生之桑，繫奔亡之轡，以苞桑爲枝細，不能繫物。李郁之萬鈞係一枝，皆極言桑之不足托大事。

苞桑既謂盤根柢固，叢生牢不可搖，又謂之桑柔枝細，不能繫物。前者驚嘆其亡其亡！危險得有堅牢之苞桑爲繫，家國托之爲安，所謂本固邦寧也。後者亦驚嘆云其亡！其亡！危險如繫物於柔枝，則其後果堪慮。察諸爻意，似於盤根柢固叢生桑根爲是，傅隸樸引漢書「存包桑」即存其亡之心，蓋二句連用而通解之也。

苞之爲乾坤相包，毛奇齡謂「舊泥包字，非也。」蓋苞作本，作叢生，牢固爲訓也。桑之謂上玄下黃，象天地，非以字解，乃就上乾下坤之說否卦。京房以桑有衣食人之功，而轉入聖人亦有如天之覆、地之載，參天地化育之能，蓋即胡樸安謂「天下幾亡，繫之于大人之身，猶繫之于苞桑之本。」大人即九五。上謂休否，大人吉。下嘆險，幸有大人爲繫，李郁所謂「深歎危而存之幸。」故九五一爻，或以力，或以時運之轉而否休，亦有其亡幸而依存之嘆，仍須戰慄恐懼，否道顛峰方得遠揚，是否道高潮方過也。

上九，傾否，先否後喜。

象：否終則傾，何可長也。

侯果：傾爲覆也。否窮則傾矣。傾猶否，故先否也。傾畢則通，故後喜也。

虞翻傳象：否終必傾，盈不可久，故先否。下反于初成益体震，民說无疆，故後喜。以陰剝陽，故不可久也。

王弼：先傾後通故後喜也。始以傾爲否，後得通乃喜。

正義處否之極，否道已終，此上九能傾毁其否，故曰傾否也。否傾之後，其事得通，故曰後有喜也。

又傳象：否道已終，通道將至，傾損其否，何得長久！

程頤：否終，物極必反，故泰極則否，否極則泰。上九否極矣，故否道傾覆而變也。先極否，後傾喜，否傾則泰矣！後喜也。傳象：否終則必傾，豈有長否之理！

蘇東坡：否至於此，不可復！因非傾蕩埽除，則喜無自至矣。

朱熹：以陽則居否極，能傾時之否者也。其占爲先否後喜。

項安世：聖人於否終，幸其速去，曰何可長也。爻辭以傾否爲喜，亦幸辭云易以陰陽相得爲喜。先不相交，今交矣，故曰先否後喜。

朱震：否終，天運極矣！人情厭矣！上動三應，否毁兌成，如決積水，莫之能禦也。傾否後喜也。兌爲說，陰陽得位，爲喜，巽爲長，否終則傾，何可長也。
李衡：引胡云泰九三、上六戒；否九五、上九勸。
梁寅：言傾否者人力傾時之否，當正其誼不謀其利，故占先否後喜，先天下之憂而憂也。
來知德傾者倒也，變兌成悅，喜之象也。又木在下今反上，否終則顛倒陽陰上而泰矣，此傾字之意也。先否後喜也。
王夫之：上九遠處事外與陰絕無干涉，上九行攻擊之威，三陰無餘力，六三羞，人知賤惡，乘高乘時而下傾，否消而人心悅矣。
李光地：休者息之，傾者盡覆而去之也。否不盡不可爲善，故否運既終，必傾之，則先否後喜。
毛西河：否終則天下豈有長否之世哉！
李塨：傾者倒也，否倒成泰，上九傾否時，故先否後喜，彖戒君子避小人，象教小人使近君子，又勉君子使挽小人，皆聖人之情也。皆是也。
吳汝綸：傾否，反否爲泰也。
丁壽昌：傾覆也，反成泰。蘇蒿坪曰變兌毀折傾象，兌說喜象，居否終故後喜也。
伊藤長胤：傾否爲泰，然否尚未復，必至復方有喜，故曰先否後喜，人昧於倚伏之義，預防之道，可不講傾否術乎！
馬通伯引王宗傳曰：言傾否而不言否傾，人力居多焉。其昶案，何可長言當變而之正也。

薛嘉穎：去否不可不盡，以身先當其否而傾之，後乃有喜也。何氏楷，不曰否傾而曰傾否，人力勝也。黃道周：聖人在不當否之時，慮其亂於小人之群，在上慮其忽於其亡之戒，其爲世通計至深遠也。

劉次源：上當否極，否之將已，以剛傾柔，傾之亦易，出于水火，云胡不喜。人心厭亂，何可長此糾紛也。

曹爲霖：乾亢猶不免悔，況乾亢居否之終，有不傾者乎！周興以火甕敎俊臣而即自犯入甕之命，否終則傾之明證。

李郁：亢極必傾，上顚于下而否乃去，事屬可喜。上居否終，終則窮，否豈可久，故曰何可長也。

胡樸安：說文傾，仄也。引申有覆義，五之否息止猶未去，上爻之否，傾覆而去矣！所以先否後喜，否不可長久也。

高亨：傾疑讀爲頃，說文頃，頭不正也。因而一傾首之時間亦謂之頃，頃久，不待頃，有頃，少頃言未久。頃否，猶言暫否，暫時否塞，過喜慶即至，故曰先否後喜。

徐世大：傾，說文仄也，从人从頃，頃亦聲。又頃頭不正也。動詞有踰越而勝之義，今譯打倒壞運，最後必有喜。

屈萬里：終極則反。喜有興義。見經義述聞卷三。

傅隸樸：到上九否道走盡了頭，否傾就回到泰，傾否予人大憂，否盡泰來，人便大喜，也就是先憂後喜的意思。

黃慶萱：推翻小人統治，扭轉閉塞風氣，起初滯礙難通，最後卻有歡樂喜悅。

徐芹庭：傾者倒也。否終則傾倒，陰反在上而泰矣。蓋物極則反，故先雖否，後則喜矣！變兌喜之象也。

金景芳：否傾了，否要變成泰。說傾否，不說否傾，表明人力很重要。

沙少海：傾訓覆滅，覆敗，覆亡，這裡訓倒霉。傾否猶言幹壞事的人倒霉，能改過自新，努力向上，最後變好。所以先否后喜。傾訓轉移，轉變，怎麼會長久呢？

林漢仕案：荀子賦云：天下不治，請陳佹詩，天地易位，四時易鄉，列星殞墜，旦暮晦盲，幽晦登昭，日月下藏。螭龍爲蝘蜓，鴟梟爲鳳凰，比干見刳，孔子拘匡。」此國家之否時也。至若加否於人者則反此，彼正處於泰，故能刳比干，使孔子行。明顯對比，可謂君子之處否，必小人之居泰。小人亦有處否之時，此所謂禍福相依也，賈誼謂福兮禍所依、禍兮福所伏。今以京房易爲說之陰陽八字論，以子午二時爲喩，子乃午夜陰之最盛而陽生，午以陽之最盛而陰生，蓋最盛而后之遞減，減一分陰，增一分陽而至大明，同理、減一分陽而至大陰。故福中伏禍，禍中生福，聖人之欲參天地之理者，教吾人福中惜福，延福，而享無窮之福，禍中速去，如之何使禍之疾速遠揚，指示人力也。人力之所可左右天理者在此。今否運之過九五、可以休否，否道之高峰已過，上九則力傾去否之時機成熟，猶之否之匪人，不利君子時匪人當道，今君子力傾去否，去否之匪人，雖未必君子登場，然匪人之去，不祗君子之禍可止，亦家國萬民之福分可以企盼也。先儒强調否去泰來，乃樂觀熱切時運之流轉必然如此，而事實又非盡然也。蓋由否至泰，必須先經風雷益洎山澤損而后才再見三陽開泰，否泰未必循環賢者熱中郅治之來，其情雖稚而眞也。現在試觀賢者對爻文之宏論，如何傾否，先否後喜之理安在：

象謂否終則傾。是順自然流轉之勢，如自然腐爛，自然流失之類。侯果謂傾爲覆。傾畢則通，故後喜。侯果解否字，否塞不通，通則不否塞，不否塞故喜，皆解否字轉出。虞翻謂否終必傾，盈不可久，故先否。「盈不可久」蓋謂否卦之乾上九，上九變，則盈不可久也。然則上九變則卦成萃（澤地），上下循環則成益（風雷），所謂陰剝陽又成觀（風地）。成益是体震。澤地萃，上卦兌，兌才是說，虞氏民說無疆則祇是上九變成萃而非流轉風雷益矣，王弼，孔穎達與侯果說同，正義在「否道已終」而后，立即著墨「此上九能否毀其否」，元、梁寅故準之曰「言傾否者人力傾時之否。」馬通伯引王宗傳曰言傾否而不言否傾，人力居多焉。梁寅不敢違俗，尙謂人力傾時之否，時之否則人著力半可矣。若人力居多則人力之去否也。宋代諸賢似仍主天運流轉，程子故謂「物極必反，故泰極則否，否極則泰。否傾則泰矣，後喜也。」程夫子之否泰流程，只運行於兩極端，不無爭議。猶之言極好，言極壞，非極好則極壞。大起大落非常有，極好極壞亦非常有，如之何循環也！不能流芳百世，就要遺臭萬年，如此極端思想，正被幾許大儒渲染，無怪乎盜蹠亦有其仁義禮智信。虎狼亦仁也。東坡之「否至於此，不可復。」朱子「以陽居否極、能傾時之否者也。」摧枯拉朽矣，費力小而傾蕩埽除矣！項安世以陰陽相得爲喜。天地否，前侯果謂傾畢則通，通則不否，天地既通，陰陽自然相得，喜也。解喜爲得矣，然則奈何卦仍否之上九？變則非否矣，非否而言否上九，幻象矣夫！朱震之否終，天運極矣。說無不是，然否毀兌成，兌爲說，巽爲長，則卦已二變矣！一變尚不可，況二變爲說邪！來知德之變兌成悅，又木在下今反上說同朱震之二變卦也，而顚倒陽陰上而泰說，又落入程子之二端矣。孔子聖人何在！孔聖人能「叩其端而竭焉。」否運之傾已足喜，何必顚倒成泰而後喜也。猶之風雨中人，茅屋山洞亦喜足以禦寒凍，何必一定要棲之以鉤心鬥角，重簷萬落之樓臺才喜。前者是近景，後者或係理想也。王夫之言「上九遠處事外與陰絕無干涉，上九行攻擊之威，三陰無力，六三羞，乘高乘時下傾，消否而人心悅。」夫之先生乃作文也，非是以否上九論爻位之所當發，上九處卦外，無位者也。李富孫云：凡上爻稱終，稱末，稱上，高，亢，窮，極，天，首，頂，角，何。則上爻皆得謂安時處順可也，要革命創新如太公之遇文王，實不可多得也。夫之先生謂上「九行攻擊之威」，不無「歲不我與」之嘆：抑三眞知羞，人知賤惡而得人助力？吾嘗謂六爻之歷程，乃卜者之歷程，可以並世而未必非並世說不可，易之六爻非以自我矛盾生吉凶，即自我矛盾亦有其統一之慣例，易眞成矛盾統一之論箸矣！李光地之謂「否不盡不可爲善。」從人性善惡觀點言，孟，荀之兩端不足以言盡性也，必否盡而後善，豈足言與人爲善？天下無眞善人矣！否運中早已包孕去否往善之志也，蓋亦人性往上游乎！李塨、吳汝綸、丁壽昌而下，皆樂觀否泰之循環，伊籐長胤稱「人昧於起伏之義。」是眞否極泰來矣：胡樸安，徐世大皆引說文傾，胡有覆義，徐稱踰越而勝，譯「打倒壞運」則一也。高亨「疑傾讀頃，頃否猶言暫否，暫時否塞。」高亨之疑，可有一比：曾經滄海之酒女，自謂黃花閨秀；久爲慣竊之時遷，毛遂，失手後稱我乃初犯。明人眼中即不予道破，疑情亦何以堪！否之至上九矣，否之歷初二三四五矣，而上九言暫否，頃爲有頃，頃刻爲頃，疑傾爲頃之不當也。屈萬里謂「喜有興義，見經義述聞。」甚是。蓋人皆有不甘處否，已經初之除莠草、二存善念、三知羞惡、皆所謂先否也，上九傾否，此時不興起，更待所時。然興起也者，不得如朝陽之旭昇也，蓋「朝聞道」之興起鼓舞也，興發鼓舞，已足當前時之忍羞也。傾否，傾之使否，天運人力各半，既合自然之流轉，潮流之趨勢，結合人力，四兩撥千斤，否之去也，前時低迷厄運，至此欣欣然興起生機而轟轟烈烈從事矣！

豫卦

䷏豫，利建侯，行師。

初六，鳴豫，凶。

六二，介于石，不終日，貞吉。

六三，盱豫，悔；遲，有悔。

九四，由豫，大有得，勿疑，朋盍簪。

六五，貞疾，恒不死。

上六，冥豫，成，有渝，无咎。

☷☳豫，利建侯，行師。

彖：豫，剛應而志行，順以動豫，豫順以動，故天地如之，而況建侯行師乎！天地以順動，故日月不過而四時不忒。聖人以順動，則刑罰清而民服，豫之時義大矣哉！

象：雷出地奮豫，先王以作樂崇德，殷薦之上帝，以祀祖考。

鄭玄：坤，順也，震，動也。順其性而動者，莫不得其所，故謂之豫。豫，喜佚說樂之貌也。震又爲雷，諸侯之象，坤又爲衆，師役之象，故利建侯行師矣。

虞翻：復初之四，與小畜旁通，坤爲邦國，震爲諸侯，初至五体比象，四利復初，故利建侯，三至上体師象，故行師。

侯果傳彖：四爲卦主，五陰應之，剛志大行，故剛應而志行。

崔憬傳彖：坤下震上，順以動也。傳象：有龍奮迅豫躍之象。

九家易傳彖：震建侯，坤行師，建侯所以興利，行師所以除害。利興害除、民所豫樂。猶武王建侯行師、民得豫說，君得安樂也。

孔正義：取逸豫之義、以和順而動、動不違衆、衆皆說豫。動而衆說，故可利建侯。以順而動，不加无罪，故可以行師。四无德者，以逸豫之事，不可常行，時有所爲也。縱恣寬暇之事不可長，行以經邦訓俗，故无元亨也。逸豫非幹正之道，故不云利貞。莊氏云建侯即元亨也。行師即利貞也。屯卦元亨利貞後別云利建侯。恐莊氏說非也。
程頤：豫順而動。豫之義所利在於建侯行師。夫建侯樹屏，所以共安天下，諸侯和順、萬民說服、兵師之興、眾心和說則順從而有功，故說豫之道利建侯行師也。又上動而下順，諸侯從王師，眾順令之象。君万邦、聚大眾、非和說不能使之服從也。
張載：上動而下不順，非建侯行師之利也。
蘇軾：豫之言暇也。暇以樂之謂豫。建侯所以豫，豫所以行師也。故曰利建侯。行帥，有民而不以分人，雖欲豫可得乎！子重問晉國之勇，欒鍼曰好以暇，是故惟暇者為能師。
朱熹：豫，和樂也，人心和樂以應其上也。九四一陽，上下應之，其志得行。又以坤遇震，為順以動，故其卦為豫，而其占利以立君用師也。
項安世：豫之時，六五貞疾，九四為由豫之主，故為利建侯，行師由我，而豫非建侯乎！朋盍而濟，非行師乎！豫四震，主器之長子，有建侯之象。豫順以動，故為利建侯。行師，坤為眾故曰師。九四一剛應，剛應即朋盍簪，志行，即志大行也。刑罰清而民服，非謂簡省刑罰以悅民也。又居豫之時，不矜則怠，是以禍亂相尋，倚伏不休。
朱震：豫，謙之反。謙九三反而之四，四動，群陰應之，我動彼應，豈不豫乎！和豫也，休逸閑暇之謂也。謙九三，三公位，自二以上有師体，反之則三升四，四為諸侯，三公出封，故利建侯。師動而往，行師之象，故利行師，二者皆順而動，順民欲則民說之，說、豫也。天地之動始坎，歷艮震左行，地之動始離歷坤兌右行，日月會爲牽牛，萬物成於艮，故曰天地以順動，此以九四互体論坤震之義。

李衡引陸云：一陽爲主，衆陰從之，動於上而下順。引胡云：天下之人既悅豫，則當建諸侯而分天下，出兵師而討叛逆，武王一怒而安天下之民，孰不悅豫而順從。

梁　寅：豫有三義：和豫、逸豫、備豫也。卦德下坤上震，爲順以動。凡事順理而動則人心和豫，故利建侯行師也。又震陽卦，一君二民，建侯之象也。坤爲民，行師之象。

來知德：震長子主器、震驚百里、建侯之象。中爻坎陷，一陽統衆陰，行師之象。

王夫之：豫，大也，快也。一陽奮興積陰之上，拔出幽滯之中，其氣昌盛而快暢，故爲豫。孤陽居四失位，靜極而動，順以待時，有功之象。天下既順而建諸侯、討有罪以興師、乃王者命討之。

李光地：一陽居上体而上下應之，志行，人民和附，內順外動，又雷出地而聲氣暢達，動萬物之和，皆所以爲豫也。建侯行師，人心和豫，無不樂從，又建侯以宣德澤，行師以除暴亂，亦致豫之道。

毛奇齡：豫有二義，早計也。樂也。震爲侯，坤爲土，建侯象也。一陽統五陰，震長子帥行師之象。豫，長陽絀陰之義。又坤母震長男，母老子强故曰豫。

李塨：豫，樂也。母老子强故豫。以居樂坤內，故利建坤國之侯，出威震外，故利行長子之師。又九四志行无枉，用順以動，不其豫乎！

吳汝綸：豫，樂也。太玄亦準之爲樂。釋文豫，備。國語以居樂出威爲說、居樂、豫也；出威、建侯行師也。此二事以順動、人樂之爲主、不豫，不可爲也。

丁晏：殷薦之上帝、釋文殷、京作隱。

李富孫：殷薦之上帝、以配祖考。殷作隱、詩如有隱憂，文選引韓詩作殷憂。又漢劉熊碑云勤恤民殷，此以殷爲隱。薦本作藆、或作廌、非。配、漢志引作亨。文異而義通。

薛嘉穎：邱氏富國屯有震無坤則言建侯不言行師，謙有坤無震，則言行師不言建侯，此合震坤成卦，故兼之。

丁壽昌：豫、喜豫悅樂貌。晉語母老子强故曰豫。利建侯行師、居樂出威之謂也。韋昭注居樂，母在內。出威，震在外。象四時不忒作貸，貣，忒說文更也。

曹爲霖：思庵葉氏曰天下非經營禍亂足憂，養安無事可畏！大康逸豫滅德、穆王荒遊無度、漢武不自逸豫、不吝通侯，立威絕域，迄元成邊境晏如、伊誰之利？豫之建侯行師，甯其不然？

馬通伯傳彖引姚永樸曰如、從也。案樂、威皆指四，四在內爲震侯，故居樂，在外爲長子，率眾以行師故威。

劉次源：豫者說豫，順意以動，動无忤己之心。坤爲國土，震以一陽爲眾陰主、建侯行帥，象之所取。

胡樸安：說文豫，象之大者。大象行步安詳，故豫訓爲安。爾雅豫、安也。釋文豫、備也。爾雅豫、樂也。豫，先建侯後行師。建侯檢閱軍隊、豫之事也。禮記凡事豫則立是也。

李郁：豫備于事先、事未至措置裕如，既至指揮若定。有備而動，操勝算無疑。豫、佚也、佚豫，晏安鴆毒，般樂怠傲，是自求禍也。震爲長子故利建侯，一剛統衆陰，故利行師。

伊藤長胤：豫、和悅也。卦体九四爲主于上、上下五陰應之。卦德內順外動，此陽剛之才，得人心亦順人心。

于省吾：宋李過西谿易說引歸藏有夜卦、無豫卦。夜卦即豫卦、夜豫並喩母字，音近字通。繫辭重門擊柝以待虣客，蓋取諸豫。九家易、柝，兩木相擊以行夜也。坤夜、(坎)即手持柝木夜行擊門之象。豫夜通假不明、古義久已湮矣！

楊樹達：劉向說雷二月出，其卦曰豫，言萬物隨雷出地，皆逸豫也。引魏武讓封書：臣祖父中常侍侯時，但從輦扶翼左右，臣聞易豫卦利建侯行師，有功乃當進立以爲諸侯也。

高亨：筮遇是卦，建侯行師皆利，故曰利建侯行師。

徐世大：凡事豫則立，言前定不跲，事前定不困，行前定不疚，道前定不窮，豫今言預備。不特料敵幾先，亦爲失敗作準備。精密規畫，然後施行。

屈萬里：釋文馬融曰「豫、樂也。」字出爾雅。忒，釋文作貣，鄭玄、差也。過，虞曰失度。配，漢書作亨。殷，甲文作衣，京作隱，按殷衣隱聲皆相近。

傅隸樸：豫的眞諦在上位者行動順民心，民之所好好之，孟子：吾王不游，吾何以休？一游一豫，爲者矦度，是本卦立義所本。建侯是獎，行師是懲，獎懲都順民心是豫。

徐芹庭：震爲長子，主器震驚百里，建侯之象，又一陽統群陰，行師之象。

沙少海：本卦是講思想修養的專卦。一、天暖時雷生于地，天寒返于地。春雷震万物、草木茂、禽獸殖，爲民上者遵自然規律，就能物阜民康。二、豫、早也。禁於未然爲豫、爲預計，一爲猶豫，必有悔。封侯建國，行師出兵，統帥必須詳慮。

金景芳：上卦震，長子主祭，故利建侯。下卦坤，是眾，故利行師。

鄭衍通：利建侯行師謂日落月出於東，必九月半也。順動，天之星位亦變動。日落提早、月出亦較早，況利建侯行師乎？四時之序不差（忒），九月斷獄之時，刑清民服。

林漢仕案，卦辭異說較少，約言之，古今大家所見略同也。然仍宜逐字徵信對比，庶得發明豫義。豫，卦名。豫之義可有：樂也，悅也，喜也，佚也，游也，備也，秋行曰豫，素也，厭也，安也，敘也，干也，豫，亦未定也，舒也，序也，章池中臺也，預也，本作悆，早也，今之枕木也，逆也，州學也。一豫字耳、二十餘義必備而後豫，不豫矣，是以各家集中在字義之選擇，有从上雷下地而成其豫者，又逕釋豫義者，如：

彖：剛應，順動故豫。　象：雷出地奮豫。　鄭玄：坤順震動，順性而動故豫。　崔傳象：坤下震上，順動。九家易震建侯，坤行師，興利除害，民所以豫樂。　孔正義：動不違眾。眾皆悅豫。豫順而動，萬民悅服。　蘇軾豫之言暇也。暇，从樂之謂豫。　朱熹：和樂也，人心和樂以應上，一陽而上下應之。項安世：九世豫主，刑罰清而民服。　朱震：謙反，我動彼應，和豫，休逸閑暇之謂也。順民欲則民悅，豫也。李衡引：一陽爲主，上動下順。梁寅：豫有三義：和，逸，備。凡事順理而動，人心和豫。王夫之：豫，大也、快也。一陽奮積陰之上，氣昌而快暢故豫。李光地：而聲氣暢達、萬物和、皆所以豫。毛奇齡：豫有二義：早計也，樂也。又長男，母老子强曰豫。吳汝綸：豫、樂也，釋文備也，國語居樂曰豫也。丁壽昌：豫喜豫悅樂貌。韋昭注居樂，毋有內也。劉次源：動無忤己之心。胡樸安：豫象之大者，大象步行安詳，故訓安。爾雅豫安也，樂也。釋文，備也。建侯行事，檢閱軍隊，豫之事也。李郁：豫，備于事先。佚也，佚豫，晏安鴆毒。伊籐長胤：豫，和悅也。于省吾引：歸藏有夜卦，無豫卦、夜卦即豫卦、夜豫通假、古義久已湮滅矣！楊樹達：雷二月出、其卦曰豫、万物隨雷出地、皆逸豫。徐世大：凡事豫則立、今言預備。傅隷樸：豫的眞諦在上位者行動順民心。沙少海：本卦講思想修養的卦，一、天暖雷出地，天寒返于地，爲上者遵自然規律則物阜民康。二、豫、早也。禁於未然爲豫。

豫，序卦「有大而能謙必豫，故受之以豫，豫必有隨。」又雜卦「謙輕而豫、怠也。」繫辭：「重門擊柝、以待暴客、蓋取諸豫」。韓康伯注取其豫備。正義豫者取其豫有防備。

豫之時義大矣。序卦之大有，能謙、必豫。從字面上之大有，謙謙君子，皆致豫之源。大有而謙、其心休休焉，其如有容焉，序其必豫也者，是當然之事也，故先聖次其卦於大有謙之后。雜卦則提出反義加以警告，謙若輕，而豫必怠也。非是豫義有怠。猶之福禍、福是福，禍是禍、絕然南北，界限明確，然「福兮禍所倚，禍兮福所伏。」是否泰之所以循環、理之所昭彰者。繫辭重門擊柝義，韓康伯注取其豫備。平安是福，故有備无患，小則身存，大則憂樂先天下，福及萬民。豫備即預備。凡事預則立，能立，樂悅之所出也。觀易家立義多著力於是，茲依例排比先賢豫義：

一、以順動爲豫者兼及因雷地之卦像而說其卦德。震之建侯，坤之行師，或依逸像震諸侯，或謂坤衆以合卦辭。彖象鄭崔之說也。

二、豫之言暇也，和樂也，和、逸、備也、早也大快也。蘇氏而下易家傳論。沙少海由早義更引爲禁未然爲豫。

三、豫之言悅，有云民悅、有云動無忤已之心、蓋已悅也，有云母老子强曰豫，有云聲氣暢，萬物和所以豫者。

四、豫樂，預備，豫怠、因豫訓怠而發展成之晏安鴆毒。

五、豫卦即夜卦、夜豫通解。于省吾之說。

六、獎懲都順民心是豫。

胡樸安之引說文「豫、象之大者。」其後云大象步行安詳訓安，又以檢閱軍隊爲豫事（樂也，備也）則有不爲然之發，大象步行安詳，大象亦有怒奔之時也，象之群奔，其勢安詳乎哉！胡樸安只取其一而略其萬。又檢閱軍隊爲樂豫，則是窮兵黷武者病態兵家，又檢閱軍隊爲豫備，可知爲何而戰？雖然生於憂患，死於安樂說乃求生存要件，然兵家多以戰求功，孟聖故又於「善戰者服上刑」節之，以武止武故豫，以侵奪爲豫則凶隨之矣。胡氏之訓固非時可之豫也。

豫爲有容弗怠，備先而和樂爲豫殆爲其義。于省吾之嘆豫夜通假不明，古義久已湮滅。于亦知歸藏之不傳，夜卦之序，大有而后能謙，謙必夜？如何曲說使謙後陰夜？莫夜？坤夜？坎夜？是豫之復夜字無義也。況荀子勸學有夜干，今作射干，是豫又可爲射矣。夜讀作液，國策齊策「今將軍東有夜邑之奉。」說苑作「掖邑。」是夜通液，作掖，而又可爲射卦，掖卦矣夫！

利建侯，行師。

彖以剛應志行，順以動，豫，天地如之，況建侯行師乎！

郭玄雷，諸侯之象，坤眾，師役之象，故利建侯行師矣。

虞翻：坤爲邦國，震爲諸侯，体比，故利建侯，体師故行師。

九家易：震建侯，坤行師。建侯所以興利，行師所以除害。

孔穎達：動而眾悅，故可利建侯，不加无罪，故可以行師。

程頤：建侯樹屏，所以安天下。上動下順，諸侯从王師。

蘇軾：建侯所以豫、豫所以行師，故曰利建侯。

朱熹：占利立君用師也。

項安世：四豫主，故利建侯。行師由我，非建侯乎！四震主器長子，有建侯之象。坤爲眾故曰：師，

居豫不矜則怠，禍亂相尋。

朱震：謙九三公位，升四爲諸侯，故利建侯，師動故利行師。

李衡引：一陽爲主，動上下順，人已悅當建侯分天下，出兵討叛逆，武王一怒而安天下之民。
梁　寅：凡事順理而動則人心豫，故利建侯行師也。
來知德：長子主器、震驚百里，建侯之象，一陽統衆陰，行師之象。
王夫之：孤陽居四失位，順待時，有功之象，天下順而建諸侯，討有罪而興師。
李光地：一陽上下應，內順外動，萬物和，建侯行師，無不樂從。又建侯宣德澤，行師除暴亂亦致豫之道。
毛奇齡：震爲侯，坤爲土，建侯象也。一陽統五陰、震長子帥行師之象。
吳汝綸：居樂，豫也，出威，建侯行師也。
丁壽昌：居樂，母在內也；出威，震在外也。
馬通伯：樂，威皆指四，在內爲震侯，在外爲長子。
李郁：震爲長子故利建侯，一剛統衆陰故利行師。
楊樹達引：有功乃當進立以爲諸侯也。
傅隸樸：建侯是獎，行師是懲，獎懲都順民心是豫。
沙少海：封侯建國，行師出兵，統帥必須詳慮。
金景芳：長子主祭，故利建侯，下卦坤衆，故利行師。
除鄭衍通以「日落月出於東，必九月半也。」謂爲利建侯行師，已指時令，又實指斷獄刑清。天上地下同指，天上者，已按表一索即得，地下者，依文字配合也。鄭說別爲一格，不與「同中國也」。此處略不述。他如論建侯，論行師者，各有立場，而大率不離卦象卦德立說，上卦震雷，故以長子主器，震百里，震動，震爲諸侯入題。下卦坤，坤爲眾，坤順，坤土，坤爲邦國說坤，故謂利建侯行師也，朱熹則謂利占立君行師也。朱子就全卦言，重心在九四，朱震以謙九三升九四本公位而爲諸侯，金景芳長子主祭故利建侯，想係主器之誤，孰是長子也？而主祭者長子多矣，皆得建侯乎！主器專用之以稱太子，以太子稱建侯固小之，寧若萬民之嫡長皆得建侯爲是？況有時女子亦得主祭邪！唐張籍詩「無家空託墓，主祭不從人。」蓋謂以女代行子職也。是金景芳長子主祭利建侯有可議之處也。

初六，鳴豫，凶。

象：初六鳴豫，志窮凶也。

虞翻：應震善鳴，失位，故鳴豫凶也。又傳象：体剝蔑貞，故志窮凶也。

王弼：處豫之初，而特得志於上，樂過則淫，志窮則凶，豫何可鳴！

孔正義：獨得應於四，逸豫之甚，是聲鳴于豫，但逸樂之極，過則淫荒，獨得於樂，所以凶也。

程頤：初六陰柔居下，四豫主應之，是不中不正小人，處豫爲上所寵，其志意滿極，不勝其豫，至發於聲音，輕淺如是，必至於凶也。鳴，發於聲也。

張載：知幾者上交不諂，今得應於上，豫獨著聞，終凶之道。故凡豫之理，莫若安其分，動以義。
蘇軾：所以爲豫者四也，而初和之，故曰鳴。已无以致樂，而恃其配，以爲樂志不遠矣！志在因人之樂而樂，因人之憂亦憂，所因者窮，不得不凶。
朱熹：陰柔小人，上有强援，得時主事，故不勝其豫，而以自鳴，凶之道也。卦辭爲衆樂，爻辭除九四同外，皆爲自樂，所以有吉凶之異。
項安世：初六，悅樂之豫也。以往事驗之，則弦黃之恃齊以爲豫者也。初六，小人也。見己之應爲主於上，即矜誇自鳴，其志已極，能无及乎！
朱震：四者豫之主，初六不中正而順從，逸豫者也。初四相易成震，震爲聲，有相應而鳴之象。至未流則志窮而凶，中爲志，謂四也。初復動而之四則止而不行，其志窮矣，太康，后羿之事乎！
李衡引石：四爲豫主，初與之相應，小人得志必極其情欲，以至於凶形於聲，鳴豫之甚也。引胡：小人得志，悅豫過甚，聲名流傳于外，所以凶也。引介：鳴者接於物而感之者也。於位爲下，時爲始，德爲柔，不中接於上而感之以豫，所以凶。引薛：淺者易樂，始樂而鳴，窮可待也。
梁寅：九四近君得政，初六與之應，是小人阿附權臣，縱志自樂，故謂之鳴豫。言以逸豫自鳴而无所忌憚也。如是凶之道也。
來知德：初六，九四正應，九四由豫，初據其應，欲相從而和之，故有鳴豫之象。然初位卑，四近君，志大行之時，初不中，情乖豈能唱和？初志窮矣，凶之道也。

王夫之：初四相應，故見九四之奮興往向以豫，柔德既不勝於時，方在潛藏，不度時審義，妄欲取悅，志淫而才不堪，故凶。豫之時義，非涼德所堪，故爻多不吉。

李光地：卦以眾樂爲義，爻以自樂義，九四爻辭與卦同，自樂以禮則爲和豫矣！眾樂不以禮亦爲逸豫，陰柔則無立，處下則志卑，當豫得應，喜而聲鳴，凶之道也。傳象志意窮滿以至於鳴，則凶矣。

毛奇齡：上震當鳴，初自復來，向時震鳴今易爲坤暗矣！乃復倚虛震而爲之鳴。夫無實而有聲者爲妖，（鼓妖）況鳴在四而我先之，計太早則似豫而實窮矣！窮則凶，又何樂！

李塨：初六豫，鄙哉！居卑遇九四尊，沾沾得志，負販之子，偶附人輿，遂若登天，樂極而窮矣！欲不凶得乎！

吳汝綸：卦與謙反，豫初即謙上，故亦爲鳴。鳴豫自爲滿，故凶。此死於安樂之說也。

伊藤長胤：豫以柔居下，上應四，柔有强援而逸豫，不勝其喜至發於聲音，故曰鳴豫，浮躁如此，所以凶也。

薛嘉穎：初恃其應而志意窮滿以至於鳴則驕肆而致凶矣。王應麟鳴謙則吉，鳴豫則凶，鳴者心聲之發也。

曹爲霖：紂作靡靡之樂，所謂鳴豫也。後世桑間濮上，猶傳亡國之音，豈不凶乎！

丁壽昌：虞仲翔，体剝蔑貞，故志窮凶也。案豫初至四互成剝，虞說得之。

馬通伯：子夏謂鄭音淫志，宋音溺志，衛音煩志，齊音喬志，此四者皆淫於色而害於德，是以祭祀弗用用。初之鳴豫，即子夏所謂溺音也，故凶。
劉次源：樂必與眾同而後能樂，諸爻皆欲獨恣其樂，故多不吉也。
李郁：初失位，有應于四，自喜而效其佚豫，矜誇招禍，故凶。傳象，初不能下，无所往故志窮。
胡樸安：檢閱軍隊，未免有窮高極遠之志，志太過則凶。
高亨：雜卦傳豫，怠也。釋詁，厭也。字亦作斁、懌、豫皆謂厭倦。鳴豫者謂令聞既彰，持事厭倦，正志驕意盈之象，與鳴謙相反，故曰鳴豫凶。
于省吾：鳴豫應讀作冥夜，音近字通。夜者坤，剛柔者晝夜之象也。初六處坤初，冥夜黑暗之象，故凶。易凡取冥暗之象均謂坤與坎，無他象也。（夜舍舒余豫以音相通假）
徐世大：鳴豫與鳴謙同屬口頭聲明。豫如今日之「議而不決，決而不行」登廣告式的豫備，不妙！
傅隸樸：陰柔無才德之人，用便辟，善柔，便佞手段獲寵，亦必以不正固寵，終久必凶，所謂鳴豫，即取寵，漢書佞幸傳董賢之寵尤盛，父子並爲公卿，進不繇道，適足害也。
徐芹庭：豫謙相綜，初六皆言鳴，震性決躁，所以凶。初欲從四而四權臣，其志正大行，上下懸絕，不得唱和，其志窮矣！
金景芳：鳴謙好，鳴豫不好。鳴豫，把樂搞過分了就不好。
沙少海：鳴豫與上六冥豫相對成文。鳴，借爲明，訓亮，引申爲白天。白天應幹工作，而猶豫不決糊塗了事，怎麼不凶！又鳴借爲名，豫借爲娛，訓享樂。荒淫享樂，沒有好下場。

林漢仕案：豫之義，字書所列以樂悅等廿餘義，易傳家則特中意於順動豫悅之豫，懼怠忽而早防疏漏之豫備二義而已！于省吾之豫，夜通假，彼云「鳴豫應讀作冥夜。易言鳴者四見，均應爲冥。（中孚九二鳴鶴除外）坤坎象，孟氏逸象坤爲冥，爲莫夜，初六坤初，冥夜黑闇之豫，故凶也。」似有待商榷：徐世大云「上六冥豫與初爻鳴豫相反。」茲錄各家言以爲比較，以見衆說中孰爲長也。初爻鳴豫、豫爲主体而鳴爲附加詞以限定豫之狀態，如上文提及豫義有：樂悅，佚游，備豫，敘、干、舒、早、逆等義，則鳴也者，用之樂悅，端視禮之發，有感而聲，聲自隨形，形聲相應，故詩言「在心爲志，發言爲詩、情動於中而形於言、言之不足故嗟歎之……不知手之舞之，足之蹈之也。」又云「治世之音，安以樂、其政和；亂世之音怨以怒，其政乖；亡國之音哀以思，其民困。」而鳴豫，是手之舞之，足之蹈之之豫也。于省吾鳴豫兩字皆改，謂假借字，本爲冥夜，然則序卦者，繫詞者，彖，象之作者，韓康伯之注繫辭，鄭玄，虞翻皆有疏失矣！而初六鳴豫爲冥夜，然則奈何上六冥豫之文矣？冥夜何爲凶？天下正有無數好事成之於冥夜，夜有何罪？坤亦何辜？各家之說，依序見於左：

象云：鳴豫，志窮也。

虞翻：應震善鳴。失位故鳴豫凶。体剝蔑貞故志窮。

王弼：得志於上，樂過則淫，豫何可鳴！

孔正義：應四逸豫之極，過則淫荒，獨樂故凶。

程頤：初六陰柔，不中不正小人，四豫主應之、不甚其豫至發於聲，輕賤如是。
張載：豫理莫若安其分，動以義。豫獨著聞，終凶之道。
蘇軾：豫者四，初和之故曰鳴。志在因人之憂樂也。
朱熹：小人上有强援，主事不勝其豫而自鳴，凶道也。
項安世：初六小人也，應上即矜誇自鳴，能无及乎！
朱震：四豫主、初不中正順從，逸豫者也。初四相易成震聲，有相應而鳴之象。
梁寅：初四應是小人附權臣，縱志自樂，故謂之鳴豫。
來知德：初四正應，初欲從和，故有鳴豫之象。四近君，初不中，情乖豈能唱和，初志窮，凶道也。
王夫之：豫之時義，非涼德所堪，初方在潛藏，妄用取悅，志淫才不堪故凶。
李光地：初處下志卑，豫得應，喜而聲鳴，凶之道也。
毛奇齡：震鳴在四而我先之，計太早似豫實窮，又何樂！
李塨：初六卑遇九四尊，沾沾自得，負販子附人輿，遂若登天，欲不凶得乎！
吳汝綸：鳴豫自爲滿，故凶，此死於安樂之說也。
伊藤長胤：柔有强援而逸豫，不勝其喜而發聲音，浮躁如此。
薛嘉穎：初恃應志滿，必驕肆而致凶矣！
曹爲霖：紂作靡靡之樂，所謂鳴豫也。桑間濮上，亡國之音，豈不凶乎！

馬通伯：初之鳴豫，即子夏所謂溺音也，故凶。
劉次源：諸爻皆獨恣其樂，故多不吉。
李郁：初失位，應四，自喜佚豫矜誇招禍。
胡樸安：檢閱軍隊，有窮高極遠之志，太過則凶。
高亨：豫皆厭倦，令聞既彰，持事厭倦，志驕意盈之象。
于省吾：鳴豫應讀作冥夜。坤初，冥夜黑暗之象故凶。
傅隸樸：陰柔無才德之人，鳴豫即取寵，以不正固寵，必凶。
徐芹庭：震性躁，所以凶，初四上下懸絕，不得唱和，志窮矣。
金景芳：把樂攪過分了就不好。
沙少海：鳴借爲明，訓亮，白天應幹工作而糊塗了事。又鳴借爲名，豫借爲娛，訓享樂，荒淫享樂，沒有好下場。
象點出鳴豫，志窮。虞翻謂体剝，蔑貞，故志窮。張惠言易學十書注云「剝初，四坎爲志，失位故窮，初在剝初故凶也。「又剝初六蔑无，貞正也。」注「消陽无可貞也，初剝始未能正也」。「失位無應，故蔑貞。」注「極言之以起其凶。」虞翻以剝初之失位，無應解豫初体剝蔑貞，顯然有窒礙，蓋剝初無應而豫初有應。是用剝初六之文，無視豫初六之應九四。王弼只言志得於上，志窮則凶。未書明何以志窮，孔正義以獨樂，程夫子云志滿，張載以豫獨著聞，皆不以「志窮」爲要義以循象轉，蘇氏東坡謂因人憂樂而憂樂，所因窮故凶。蓋謂無諸己也。奈何九四與初六正應？四爲卦主，蘇氏假設所因依者不可託則窮矣，而可託則不窮。象之言志窮仍未明何所致而志窮！李光地云「志意窮滿」爲志窮之詮，毛奇齡以「計太早似豫而實窮。」李塨以「樂極而窮。」李郁以「无所往故志窮。」徐芹庭謂「初欲從四而四權臣，上下懸絕，不得唱和，其志窮矣。」似以象言「志窮」爲初爻「鳴豫」之詮釋矣！項安世之「窮當『極』以闡發，故云『其志已極，能无及乎！』象傳作者未誤導，下游作者望文而生義，歧路多而無所遵循矣！徐芹庭之「上下懸絕，不得唱和」。與各家初四之應而「不甚其豫，至發於聲。」大相徑庭、蓋初四相應也。來知德云「四近君，初不中，情乖豈能唱和。」不知四亦不中也，豈來氏之意，四近君爲卦主，雖不中亦中矣？徐君上下懸絕之文是依來氏作文矣！

鳴之義：鳥聲也，震爲鳴，名也，鳴者始相命也。鳴玉，玉也。鳴鏑，髐箭也。鳴鳩，斑鳩也。鳴澤，澤名。鳴石，似玉色靑。單一鳴字之義，僅限鳥聲，名也二義而已，若二字連文，則又只從下字之義，是鳴豫以豫爲主導，程頤之「不勝其豫。」朱熹之「上有强援。」傅隸樸之「取寵。」皆不言窮於志而意在其中矣。蓋逸樂而鳴，縱欲而不知手之舞之，足之蹈之。豫備之揁，防疏漏之預，雜卦所示，警以豫怠，幾爲「不勝其豫」所掩蓋。程夫子之「不勝其豫，至發於聲音，輕淺如是。」似言男女愉悅，兩情華沸狀態，雖淺卻是至情流露，無矯柔之造作，漢成帝在飛燕姊妹床第前有男子氣慨，飛燕姊妹之賜也。靠山一倒，雖擁有銀海金山，萬鐘柔情皆灰飛煙滅矣！何爲不凶！象之言志窮，蓋亦指所倚杖者既倒，縱有千百萬之能亦無濟於事，不祇技窮，心志亦窮，無所能再施於人也。傳統易家之見甚是，程老夫子僅得其半解，樂極而悲至庶見凶。後世易傳作家雖有至見，用力勤，發未必中聲也，然以毋怠忽，禁鄭衛之聲，獨樂樂何如與眾樂樂，亦有其深深寄託，憂患意識濃，勸化之聲悲，讀易者能無惻然心動乎！

六二，介于石，不終日，貞吉。

象：不終日，貞吉，以中正也。

虞翻：介，纖也。與四爲艮，艮爲石，故介于石。與小畜通，應在五，終變成离，离爲日，得位。欲四急復初，已得休之，故不終日，貞吉。

侯果傳象：得位居中，柔順正一，明豫動之，可否辯趣舍之權，宜假如堅石不可移變，應時則改，不待終日，故曰豫，之正，吉。

王弼：得位履中，安夫貞正，不求苟豫者也。順不苟從，豫不違中。是以上交不諂，下交不瀆。明禍福之所生，故不苟說，辯必然之理。不改其操，介如石焉！不終日明矣。

孔正義：介于石者，得位履中，安夫貞正，知幾事之初始，明禍福之所生，不苟求逸豫，守志耿介，似於石然，見幾之速，不待終竟一日，去惡修善，相守正得吉也。

程頤：逸豫之道，放則失正，故豫之諸爻多不得正，不與時合也。唯六二處中正，又无應，爲自守之象。特立之操，其節介如石之堅也。處豫不可安且久，久則溺矣！

張載：不終日貞吉，言疾正則吉也。六二以陰居陰，獨无累於四，故其介如石。雖体柔順，以其在中而靜，何俟終日，必知幾而正矣。体順用中，以陰居陰，堅介如石，故在理則爲悟，爲豫之吉，莫甚焉，不以悅豫而流也。

蘇軾：以陰居陰，處二陰之間，晦之極也。靜之至也。以晦觀明，以靜觀動，則凡吉凶禍福之至，如長短黑白陳乎吾前。是以動靜如此之果也。介于石，果於靜也；不終日，果於動也。是故孔子以爲知幾也。

朱熹：豫雖主樂，然易以溺，人溺則反而憂矣！卦獨此爻中而得正，是以上下皆溺於豫，而獨能以中正自守，其介如石也。其德安靜而堅確，故其思慮明審，不俟終日而見凡事之幾微也。大學曰：『慮而后能能得。』意正如此。

項安世：說文介，分畫也。五弱四强，人莫能分，六二辨於去就之分，如介於石，間斷然易識，不待事成，故吉。終日謂成事也。中正之人能早辨，故曰以中正也。二貞於正，雖違眾而吉。六二其人先覺者是賢乎！微子之去，箕子之留，比干之死，分義所在，坦然明白，非中正之人，其孰能之。又曰六二先事之豫也。又豫之時以齊速爲上，故二以不終日得吉。

朱震：四艮爲石，初三不正，二介于不正之間。上交三而不諂，下交於初而不瀆，確然如石不可轉也。不諂不瀆，不過乎中，故曰介于石。三內卦之終，二動離爲日，爲見，不終日也。貞者守正之謂也。知微、知柔，不罹于咎，故曰介于石，焉用終日。

李衡引陸云：介，微也。石者質定之物，纖微之感纔動，而質定之知已定矣。　引牧：介者專一也。中正則貞一，得位則專固，中則不越，正則不亂。雖專介于石，見幾則動，赴幾貴速，終日則後時。　引石：下不從初六鳴豫，上不從六三盱豫，居中守正，不從樂豫，故吉。　引句：匪爲終此一日，可以長守貞正。　引介：當豫之時，知上下之无交而不動，知幾者也。

梁寅：六二中正自守，不附權臣。石安靜，節介如，見幾而作，動靜隨時而不失其宜，所謂君子時中，既中又正，其吉宜矣。

來知德：物分爲兩間曰介。二變剛，分坤兩間，介象。介于石者言操守之堅，如石不可移易，中爻艮，石象。不終日者不溺于豫，見幾而作，不待日晚也。二變中爻離，日居下卦之上，不終日之象。八卦正位，坤二故貞吉。

王船山：二坤主，柔得位而中順，靜居不妄動，介于石也。中立而不倚於物，萬變不出其樞機，善惡之幾不審自著，不終日而應之速，大正而无不吉也。

李光地：不終日，言其處逸豫之不耽也。二德中正堅確，無欲而能知幾，占者正固則吉也。

毛檢討：此以不豫爲豫也。坤中，陰居陰，五不應，當艮山之初，介艮剛五相阻，是介于石也。（艮爲石）離爲日，二離象未竟，是不終日。前有介，自處不終日，然處順守正而吉。

李塨：說文：介，分疆也。故物兩間爲介。守兩間之介不移，亦爲介。二居中，得坤之正位，介守艮山之初，是介于石也。下卦離，二當中，見幾而作，不俟終日者也。豫不肯終其日乃豫矣，故貞吉。

吳汝綸：介者操也。于，大傳作如，介如石，言其堅定。

李富孫：介，古文作砎。鄭云磨砎也。馬作扴，云觸小石聲。說文扴，刮也，廣韻扴，揩扴物也。段氏曰扴于石，謂摩礰于石也。

伊籐長胤：堅介如石也。處豫獨以中正自守，上無應援，闤闠文墨之間，聲伎游觀之場，操守堅固，不可移奪搖動。

薛嘉穎：有所溺則徇情欲而昏，二不耽逸豫故能見幾之明。二介然自持猶石之不可轉。凡物分為兩間者曰介，介者截然不紊之謂。

丁壽昌：案惠定宇曰語類云介于石，言兩石相磨擊出火之象。古文作砎，讀為戛。蘇蒿坪曰互艮為石，變互離為日，據坤体，言有不終日之象。

曹為霖：考槃詩三言永矢，所謂介于石也。陳咸見幾而作，乞骸骨，三子皆解組歸里，猶用漢家臘，此謂介于石。蓋袗衣不易舜之陶漁，赤舄不能萌旦之驕吝。

馬通伯：邱富國曰豫以无所係應為吉。方孔炤曰吹律知師，听樂知德，贊二知幾。倪元璐曰石為眾音所依，舉一總七，石以立辨故曰介，雅音有度故不終日。其袒案眾溺豫，二獨去不留，其介節如石聲之硜而有別也。三為終日，故二有不終日之象。

劉次源：豫境易溺宴安鴆毒。二中且正，其介石石，不可轉移，卓然自立，見幾而作，不俟終日，視不義富貴如浮雲。

李郁：六二已得中正之位，無事于猶豫，此知幾之君子故吉。

于省吾：引虞介纖，艮石。釋文介，古文作砎，馬作扴，云觸小石聲。按詩甫田介，林義光讀爲愒，說文愒息也。介古作𠣘，金文作𠣘、介眉壽之介，愒之假借。介于石應讀作愒于石。豫下坤爲晡時，日西食時也，獨不終日。愒與不終日、均以時言者也。

胡樸安：檢閱軍隊于沙礫之上，足觸小石之聲，言檢閱之地也。不終日者，言檢閱之時也。

高亨：釋文：古文介作砎。說文無砎字，蓋即硈之異文，介吉聲系相通。說文硈，石堅也。砎于石猶言堅于石也。白虎通于作如。堅剛不終日，蓋堅剛者易敗，老子兵強則滅，暴雨不終日。以韌柔爲尙，自有良果。

徐世大：二爻進身，必先人與人間之中人（即介）之紹介。介紹于大人先生，不到一天，久則吉。自兌九四而得介之本義。

屈萬里：姚配中介，操也。孟子曰不以三公易其介。漢書注介，隔也，磯也。詩甫田介，舍也。止息也。于王引之猶如也。今膠東讀如于同音。介釋文馬作扴，鄭作砎。貞—也。

傅隸樸：陰居陰，在下卦中，是行得其中，上不應五，上交不諂，下不比初，下交不瀆，耿介似石。不等一日的終竟，立即逸豫自戒，常保其吉，貞即守正的意思。

徐芹庭：二變剛，分坤為兩間，介之象也。介于石言操守之堅。艮石象。不終日不溺于豫。二變離，居下卦之上，不終日象。六二中正自守，堅確不移，故有此象。

金景芳：介于石即介如石。丘富國說豫諸爻以无所系應者為吉，獨二陰靜中正，特立于眾陰之中，動則見幾而作，不俟終日，動靜之間不失其正。丘把全卦都解釋了。

沙少海：介訓夾。終日，猶言一整天。這裡是說一個人夾在石縫中出不來，幸而不到一天就被人家救出來，還算吉利。

鄭衍通：艮為石，介讀為扴，說文刮也。月如斧刮石之象。或訓介為堅，乃傅會，非爻旨也。中正釋貞。

林漢仕案：首先界定介字之其義，而后石之象，之義得方便安措：

介，各家之見如是：

虞翻：介，纖也。

侯果：假如：不可移。

孔穎達：守志耿介。

張載：堅介。

蘇軾：介于石，果於靜也。

朱熹：其介如石，其德安靜而堅確。

項安世：說文介，分畫也。人莫能分，中正之人能早辨，間斷然易識，不待事成。

朱震：二介于不正之間，上交不諂，下交不瀆，不過乎中，故曰介于石。

李衡引陸：介，微也。　引牧：專一也。　引石：守正也。

梁寅：節介如，所謂君子時中，動靜不失其宜。

來知德：物分爲兩間曰介。言操守之堅。（堅、石。）

王船山：靜居不妄動，介于石也。

毛檢討：介艮剛五相阻，前有介，是介于石也。艮爲石。

李塨：介，分彊也。故物兩間爲介，守兩間不移亦介。

吳汝綸：介，操也。

李富孫：介古文作砎。鄭云磨砎也。馬作扴，云觸小石聲，說文扴，刮也。廣韻扴，揩於物也。段氏云摩⿰口爽于石也。

伊籐長胤：堅介如石也。

薛嘉穎：介者截然不紊之謂。

丁壽昌：言兩石相磨擊出火之象。古文作砎。讀爲戛。

馬通伯引：吹律知師，聽樂知德。又引倪：石爲衆音所依，石以立辨，故曰介。　自案：介節如石聲之徑而有別也。

于省吾：按詩甫田介，林義光讀爲愒，說文愒，息也。古作匄、金文介眉壽，愒之假借，以時言之。
高亨：介，古文作砎，說文無砎字，蓋即硈之異文、說文硈、石堅也。砎于石猶言堅于石、于作如。
徐世大：介，紹介，介紹于大人先生。
屈萬里：介，操也。孟子不以三公易介。漢書介，隔也，磯也。詩甫田介，舍也，止息也。
傅隸樸：耿介如石。
徐芹庭：二變剛，分坤爲兩間，介之象也。介于石言操守之堅確不移。
沙少海：介訓夾，是說一個人夾在石縫中出不來。
鄭衍通：介讀爲扴，說文刮也。月如斧刮石之象。或訓介爲堅、乃傅會，非爻旨也。
介字單解有：
一、纖也。（虞翻。）
二、分晝也。人莫能分、中正之人能早辨。（項安世）
三、微也。（李衡引陸）
四、專一也。（李衡引牧）
五、守正也。（李衡引石）
六、物分爲兩間曰介。（來知德）
七、分彊也。又物兩間爲介。（李塨）

八、操也。（吳汝綸）
九、古文作砎、馬作扴、說文刮也。廣韻指於物也。（李富孫）
十、截然不紊之謂。（薛嘉穎）
十一、兩石相磨擊出火之象。（丁壽昌）
十二、介讀爲愒，息也。古作匄。金文介眉壽、愒之假借。（于省吾）
十三、介，古文作砎，說文無砎字，硈之異文，說文硈，石堅也。（高亨）
十四、紹介。（徐世大）
十五、隔也。磯也。舍也、止息也。（屈萬田引）
十六、耿介。（傅隸樸）
十七、二變剛，分坤爲兩間，介之象也。（徐芹庭）
十八、訓夾。（沙少海）
十九、或訓爲堅，乃傅會，非爻旨也。（鄭衍通）
介于石連訓者：
一、假如：不可移。（侯果）
二、守志耿介。（孔穎達）
三、果於靜也。（蘇軾）

四、間斷然易識。（項安世）
五、介於不正之間，不諂不瀆，不過乎中。（朱震）
六、君子時中，動靜不失其宜。（梁寅）
七、言操守之堅也。（來知德）
八、靜居不妄動。（王船山）
九、介，艮剛，五相阻，前有介，是介于石。（毛奇齡）
十、摩喚于石也。（李富孫引說文）
十一、介節如石聲之硜而有別。（石爲眾音所依）（馬通伯）
十二、砎于石猶言堅如石。于作如。（高亨）
十三、月如斧刮石之象。（鄭衍通）
石象，艮爲石。石義耿介似石然，節如石堅。其德安靜而堅確。介於不正之間，確然如石不可轉。石爲眾音之所依，舉一總七、（磬也）石爲沙礫。夾在石縫中。
查介字經傳有一、大也。二、蒂芥也。三、善也。四、助也。五、副也，稱也。六、紹也。七、特也。八、獨也。九、因也。十、舍也。十一、繫也。十二、操也。十三、節也。十四、別也。十五、界也。十六、猶間也。十七、夾也。十八、纖也，微也。十九、近也。廿、甲也。廿一、馬也，刖也堅固，甲蟲龜鼈之屬，畫也，閒也，隔也，助也，專一也等。

介于石，虞翻以介訓纖，張惠言注以纖介微意，謂幾之纖微如石。論其質邪？抑謂石之體積纖微？實不可理解。而石有本字之義，有引申之義，如耿介，堅固，德安靜，不可轉，石之音聲，沙礫。以六二之得位履中，貞卜亦吉言，豫之時義宜得中和之氣，堅不移有執一之嫌，故吾謂介，當謂生物，石如本義，庶下文不終日，貞吉，上有所承，不終日乃介于石之時間補詞。介、者龜鱉之屬，龜鱉可以兩棲，不執一於水或陸，小憩於石，不終日，是龜鱉愒息之時間，亦六二之時義，六二之貞吉，亦即止息石上之介在不終日之間卜得其吉也。豫之時義似乎可得停當。于省吾云介，林義光讀爲愒，息也。又介古作匄，金文匄，介眉壽之介。愒之假借。金文匄。按金文「用匄眉壽。」匄，乞求也。「介爾景福。」（天）助你大福也。眉壽金文作釁壽，本字躝、久長也。經典上用作永壽、魯壽、萬壽唯壽、麋眉、牟壽、皆謂考壽、長壽也。若謂作愒，匄則祈求長助，經典之介眉壽，似謂（天）助爾高壽也，其義介爲助矣。介于石，助於石，或祈求于石，似無義。若謂二三四爲艮，爲山，爲石，義爲靜止不動，祈求靜止不動。似又嫌枝蔓。鄭衍通之「月如斧刮石之象」，斤訓介爲堅者傅會，吾見鄭衍通之尤其傅會於不可象之象也。

六三，盱豫，悔；遲，有悔。

象：盱豫有悔，位不當也。

向秀：睢盱，小人喜悅佞媚之貌。

王弼：居下体之極，處兩卦之際，履非其位，承動豫之主，若其睢盱而豫，悔亦生焉。遲而不從，豫之所疾，位非所據而以從豫，進退離悔宜其然矣。

孔正義：盱睢，喜說之貌。若睢盱之求豫，則悔吝也。遲有悔者，居豫之時，若遲停不求於豫，亦有悔也。

程頤：六三陰居陽，不中不正之人也。以不中正處豫，動皆有悔。盱，上視也。上瞻望於四，以不中正，不爲四取，故有悔。四豫主，與之切近，苟遲遲不前，則見棄亦有悔。蓋處身不正，進退皆有悔吝。當如之何？在正身而已！

蘇軾以陽居陽，猶力人之馭健馬也，有以制之。夫三非六所能馭，乘非其任，聽其所之，若是神亂於中，目盱於外矣！據靜觀物，見物之正，六二是也。乘動逐物，見物之似，六三是也。物之似福者誘之，似禍者劫之，我且睢盱而赴之，既而非也，則後雖有誠然者莫赴之矣！故始失之疾而終未嘗不以遲爲悔也。

朱熹：盱，上視也。陰不中正而近於四，四爲卦主，故六三上視於四，而下溺於豫，宜有悔者也。故其象如此，而占爲事當速悔，若悔之遲則必有悔也。

項安世：六三猶豫也。豫之時，上下怠慢，治之之法，以齊速爲上，故三以遲有悔。六三介於狐疑之地，既上視而不能去，又遲回而不能就，故多悔。不中不正之人，不能自決，故曰位不當也。又六三見四得志，仰而慕之，已爲可悔，又不決然從四，自後於朋合之時，則又不悔之甚者也。居豫時不矜則怠，是以禍亂相尋。六三，曹衛之慢晉而自豫者也。

朱震：三四處位不當，同而不和者也。睢盱，上視而不正也。向秀曰：『小人喜悅佞媚之貌。』四，豫之主。三以柔順承之，動成巽，巽爲多白眼。睢盱，上視佞媚以求豫，而四不動則悔其動，故盱豫悔。三不能去，且靜待之，四又動，故遲有悔、悔其不動。四艮体止於上，三動巽爲進退，故動靜皆有悔。三猶豫如是，无他，位不當也。小人悅於豫，寧悔而終不以所處爲不當而去之，柔不正故也。

李衡引介：視上而承之以豫，其行不順則不得其與，近不得乎九四，遠遲上六則上六不應，故遲有悔。動而承上以豫，其悔必矣，有者不必悔而不能必无悔也。引薛：上悔者悔，下悔者辯，上悔之由、見幾之遲不可追，遲者過乎二也。從四則諂，反下則瀆。

梁寅：三近四不中正，見四擅權縱志，亦歆羨盱望，如是則有悔。若不勝貪欲之私，遲迴則悔而又悔，將何及哉！

來知德：盱，張目也。錯離目象。盱反爲豫者，九四當權，三與親比縱欲。盱與介相反，遲與不終日相反，二中正三不中正故也。又四豫主，三柔不中正，近四溺于豫，宜有悔也，聖人爲占者開遷善之門，逸之速改。

王夫之：盱，上視也。四動而豫，三四相近，異体不相親，徒瞻望而覬，將自悔矣！躁動失已，不能審幾，以柔居剛，不能自立，其象始覬望，終必遲也，無往而不悔。

李光地：唯九四一陽，初應則鳴，三近則盱，以盱爲豫，可悔甚矣！惟悔而速去之則可，遲則必至於有悔也。

毛檢討：三多悔，介亦多悔。坤盡艮半，徒仰震，悔晚矣！離目，三四半離從上爲盯目，徒盱目以觀，位使然也。

李塨：盱，張目也。六三位不中正，張位離之目，上視九四而動心焉，若悔遲必喪身名，豈有及哉！

吳汝綸：盱，樂意。遲，待也。當六二遠去之時，既盱且樂，此有悔矣！六二不終日之決而三方有待，又一悔也。、有、又也。

李富孫：釋文：盱，子夏作紆，京作汙，姚作盱云日始出。案向秀云睢盱，小人喜悅貌。王肅云盱、大也。鄭云誇也。王弼亦曰睢盱，此並從目旁。釋詁訏、大也。釋文訏，本又作盱，子夏諸家本皆以聲轉形似而異。

伊藤長胤：盱，上視也，陰柔不中正，九四衆陰所歸，小人覔緣而望上薦，必致有悔，當速悔悟其非，不可遲疑。

薛嘉穎：盱，說文張目，不中正，不爲四所取，辱所不免！李氏曰小人附勢，只是仰面看人，故曰盱。何氏楷衆人慮淺，故成而渝，其悟在事後；君子識微不遑逸豫，其覺機先。

丁壽昌：盱，傲狀。考爻義進退皆有悔，不專在速悔也。蘇蒿坪曰變互巽爲多白眼，巽爲進退不果，有遲象。

曹爲霖：陽虎幸季氏則圖季氏，上官桀幸霍氏則圖霍氏，季霍幾危，虎桀亦敗，所謂盱豫晦，聖人不許其盱也。

馬通伯：吳澄曰上悔字改悔，下悔字悔吝。郝懿行曰視瞻高傲，故宜有悔，鳴發於聲，盱形於目。語類斷盱豫爲句。

劉次源：陰居陽不當位，無果決之才，故卒依違而有悔。

李郁：盱豫謂三視四，三欲往四，四晉五，稍涉遲疑即无及矣！故遲有悔也。

胡樸安：盱，張目而視軍隊，行列不整齊，有限于心也。說文悔，恨也。遲，徐也。有，又也。言徐行而視之仍不整齊而又恨也。故象曰位不當也，行列不整齊之謂。

高亨：姚作盱，正字作旭，讀若勖。盱豫者晨而厭倦也。與上六冥豫正對爲文。王引之曰有與又通，盱豫既悔，遲又悔也。晨倦業荒，悔將頻至，故曰盱豫，悔，遲有悔。

徐世大：于篆作亐，說文象氣之舒，故盱應爲張目徐視，盱豫可通迂豫，遲，待也。豫備時，心理動搖則悔。

屈萬里：盱、紆、汀、盱皆形近聲近之訛。盱，今詩作旭，義同，亦即夙也。夙豫而悔，遲則又悔，胥以不中而已，三位非中，故云。有應讀如又，王引之說。盱熹平石經作疛。

傅隸樸：柔居陽位，下体之上，上承九四，是小人伺察在上之動靜以爲喜悅，獻其殷勤，有時猜錯了反遭斥責，故曰盱豫悔。

徐芹庭：中爻錯離，目之象。四豫主當權，三幸四權勢足憑，因溺於豫而自縱者也。當速悔改，遲則過而有悔者。

金景芳：盱是向上看，六三向上看九四、盱豫與介石相反，遲與不終相反，三柔位陽，悔速可也，悔遲又必有悔矣。

沙少海：盱通紆迂，訓緩慢、盱于聲、義于、无所知貌、即糊里糊塗。思想糊塗，猶豫不決，夠糟了，加上行動遲緩，舉棋不定，那就更糟了。悔訓糟。

林漢仕案：六三悔乃大前提，盱豫，悔，遲亦有悔，故悔乃大前提，如何致悔？舍盱豫，遲外，位不當也，不中也。茲先說盱字，經典之訓如是：（經藉纂詁）一、張目貌。二、仰目也。三、舉眉大視也。四、雙也。五、憂也。六、病也。七、大也。八、元氣也。九、小人喜悅佞眉之貌。十、子夏作紆，京作汙，姚作盱。本作盻，釋文本作忏。盱說文張目也，從目亏聲，朝鮮謂盧童子曰盱。

易傳家說盱豫悔：

象：位不當。向秀：小人喜悅佞媚貌。王弼：睢盱，解同向秀。孔正義：盱睢，喜悅之貌。求豫則悔吝也。程頤：不中正，動皆悔，盱、上視、瞻望四，不爲四取故悔。朱熹盱，上視於四，陰不中正，下溺於豫，宜有悔者。項安世：六三上視不能去，不中不正，不能自決，故多悔。朱震：三、四同而不和、睢盱、上視而不正也。梁寅：三見四擅權亦歆羨盱望，若不勝貪欲之私。來知德：盱，張目也，錯離目象。九四當權，三親比縱欲，聖人爲占者開遷善之門。王夫之、三四異体不相親、徒瞻望而覬，將自悔。李光地：初應（四）鳴，三近（四）盱，以盱為豫，可悔甚矣！毛奇齡：徒盱目以觀，位使然也。李塨：三上視九四而動心焉。吳汝綸：盱，樂意。李富孫：盱，子夏作紆，京作汙，姚作盱，云日始出。王肅盱，大，鄭云誇，釋詁訏，大，釋文訏，本作盱。伊籐長胤：九四衆陰所歸，小人夤緣而望上薦，必致有悔。丁壽昌：盱，傲狀，進退皆悔。劉次源：陰居陽不當位，依違有悔。高亨：姚作盱，正字作旭，盱豫者，晨而厭倦也。晨倦業荒，悔將頻至。徐世大：盱豫可通迂豫，盱應為張目徐視。屈萬里：盱、紆、汙、盱皆形近聲近之訛，盱，今詩作旭，義同，亦即夙也。悔胥皆不中而已！盱，熹平石經作疔。傅隸樸：小人伺察在上之動靜以為喜悅，猜錯反遭斥責，故盱豫悔。徐芹庭：三幸四權勢足憑，因溺於豫而自縱者也。沙少海：盱通紆迂，訓緩慢，盱，于聲，義于，无所知貌，即糊里糊塗，猶豫不決，夠糟了。

六三之豫乃盱豫，盱，易傳家又以為可寫作成一、紆、二、汙、三、盱、四、訏、五、迂、六、而盱字今作旭，經藉將紆，七、又寫作成紓，八、熹平石經盱疔。經傳作盻，釋文本作忏。一盱字耳，造字偏旁意符字似皆可入幕成賓，於是盱字本作各字都得理解，庶可從中覓選。

盱之義，抉其大者有：舉目視、病、小人佞媚、雙。

紆：縈回，索，曲折，曲詘。

紓：緩，本作舒。

汙：辱、濁、穢、塗、汙漫、不平貌。

訏：大也，韓詩作盱，日始出也，字又作旭。

疔：病也。

盻：公羊昭三十一年顏夫子有子名盱。注盱、許孤切，本或作盻。一音夸。

忏：憂也。段玉裁注卷耳何吁矣。傳吁即忏之假借。盱本或作忏。

迂：遠也。曲也。避也。廣大也。廣韻憶俱切，音紆義同。

以上盱豫，解豫有：預先，和樂為其取義，則小人喜悅佞媚，病，索（盡也），舒緩、汙濁、大、均可入訓，是盱豫、是：

小人喜悅佞媚之豫。

病豫。

舒緩於豫。

汙濁豫。

大豫。

六三位不當，陰不中正、見四擅權而歆羨心動，欲親比而四不相親，於是讒諂順承以事上，不以其道而豫悅焉；或云病不以其道悅之，君子不悅也；舒緩於豫，則缺溝通，舒緩於預（備）則防患不力；而污濁於豫則同其流，合其污矣；大豫亦所以悔也，是以盱豫者悔也。而遲有悔者何也？遲為遲速，遲遲，遲疑、徐也、待也，遲緩也又必有悔，從盱悔，遲悔對文中，易家云進退依韙皆悔，則舒緩之豫與遲遲之豫有相通處，經籍傳詁云子夏盱作紆，現行十五經永康書局印之子夏易傳作紆，各易傳家所引皆作紆，然則作紆爲帝虎魚魯之誤耶！

九四，由豫，大有得，勿疑，朋盍簪。

象：由豫，大有得，志大行也。

侯果：爲豫之主，衆陰所宗，莫不由之，以得其豫，体剛心直，志不懷疑，故得群物依歸，朋從大合，若以簪篸之固括也。

虞翻：由，自從也。據有五陰，坤以衆順，故大有得，得群陰也。坎爲疑，故勿疑。小畜兌爲朋盇合也。坤爲盇戠，聚會也。坎爲聚，坤爲衆，衆陰並應，故朋盇戠。戠，舊讀作撍，作宗也。

崔憬傳：以一陽而衆陰從已合簪交歡，故其志大行也。

王弼：處豫之時，居動之始，獨体陽爻，衆陰所从，莫不由之以得其豫，故曰豫，大有得也。夫不信於物，物亦疑焉，故勿疑，則朋合疾也。盍，合也，簪，疾也。

孔正義：衆陰皆歸，是大有所得。勿疑朋盍簪者，盍，合也，簪、疾也。若能不疑於物，以信待之，則衆陰群朋合聚而疾來也。

程頤：九四爲動之主，動而衆陰說順，爲豫之義。四大臣之位，六五之君順從之，以陽剛而任上之事，豫之所由也，故云由豫，大有得，言得大行其志，以致天下之豫也。四承柔弱之君，當天下之任，危疑之地而无同德之助，所以疑也。當盡至誠勿疑慮則朋類自當合聚，簪，聚也。簪之名簪，取聚髮也。或曰卦唯一陽，安得同德之助？曰居上位，至誠求助，理必得之。

蘇軾：盍，何不也。簪，固結也。五陰莫不由四而豫，故大有得。豫有三豫二貞，三豫易懷，而二貞難致。難致者疑之，則附者皆以利合而已！夫以利合，亦以利散。是故來者、去者、觀望而不至者舉勿疑之，則吾朋何有不固者乎！

朱熹：九四卦之所由以爲豫者也。故其象如此，而其占爲大有得，然又當至誠不疑，則朋類合而從之矣！故又因而戒之。簪，聚也。又速也。

項安世：九四爲豫之主。齊桓晉文之事，首止之會，踐土之盟，即易之由豫也。勿疑，朋盍簪，按釋文簪或爲撍，或爲寁，或爲子甘反，子感反，其訓皆爲速也，疾也。九四以大賢之資，居可爲之位，仗陽剛而履柔順，爲上下眾陰所宗仰，宜速合群類以扶王室，豈可有疑緩之心以滋怠哉！管仲之宴安鴆毒。姜氏之懷與安實敗名，皆明於由豫之機者。

朱震：四爲豫主，五陰順從，由己改豫，故曰由豫。一陽從五陰，大者有得，故曰大有得。然不免於疑者，從已而不從五也。疑謂伏巽，巽爲不果，坎見巽伏，故勿疑。盍，合也。坎爲髮爲通，四剛在上下眾柔之際交而通之，猶簪乎！朋歸已致疑於五者、二招權專功也。五交四，下情通上，何疑於招權，四五易伏巽象毀，四剛中之志上行，牽天下從五，何疑於朋之眾乎！五四不疑，君臣各守其正，由豫也大矣。

李衡引陸：處非其位而爲豫主，所以疑豫，不我爲致豫？於人也又何疑焉！引牧：群陰止滯，獨体剛陽，居動之始，震發群陰，故陰皆由我而得豫。四雖体陽，猶居陰位，猶未離其類也，故稱朋焉。簪者所以固冠、而總髮冠之危、賴簪以固之，猶君位危，賴臣以安之，其桓文之事乎！引胡：四秉說豫之權，眾來附己，信任不疑，彼引其朋類，合其簪纓而來也。引介：上下无陽，莫不由我以豫，物之從己，可以勿疑，是以朋合疾也。引石：簪居於首，君之象也。六十四卦惟豫九四居臣位之極，以一陽而主五陰，更无陽爻以分其權，是居盛位大有權而得民也。其君得无疑乎！必以其民朋附於君，此一爻周公當之。

梁寅：自諸爻觀九四爲權臣逸豫，本爻則爲任政賢臣，其豫者和豫。曰由豫者人心之和豫由四而致也。剛而能柔，眾陰順附，當開誠布公， 然後人心服，故曰勿疑。朋盍簪，簪所以聚髮，言朋類畢來如髮之聚於簪。

來知德：人心之和豫由四致。陽主動而陰悅故曰由豫。大有得言大行其志，致天下豫也。四多疑，坎爲狐疑，艮止不疑之象。九四剛明教之不疑也。盍合也。簪首笄。婦人冠飾，不坤婦象。一陽橫于眾陰之首，簪象。勿疑朋合于我者皆簪冠之婦人也。

王夫之：由豫、由其道而豫也。盍、何不。簪、聚。動於積陰之中而非其位。動以大順、群陰皆爲陽所得也。所疑者陽孤無朋耳，然一陽出群陰皆爲所得，則隱未見之陽何所沮而而不與相應？勿憂德之孤也。傳象：一由乎道，孰能禦之。

李光地：卦主，故曰由豫。應於上下，是大有得也。居上位近危疑之地，當至誠不自疑，任之者亦不疑，然後德孚交深、而朋類盍聚也。

毛檢討：由，自也。自復爲震，先事而動，早計事成則樂，此豫之大有得者。互坎爲疑，互艮止之勿疑。五陰皆朋。盍，合也。簪、總也。一陽貫乎衆陰，如簪括髮者，非得坎志而大震行不至此。（古簪字鹽鐵論禹治水遺簪。列女傳姜后脫簪。家語著簪。）

李塨：九四一陽爲衆陰之帥。衆豫皆由四也。簪，笄也。以一陽括衆陰而貫乎其中，殆如簪之括髮然矣。漢上易傳互体之變有六：豫九四，四以上震，四下艮，上下坎，震有伏巽，艮有伏兌，坎有伏離。變而化之无窮矣！

吳汝綸：由繇同，繇憂也。在豫能憂，是爲憂盛危明，故大有得，簪、荀本作宗。簪、宗之假字。宗、聚也，盍簪，合聚也。

丁晏：釋文由，馬作猶，猶豫，疑也。案由猶古通。

李富孫：鄭云由，用也。　朋盍簪，釋文簪，徐側林反，子夏傳同，疾也。鄭云速也。王肅又云祖感反。古文作貣，京作撍，馬作臧，荀作宗，虞作戠，戠叢，合也。蜀才依京義从鄭，集解引虞坤爲盍，盍、聚會也。舊讀作撍，作宗。案子夏傳簪訓疾。簪，撍，寁讀子感反，陸希聲撍今捷字。古文作貣，未詳。臧宗戠皆聲近。侯果始訓冠簪，說文无首笄、俗作簪，（三禮有笄無簪）鄭速，寁之假借，寁𢉄撍同字，古宀广通用。士喪禮簪，連也，爲鐕假借。

惠棟：兌爲朋，坤爲盍，盍與闔同，闔戶謂之坤，盍，合也。盍藂合也，戠舊讀作撍，作宗。以土合水爲培，坤爲土，坎爲水，一陽倡，眾陰應，若水土之相黏著，故云朋盍戠。

伊籐長胤：由豫者，由己而豫也。盍者合也，簪或云疾也，或云聚也。大抵爲朋類合集之義。一陽爲眾陰主，不在乎名利致眾豫，此周公恐懼流言乃能奠安王業也。

薛嘉穎：京作撍，荀作宗，虞作戠，皆不指爲固冠之簪，蓋秦漢以後始有簪名耳。朋類之合能聚而不散，當推誠勿疑。釋詁盍，合也。傳義簪，聚也。九五易溺，乘九四之剛，危而不安，常如疾病之在吾身。

丁壽昌：釋文由從也，鄭用也、馬疑也。簪，疾也，鄭速也，古文作貣，京作撍，馬臧，荀宗，虞戠，叢合也。馬說自然。坎爲疑，爲藂，坤眾，眾陰朋合疾速（若以簪參之。）

曹爲霖：焦弱侯云初應四，三五比四爲凶、爲悔、爲疾、獨六二不繫於四爲貞吉，九四之不爲賢臣可知！葉思庵謂四，君弱大權歸己，足以成功，故曰大有得，惟其不誠故戒勿疑。

馬通伯：戠同埴，埴者合也，黏也，廣雅宗，聚也，士喪禮注簪，連也。連聚及叢合義並相近。耿南仲傳象，以象言之，萬物莫不由雷以豫。以爻言之，五陰莫不由陽以豫。其昶案，居樂出威，故大有得，九四疑位曰勿疑。

劉次源：一陽奮起，盡得眾陰，大遂天下之志，勿猜疑，開誠布公，天下豫悅，若簪聚之兼容並蓄，各遂其生。

李郁：由四進五，得位中正，席豐履厚，故大有得，宜即晉位故曰勿疑。朋指陽。盍合，簪同宗，謂眾陰崇陽，推四升五，祖考既沒，長子宜速嗣王位也。

于省吾：由自從也。據有五陰，坤以眾順，故大有得，得群陰也。坎爲疑，故勿疑。小畜兌爲朋，盍，合也。坤爲盍，戠聚會也。坎爲聚，坤爲眾，眾陰並應，故朋盍戠，戠舊讀作撍，作宗也。又由豫即由夜。由行也。戠音志，聲同字通。簪撍臧宗音近假借，古文貸，照毋。陽以陰爲朋。震爲徵，信不疑也。謂行夜道大有得勿疑朋合志也。

胡樸安：視軍隊不整齊而心猶豫。而大有之眾行步得得也。雖行列不齊、侵伐之志終勿疑而改變。朋即大有之眾，言所建立侯，眾所共宗也。

高亨：由、游、猶古通用。由豫者游田而而厭倦也。必改其度，補闕失，故曰由豫大有得。盍疑借爲嗑、多言也。簪疑借爲譖、愬也。讒也、諿也、謗也。謂勿疑朋友之多言而譖己也。

徐世大：大有得之事業而疑慮不決、何能有成？盍、何不合音。簪、箴通、誡諫義。主事者猶豫未定，故朋友有規諫之義務。

屈萬里：由豫即猶豫。簪作撍、臧、宗、戠。撍疑作攢、皆聲之衍。簪、連也。戠音志、綕古文織、誌今作識，是戠志聲同字通。

傳隸樸：九四一陽是動主也是卦主，一動群眾得到歡豫，故曰由豫。九四陽剛處柔位，近君以幹濟之才，豈不是大有得？但失位、强臣事弱主，處嫌疑之地，不惟使君勿疑，更當使天下勿疑，群賢將集於其前。

徐芹庭：由豫人心之和豫由乎四也。勿疑朋合我者皆陰小也。

金景芳：四動主，動而眾陰悅順爲豫之義。大有得言大行其志，致天下豫。四危疑之地獨當上任，下无同德之助，所以疑也，當盡至誠勿疑慮，朋類自當盍聚。

沙少海：由豫與狐疑同義，遇事舉棋不定。得古作㝵，从手持貝會意。意味得到朋貝。朋盍簪，猶言把朋貝配制成簪笄，古時以貝殼爲裝飾品。商人做生意猶豫不決，考慮後大有所得，把得到的朋貝成頭飾。（采李鏡池說。）傳象又云由疑當作田，指田獵取樂，志在多得鳥獸。

鄭衍通：由即岫，古文頃字，傾豫言日側於前而早一日也。朋爲月，朋盍簪，日月會也。

林漢仕案：由豫，大有得，勿疑，朋盍簪，以四組詞發明九四爻義，詞雖四組，其義一以貫之也，茲逐組先明字義，與夫所謂象。

侯梁：豫主，眾陰所宗，莫不由之，以得其豫。

虞翻：由，自從也。

王弼：豫時動始，陽爻陰从，莫不由之以得其豫。

程頤：動主，動而眾陰說順，爲豫之義。六五君順，以陽剛而任上之事，豫之所由也。

朱熹：九四，卦之所由以爲豫者也。其象如此。

項安世：齊桓、晉文首止之會、踐土之盟，即易由豫也。

朱震：四爲豫主，五陰順從，由己致豫，故曰由豫。

李衡引牧：震發群陰，故陰皆由我而得豫。

梁寅：由豫者，人心之和豫由四而致也。

來知德：人心之和豫由四致，陽主動而陰悅，故曰由豫。

王夫之：由豫，由其道而豫也。

李光地：卦主，故曰由豫。

毛奇齡：由、自也。自復至震、先事而動，早計事成則樂。

李塨：九四一陽爲眾陰之帥，眾豫皆由四也。

吳汝綸：由繇同，繇，憂也。

丁晏：釋文由，馬作猶，猶豫，疑也。案由猶古通。

李富孫：鄭云由，用也。

伊籐長胤：由豫者，由己而豫也。

丁壽昌：釋文由，從也；鄭用也；馬疑也。

曹爲霖：九四不爲賢臣可知。

馬通伯：以象萬物莫不由雷以豫，以爻五陰莫不由陽以豫。

劉次源：一陽奮起，盡得眾陰，大遂天下之志。

于省吾：由自從也。又由豫即由夜，由行也，謂行夜道：

胡樸安：視軍隊不整齊而心猶豫。

高亨：由、游、猶古通用。由豫者游田而厭倦也。

徐世大：主事者猶豫未定。

屈萬里：由豫即猶豫。

傅隸樸：九四動主，也是卦主，一動群衆得到歡豫故曰由豫。

徐芹庭：由豫，人心之和豫由乎四也。

金景芳：四動主，動而衆陰悅順爲豫之義。

沙少海：由豫與狐疑同義，遇事舉棋不定。

鄭衍通：由即頔，古文頃，傾豫言日側於前而早一日也。

輯衆說以徵信，俾使讀者郁郁乎吾从衆之念悠然而生，然亦不可不知異說並存之道，以見馳騁易學之壇之駁雜而維護一說之艱難也。

其象爲雷動，衆陰从陽爻說順者也。

其義爲由，自從也；由同繇，憂也；猶也；用也；由夜，由，行也，行夜道也。

以豫爲悅樂者，大多从本字入手，說中十之七八也从而治卦爻之旨，周易序卦喜樂之外，韓康伯「紂作靡靡之樂，長夜飲，何爲天下叛？」雜卦「謙輕豫怠。」則不爲多數學者多方揣摩以黽勉四也。

由：自從也，自也，從也爲一類，蓋謂豫從己而致以得也。
繇同，繇，憂也。蓋謂豫中能憂也。
馬作猶，猶豫，疑也。（作狐疑者意同此）
游，猶，由古通用。謂游田而厭倦也。
用也。鄭玄。
行也，由夜，行夜道也。
即頔字、古文頃。
豫：觀樂說順，人心和豫。
猶豫者，有所疑也。猶豫爲詞，不可分。
怠，厭也，游豫者，游田而厭倦也。
豫、夜也。
由豫連義得：
一、從（自）我九四一陽而得歡豫，和樂
二、憂豫，豫中能憂，生於憂患之意識也。
三、猶豫，狐疑，疑不決也。
四、游豫，厭倦游獵生活也。

五、由夜，行夜道也。

六、用豫。

七、頃豫，傾豫。

八、由其道而豫。

上八說，由我而致豫較爲折衷，然以「勿疑」。隨之後，又似當以猶豫，疑不決較合理。初爻鳴豫，凶，是豫可感而不可鳴，六三盱豫亦悔，四雖有陽剛之資，然履非其位，不中而獲五陰之厚交，鳴豫必凶，遲疑慢待陰性同道亦悔，九四因進退維谷中猶豫而獲眾芳之兼容而美其有德也。大，美也，有得，有德也。有德者又必得也，是德人而得其身心矣！故象云大有得爲志大行也。侯果云得群物依歸。勿疑蓋針對由豫（猶豫）言，有德作基礎而大行其志，猶豫遲疑，機會稍縱即逝也，勿疑將大行其志之時也。「朋盍簪」其更補充勿疑乎？試讀各家意見：

侯果：朋從大合，若以簪篸之固括也。

虞翻：盍，合也，朋盍戠，戠，舊作撍，作宗。

崔憬：眾陰從己合簪交歡。

王弼：朋合疾也，盍，合也，簪，疾也。

孔正義：不疑於物則眾陰群朋合聚而疾來也。

程頤以四承弱君所以疑也。自當合聚朋類，簪，聚也，取聚髮得同德之助。

蘇軾：舉皆勿疑，則吾朋何有不固者乎！

朱熹：朋類合而從之，又因而戒之。簪，聚，又速也。

項安世：朋盍簪，釋文簪爲撍，或爲寁，訓爲速，疾也。

朱震：疑伏巽，坎見巽伏故勿疑，坎爲髮，盍，合也。四剛交通衆柔朋歸已致疑於五者。

李衡：四未離其類故稱朋，簪者所以固冠，總髮冠之危，猶君賴臣以安。又引：彼其朋類合簪纓而來也。又引簪居冠首，豫九四一陽而主五陰，君得无疑乎！周公當之。

梁寅：言朋類畢來如髮之聚於簪。

來知德：盍，合也，簪，首笄，婦人冠飾。勿朋合于我者皆簪冠之婦人也。

王夫之：盍，何不。簪、聚。疑陽孤無朋，然一陽出，群陰皆爲所得，隱未見之陽何所沮而不與相應！勿憂德孤也。

李光地：朋類盍聚也。

毛奇齡：五陰皆朋，盍，合也。簪，總也。一陽貫乎衆陰，如簪括髮者。

李塨：簪，笄也，以一陽括衆陰而貫乎其中，殆如簪括髮然。

吳汝綸：荀本作宗、簪、宗之假借、宗、聚也，盍簪，合聚也。

李富孫：朋盇簪，子夏傳疾也，鄭速也，古文作貣，京作撍，馬作臧，荀作宗，虞作戠，戠叢，合也。集解引虞坤爲盇，舊讀作撍，作宗。子夏傳簪訓疾，陸希聲撍，今捷字。侯果始訓冠簪，鄭速，疐之假借。禮簪，連也，鐕假借。

惠棟：兌爲朋，坤爲盍，盍闔同，合也。戠舊讀作撍，宗。一陽倡，眾陰應，若水土之相黏著，故云朋盍戠。

伊籐長胤：大抵爲朋類合集之義。一陽爲眾陰主，致眾豫。

薛嘉穎：秦漢以后始有簪名，朋類，盍合，簪聚，朋類合聚而不散，當推誠勿疑。又九五乘剛，常如疾病在身。

丁壽昌：眾陰朋合疾速（若以簪篸之。）

曹爲霖引謂：九四不爲賢臣可知。又引君弱，大權歸己，足以成功，故大有得，惟其不誠，故戒勿疑。

馬通伯：戠同埴、合也。黏也。廣雅宗、聚也。禮簪、連也。象言萬物由雷以豫，爻言五陰由陽以豫。

劉次源：若簪聚之，兼容並蓄，各逐其生。

李郁：朋指陽，盍合，簪同宗，謂眾陰崇陽。長子嗣位也。

于省吾：兌爲朋，坤爲盍，戠聚會也。眾陰並應故朋盍戠。戠音志、聲同字通。簪撍臧宗音近假借，古文貣，照毌。陽以陰爲朋，謂行夜道大有得勿疑朋合志也。

高亨：盍疑借爲嗑，多言也。簪疑借爲譖，愬也，讒也，諠也，謗也。謂勿疑朋友之多言而譖己也。

徐世大：盍，何不合音，簪，箴通，諴諫義，朋友有規諫之義務。
屈萬里：簪作撍、疑作攢，簪連、戠音志、結古文織、誌今作識，是戠志聲同字通。
傅隸樸：群賢將集於其前。
徐芹庭：勿疑朋合我者皆陰小也。
金景芳：朋類自當盍聚。
沙少海：朋盍簪，猶言把朋貝配制成簪笄，古時以貝殼爲裝飾品。（采李鏡池說）
鄭衍通：朋盍簪，日月會也。
朋爲朋合、朋從、朋類、朋友，實指兌爲朋，五陰，群賢，陰小。衆陰。婦人。隱未見之陽。陽以陰爲朋。朋貝盍，合也，何不？坤爲盍，闔同，黏也。疑借爲嗑，多言也。簪、若簪篸之固括。作戠，舊作撍，作宗。合簪交歡。疾也，聚也，取聚髮得同德之助。簪速也。釋文作撍，或爲、訓速、疾也。總髮冠之危，簪纓居冠首。首笄，婦人冠飾。總也，如簪括髮。古文作貣，京作撍、馬作臧、荀作宗、虞作戠、子夏傳簪訓疾。作撍、今捷字，之假借。簪，禮謂連也，鐕假借。戠同埴、合也、黏也。戠音志、聲同字通、簪、撍、臧、宗音近假借、又疑作攢、戠意志、結、古文織、誌今作識、戠志聲同字通。簪又疑借譖、愬讒也、詛謗也。簪箴通，諴諫規勸之義。
若求之於字書、經籍、如朋者尙有群也，輩也、侶也，同也，比也，黨也，同處師門，五貝爲朋，雙貝曰朋，三鄰爲朋，兩樽曰朋，字又作倗、崩。說文古文鳳[illegible]、象形、鳳飛群鳥從以萬數，故以爲朋黨字。

從字面尋求多歧路，「朋盍簪」當爲補充勿疑。簪，侯果始訓冠簪。侯前鄭玄謂速、子夏訓疾。是朋以群侶比黨之義爲長。盍、合也。簪以速疾義爲古奧。四以陽剛、太子、貫五陰，相書謂緣投意合而無實質關係，當機運消失，兩人仍各自爲心，若發生實質關係，則兩心合一矣！此蓋謂九四雖履非其位、憑陽剛之資、速合五得其身，亦得其心矣！王夫之所稱「一陽出，群陰皆爲所得。」毛奇齡謂「陽貫乎衆陰。」李衡引「九四一陽主五陰。」勿疑合彼以速疾將有功也，是群不祇五陰，亦賅九四在群比之中。「朋盍簪。」九四合以快速比黨群衆心理，以天下人心爲心也。

六五，貞疾，恒不死

象：六五貞疾，乘剛也。恒不死，中未亡也。

虞翻：恒，常也。坎爲疾，應在坤，坤爲死，震爲反生，位在震中，與坤体絕，故貞疾，恒不死也。

侯果傳象：六五居尊而乘于四，四以剛動非已所乘，乘剛爲政，終亦病。若恒不死者，以其中也。

王弼：四以剛動，爲豫之主。專權執制、非已所乘、故不敢與四爭權、而又居中處尊、未可得亡，是以必常至于貞疾，恒不死而已！

孔正義：居中處尊、未可得亡滅之，是以必常至於貞疾。

程頤：六五以陰柔居君位，當豫之時，沈溺於豫，不能自立者也。權之所主，眾之所歸皆在四。四陽剛得眾，非耽惑柔弱之君所能制，乃君受制於專權之臣也。君位貞，受制於下，有疾苦，如漢末世之君也。人君致危亡之道非一，而以豫爲多。若五不失君道，四主於豫，乃是任得其人，安享其功，如太甲，成王也。

蘇軾：二與五皆貞者也。貞者不志於利，故皆不得以豫名之。其貞同，其所以爲貞者異，故二以得吉，五以得疾也。二之貞，非固欲不从四也，可則進，否則退，其吉也，不亦宜乎！五之於四，質陰居陽。質陰則力莫能較，居陽則有不服之心。夫力莫能較、有不服之心，則其貞足以爲疾而已！三豫皆內喪其守，外求豫，故小者悔，大者凶。六五之貞雖以爲疾，其中所守者未亡，則恒至於不死，君子是以知貞之可恃也。

朱熹：當豫之時，以柔居尊，沈溺於豫、又乘九四之剛，眾不附而處勢危，故爲貞疾之象，然以其得中，故又爲常不死之象。即象而觀，占在其中矣。

項安世：五貞疾者，五不正也。貞於不正，是貞於疾也，疾可貞乎！君弱臣强，是在疾證。爲陽虛而陰實，雖久不亡，何樂之有！然君昏於上，臣治於下，臣尙戴君，天命未改，中位未改，謂之疾可也，謂之死不可也。此平王後威文之時乎？

朱震：四以剛動，爲豫主，眾所歸，權之所主。五柔弱，沉冥逸豫乘其上，豈能制四？故獨此爻不言豫。於正爲有害，故曰貞疾。恒，震巽也。天地可久之道也。六五動有震巽恒久之象。人君中正，六二爲之用，九四同德，何乘剛之有？九四爲腹心之疾，然主祭祀、守位號，猶存者正，雖亡，人心未盡亡也，故曰貞疾，恒不死。坤爲死，震反生，未亡之象。周室東遷，齊晉二伯託公義以令諸侯，中未亡也。

李衡引牧：四雖苦己而志在悅物，不敢加害，故久而不亡。失位故有疾，得中故不死。　引胡：六五不能任六二不諂不瀆至正之臣，所以得不死之疾。引薛：東周所存者位號而已，所由來者非逸豫乎！書曰怠忽荒政，戒守器之失也。

梁寅：五柔暗之君，志逸豫，人心歸四，權勢去如人沉痼不可療，此所謂貞疾。然位在中，君臣分未廢，故恒不死。若以陽剛居之則无是疾而可以生，彼九四固爲忠良矣。

來知德：坎爲心病，疾象，言非假疾。九四由豫，人心通歸于四。凡四居卦中爲心，下卦坤爲腹，此正腹心之疾，故謂之貞疾。恒常也。言貞疾常不死，周室衰微近之。又六五柔不能立，乘四剛，衰弱極矣，然得中，故有恒不死之象，猶乘虛位不死。

王夫之：貞，常也。四因大順之理奮興於靜中，勢不可禦，五陰柔處上，抑之不能，又不相得，幽憂致疾，四无陵奪之心，可以不死，生人之氣亦微矣！衰周之君，徒延名號。

李光地：貞，常也。恒亦常也。言因多疾，得終其性命而不死。當豫時，柔不正，必溺豫。居尊易溺之甚。乘剛是常有危難，得中是有德。則警戒不得宴安，恐懼不溺於宴安，如人之有病，每能謹疾愛身，不至於大病，是常病而不死也。孟子所謂生於憂患而死於安樂者，正合爻意。

毛檢討：坎爲疾，弗豫是也。四五互坎而体大坎，象月，五當坎上，正紘滿之時，詩謂如月之恒者。恒有半魄，中明未亡，實未嘗死。（注月魄謂之死，書曰旁死魄。）則仍有類不終日者，此則未豫者也。

李塨：居尊位，柔乘九四剛，鮠隉不安，正有疾！居五中道未亡，震爲反生，善病，病以死爲憂，今不死，周平後之君似之。

吳汝綸：貞疾，固疾也。在豫家而有固疾，不得爲豫，故爻不言豫也。

伊籐長胤：貞而有疾也。柔質居尊，乘剛，受制權臣，不免憂辱，然中德毋固未嘗亡也。

薛嘉穎：五乘九四之剛，常如有疾。而不敢豫也。傳象以其不自晏安所以履中位而不亡也。

丁壽昌：蘇蒿坪恆以變剛得中言。諸儒皆謂六五受制于四，王童谿曰當逸豫時，恣驕侈之欲，宜其死于安樂有餘也。然乘九四之剛，恃以拂弼于已，故得恆不死。六五得六四法家拂士，不可縱欲樂則恆不死宜也。

曹爲霖：唐太宗謂侍臣曰：治國如治病，病雖愈猶宜將護，倘遽放縱復作，不可救已！魏徵曰喜陛下居安思危。此貞疾不死之謂也。

馬通伯：楊時曰，六五之乘剛，有法家拂士，敵國外患之謂也。中未亡則不死於安樂矣。　鄭汝諧曰二五不言豫，二不爲，五不敢，久其生者有戒心也。　雷思曰中即衷。又楊名時曰，席豐履厚則溺焉者多矣，此聖人之深戒也。

劉次源：貞疾，痼疾，剛不可乘，乘則疾生。不能禦，又不相得，幸居中猶有生氣，不至死，奄奄一息也。

李郁：五指先王，以剛乘剛，是謂貞疾，九四進五以竟先王之業，故曰恆不死也。傳象伏陽不發，精神常在，其中固未嘗亡也。

胡樸安：貞，事也。言檢閱軍隊，悔而又悔，至于疾之也。大有之衆，當檢閱之時，有桀驁不整齊者，故象曰乘剛也，剛即桀驁者。恆不死者，言征邑國之恆心，不以軍隊不整齊而稍灰，雖猶豫而有恆心。中未亡，亡即忘。

高亨：疾恆猶今言病久也。占問病久者，筮遇此爻則不死，故曰貞疾，恆不死。

徐世大：久病的常不死。貞疾猶言卜疾，貞疾即久病，久病之人，醫藥常湊手，故可拖延不遽死，遇此爻當不死也。

屈萬里：貞，卜問也。

傅隸樸：六五居至尊之位是貞，以柔乘剛是疾。也就是說柔弱之君居強臣之上，主威不行，如人有病，所欠唯一死。不死是位未亡的意思。

徐芹庭：中爻爲坎，爲心病，疾象。貞疾正疾也。六五柔不能立、乘四剛、權勢歸四，貞病之象。然得中，猶存虛位，故有恆不死之象。周室衰微，此爻近之。

金景芳：六五君受九四威脅，控制，但未完全失去地位。王宗傳以爲六五不是受九四脅迫，而是受九四輔弼，我看王氏解釋比程傳好，从小象中可以看出來。

沙少海：經常發作的病，往往不會致命。與病魔長期斗爭中，一打消死亡顧慮，一積累醫療經驗。傳象柔乘剛，臣凌君，中未亡、正道未喪失。

鄭衍通：疾，坎也。時坎星次在未，故貞疾。上弦月也，亡於夜半，今猶在亥初，故恆不死。六五爲中爻，故中未亡，與貞疾恆不死之義不可曉，語意甚晦。

林漢仕案：天地山川風雪雷電，乃自然之象。有人謂，以一人之身，亦猶實質之大宇宙也，故血脈氣神之鼓盪，毛皮唇齒之變數，息息相關。其說卦也，每一爻與同卦他爻構成一複雜社團，上下承順對立，繪聲繪影，認貞解千古迷團，可愛之枉，存無數人生哲理，寓無窮之教化使成爲道德，眞理。陽爲君子，陰爲小人，竊嘗怪明太祖朱元璋之刪孟，去孟子配享，只因孟子說明君臣關係及其因果必然之理。而武則天，慈禧太后何爲不廢易經之繆理，重陽輕陰之傳注未刪，是武后、慈禧高明遠過臭頭和尙矣！蓋彼明古以男性爲中心所構成之世界，繆理之成是，固大家之所許也。竊嘗以一卦之中，爻位之歷程，亦即卜得是卦者之人生歷程，初如何？二又如何？其與各爻之關連矛盾，造成是人之運數吉凶禍福，初二三四五上乃歷程，仍主以一人運數言，蓋謂居初爻如何？居五爻時又如何？比應順承乃此時之貞卜得之於天者之啓示，啓示其時之境遇與周遭關係也。準乎此，六五之貞疾，恆不死，是貞得豫卦者歷經初二三四爻後之可遇局面也。然而各家之見如是：

象：乘剛其疾，恒不死，中未亡也。

虞翻：恒，常也。坎爲疾，坤死，震反生，故貞疾恒不死。

侯果：五乘四，乘剛爲政，終亦病。中、若恒不死者。

王弼：四剛動爲豫主，非己所乘，居中處尊，未可得亡。

孔正義：居中處尊，未可得亡滅之，必常至於貞疾。

程頤：六五陰柔居君位，不能自立者也。君受制專權之臣如漢魏末世之君也。若五不失君道，乃是任得其人如成王也。

蘇軾：五質陰，力莫能較，居陽則不服，貞足以爲疾，中所守未亡，則恒至於不死。

朱熹：沈溺於豫，乘九四之剛，眾不附，處勢危，貞疾象。然得中，又爲常不死之象。

項安也：五貞疾者，五不正也。貞於不正是貞疾也。然君昏於上，臣治於下，天命未改，謂之疾可，謂死不可也。

朱震：五沉冥逸豫乘其上，於正有害，故曰貞疾。然主祭祀，守位號，雖亡人心未盡亡也。故曰貞疾，恒不死。

李衡：四雖苦己，不敢加害，失位故有疾，得中故不死。

梁寅：五柔暗，人心歸四如沉痼不可療，此所謂貞疾。然位在中，君臣分未廢，故恒不死。

來知德：四居卦中爲心，坤爲腹，此心腹之疾，六五柔不能立，乘四剛，衰弱極矣、然得中，猶乘虛位不死。

王夫之：貞，常也。五處上抑之不能，又不相得，幽憂致疾，四无陵奪之心，可以不死，生人之氣亦微矣。

李光地：貞常，恆亦常，居尊易溺，乘剛常危，得中是有德，常病不死，孟子生於憂患，死於安樂，正合爻意。

毛奇齡：体大坎象月，正紘滿時，恒半魄，中明未亡。

李塨：柔乘九四剛，鮠隉不安，正有疾。善病不死，周平似之。

吳汝綸：貞疾，痼疾，不得爲豫。

伊籐長胤：柔居尊乘剛，受制權臣，不危憂辱，中德未亡也。

薛嘉穎：乘四剛，常如有疾不敢豫，履中而不亡也。

丁壽昌引：恣驕侈之欲，宜死於安樂，恃剛拂弼得不死。

曹爲霖：唐太宗謂治國如治病，放縱不可救。此貞疾不死之謂也。

馬通伯引：六五乘剛，有法家拂士，不死於安樂矣。

劉次源：貞疾、痼疾、乘剛疾生，居中有生死，奄奄一息。

李郁：九四進五以竟先王之業、五指先王、故曰恆不死。

胡樸安：貞，事也。言檢閱軍隊由悔生疾、有桀驁不齊者，乘剛也。征邑國有恆心，中未亡，亡即忘。

高亨：疾恆猶言病久。占問此爻不死，故曰貞疾，恆不死。

徐世大：久病的常不死，貞疾，卜疾，遇此爻不死也。

屈萬里：貞，卜問也。

傅隸樸：六五居至尊之位是貞。柔乘剛是疾，不死位未亡。

徐芹庭：中爻坎心病、貞疾、正疾、乘四剛，權歸四，得中猶存虛位，周室衰微，此爻近之。

金景芳：六五受九四控制，完全失去地位。又引王云：「六五乃受九四輔弼。」我看王氏解釋比程傳好。

沙少海：經常發作的病不會致命。打消死慮，積累醫療經驗。

鄭衍通：坎生次在未，故貞疾，上弦月，今亥初故恆不死。

字面上釋貞：一、常也。（王夫之）二、正也（朱震）三、痼也（吳汝綸）四、事也。（胡樸安）五、卜也（徐世大）六、六五居至尊之位是貞。

釋疾：一、病（質柔）。二、人心歸四如沉痼不可療（政治病）三、四五不相得，幽憂致疾。四、柔居乘剛，受制權臣。以病釋疾者，從坤爲腹，斷爲心腹之疾；有謂痼疾、有謂病久，有謂終亦病，有謂由悔生疾，要之皆以實際疾病視之也。以人心歸附，四五不相得，或以政治，或以情感爲病者，皆因五君位，四强臣，遂方之東遷後之周室，漢魏末期君王，齊桓、晉文、魏武、司馬氏皆足挾天子、恃王之足鉗爲禁臠也，五何爲不病！然本豫卦大前提爲豫、愉悅，預立，似皆不至有沉疴之疾，受鉗之苦。況四之爲卦主、四之得初二三五上全民之拄事者，全民之擁戴！再以豫之歷程言，甫大得之四，已升爲五耶！四猶有近君之懼，五可視不中猶中之位。貞疾當非謂卜有病，或正固乃病，或常病（痼疾。）死亦非生死之死。死，經傳中死，注家有謂殺也，有謂盡也，有謂死生爲隱顯，猶寤寐，猶晝夜者，有謂尸也者。（屍体也）。尸有主意，恒不死、恒不尸也，不尸即不主，久不主，常不主、五當爲君、爲主事者。九四之時由我而致豫，因猶豫反得眾芳之心而大行其志、九四時來運轉，歪打正著故下補「朋盍簪」，蓋謂朋比群侶速合也。九五之貞疾，疾亦速義，趨義。六五以至尊之位速合四未竟之功，常久不爲之主，沉湎於群豫悅之中，孟子之所謂不若與眾樂樂也。不爲之主即晏子書中謂景公飲酒數日、樂而釋衣冠自鼓缶、謂左右曰、仁人亦樂是夫：請去禮云云。（外篇第七）至五、豫之巔峰也、貞疾，恒不死者，六五以尊位速合諸侶而常不爲之主，與眾樂樂也。死爲尸、不死即不尸、尸今字屍、不屍亦謂不死、不盡、不完之義、盡死則靜止、不靜止，故是五之活動力正殷也。而五又本爲動爻，以陰居之、爻書恒不死、恒不寂靜也、動爻之質外現矣！

上六，冥豫，成，有渝，无咎。

象：冥豫在，上何可長也。

虞翻：應在三，坤爲冥。渝，變也。三失位无應，多凶。變乃得正，体艮成，故成有渝，无咎。

荀爽：陰性冥昧，居尊在上而猶豫，說故不可長。

王弼：處動，豫之極、極豫盡樂，故至于冥豫成也。過豫不已，何可長乎！故必渝變然後无咎。

孔正義：如俾晝作夜，不能休已、滅亡在近！渝，變也，若能自思改變，不變冥豫，乃得无咎也。

程頤：上六陰柔，非有中正之德，以陰居上，不正也。而當豫極之時，以君子居斯時亦當戒懼，況陰柔乎！乃耽肆於豫，昏迷不知反者也。在豫之終，故爲昏冥已成也。若能有渝變則可以无咎矣。在豫之終、有變義。人之失，苟能自變，皆可以无咎。故冥雖已成，能變則善也。聖人所以勸遷善也，故不更言冥之凶，專言渝之无咎。

蘇軾：冥者，君子之所宜息也。豫至上六宜息矣。故曰冥豫。成有渝者，盈輒變也。盈輒變，所以爲无窮之豫也。

朱熹：以陰居豫極，爲昏冥於豫之象。以其動体，故又爲其事雖成而能有渝之象。戒占有如是則能補過而无咎，所以廣遷善之門也。

項安世：上六冥豫者豫極則昏，故曰冥豫。成者極也，渝者當以變卦觀之，成豫之反爲謙，謙則无豫怠之咎。上變爲晉，晉則无冥暗之咎，故曰有渝、无咎。

朱震：上六豫之終，沈冥於豫，成而不變者也。坤爲冥昧，古之逸豫之人，固有不恤名聲之醜，性命之危而樂之者，不知因佚樂之過變前之爲，乃善補過也，何咎之有！故曰成有渝，无咎。聖人發此義以勉夫困而學者焉。李衡引胡：古之太康，內作色荒、外作禽荒、紂作長夜之樂是也。

梁寅：處豫極至於昏冥，不能反於善。然其事雖成而能變志，猶可以无咎。況過惡之未成乎！聖人勉遷善之意至矣。

來知德：冥幽暗也，上六陰柔居豫極，昏冥象。變成離則冥冥反昭昭矣！故又爲其事雖成，然樂極哀生，不免有悔心之萌而能改變之象。占者能補過故无咎。

顧炎武：昔穆王欲肆其心周行天下，祭公謀父作祈招詩以正王心，王是以獲沒于祇宮。傳曰，人誰無過，能改，善莫大焉。聖人慮人有過不能改之于初，且將遂其非而不反也，教之以成有渝无咎。雖染深肆久，惕然自省，猶可不至敗亡，故曰惟狂克念作聖。

王夫之：上遠四，陰暗居上，昧於豫者，四順動，莫之能遏，上不得不變其情與之交暢，能自渝焉則无咎矣。傳象：違時已甚，雖欲如五之不死而不得，故必豫而後无咎。

李光地：陰柔，處豫終，湛溺豫至於昏冥。動極有變，既成能改悔則无咎。或曰上冥豫止於得咎，初何言凶？曰應至鳴、心移權勢，非昏沉於豫者比。三盱四猶繫以悔何也？曰近而情不親。傳象，居上而冥豫，豈可長久不變乎！

毛檢討：上自剝來，今變而渝，渝則冥，冥則不長，然而无咎者，天下難與圖成，未必不可慮始。豫道以毀爲成，以變爲正，凡一陽所推之卦自剝復，揭陰陽奇偶之微意。

李塨：上六陰柔，昏冥于豫者。夫豫曷可長哉！變離則昭昭矣，是樂極渝變，咎尚可免。分觀豫，一狐駕虎威而豫；一介止而豫；一覬覦而豫；一溥樂而豫；一得不死而豫；一沉溺而豫。聖人寫象，盡態極妍乃爾。

吳汝綸：冥昧而耽于樂，宜其凶矣。以其成而又變得无咎也。有，又也。凡卦之終皆有變義。

李富孫：釋文冥，鄭讀爲鳴。案鄭讀與初同，鳴冥聲相近。

伊藤長胤：昏冥於豫者，苟變而從善，無不可教之人，無不可改之過。聖人勸人遷善，開自新之門也。

薛嘉穎：渝，變也。王應麟冥于豫而勉其有渝，開遷善之門也。冥升則勉回進善之機。

丁壽昌：注疏以冥豫成句，有渝句。釋文亦以有渝句，程傳同，惟本義以成有諭爲句，似非。惠定宇曰冥，古瞑字，俗作眠，張目爲盱，翕目爲瞑，上六與六三相反，一翕一張、皆不可長、故上成有渝，三遲有悔。

曹爲霖：日知錄引傳曰，人誰無過，過而能改，善莫大焉，聖人教之以成有渝，无咎。惕然自省，猶可不致敗。唐張鑑樂不可極，樂極生哀，欲不可縱，縱則成災。勿荒酒色禽貨，此爲冥豫之戒者。

馬通伯：胡瑗曰悅豫過甚，情蕩性冥。李道平曰冥晦，月滅於坤，三十日故爲晦。其衵案成謂樂，成，鄭注謂所奏一竟。此成有渝，亦象樂成之當變也。雖失位无咎。

劉次源：陰當豫極溺，能自覺悟變其已成，許改過自新。

李郁：上六過於佚樂，必至昏冥，渝變也，不變則无成，能改則有終。

胡樸安：冥，鄭玄讀爲鳴。鳴豫檢閱軍隊之始、上六鳴豫，檢閱軍隊之終。成，就；渝，變也。言將已成軍隊改編則无咎。以行列不齊軍隊征邑國，僅无咎而已。不可長久也。

高亨：說文冥，幽也。詩斯干鄭箋冥、夜也。與六三對言，謂暮夜厭倦也。成，疑借爲城字。渝，墮也，敗也。夜既厭倦而息矣，城忽圮，筮遇此爻則無咎。

徐世大：上六冥豫與初爻鳴豫相反。渝訓變或溢，成有渝猶言所就有變動或溢出，自無可咎，不要緊。

屈萬里：冥，禮記哀公問寡人惷愚冥煩，注冥煩者，言不能明理其事。釋文馬融，冥昧，耽於樂也。成，終也。有，又也。

傅隸樸：冥豫成，即被逸豫沖昏了頭。上是逸的極端，樂極生悲，爻辭未用凶，因卦終必變，卦變前奏，有渝即改變行爲。這是鼓勵人回頭是岸。

徐芹庭：冥，幽也，暗也。乃極昏冥于豫者。成者五陰同豫，至此已成。上六動爻變剛成離，反冥爲昭昭矣！故事雖成，樂極哀生，能補過如是，無咎者也。

金景芳：冥豫，一直是豫，但因爲上六最終一爻，若有變化則无咎。

沙少海：是說人處于末日晦暗之時，荒淫享樂，怎能保持長久？高亨以象傳所據本缺無咎二字，高說甚是。

鄭衍通：冥豫早暗也。本有月光，夜深忽變暗，蓋月落也。

林漢仕案：豫卦卦辭有「利建侯，行師。」之文，雖震爲諸侯，爲長子，爲雷震百里，坤爲邦國，坤爲地。建侯行師之象言之鑿鑿，然於爻辭中，六爻皆隻字未再言及「建侯，行師」何也？豫，有容和樂而備先之意。而豫之初六爲鳴豫，蓋著眼因豫而鳴，逸樂而鳴，縱乎欲，不知手之舞之，足之蹈之也。豫備，豫立之預，幾爲「不勝其豫」所掩蓋，焉得不凶！六二介于石，不終日，貞吉。豫六二，得位履中，宜得中和之氣，堅不移有執一之嫌，介當爲龜鱉之屬，不專執一於水或陸，止息石上，悠哉遊哉！在不終日之間，卜得其吉，如此清閑逸豫，是眞得江上清風，山間明月，豫六二之獨食也。六三、盱豫，悔；遲，有悔。六三位不當，陰不中正，讒諂順承以媚其上，豫悅不由其道也。早亦悔，遲亦悔，故舒緩於豫則缺溝通，舒緩於預（備）則防患不力，污濁於豫則同流合污矣！是遲早皆悔，繫辭云「悔吝者，憂虞之象也。」又云「悔吝者，言乎其小疵也。」言豫悅中，六三有小疵也，君子之處斯時，難免乎憂之象。九四，由豫，大有得，勿疑，朋盍簪。豫之晉四，由我而致豫，是豫之動力所在，毋猶豫也，剛健爲豫主，大有其德爲大得志行之時也，所謂一陽出，群陰皆爲所得，一陽貫乎眾陰，以快速比黨合天下人之心也。朋盍簪乃勿疑之補充，朋爲朋黨，盍合，簪以疾速爲義。六五、貞疾，恒不死。貞之爲言六五居至尊之位也。（傳隸樸）爲言卜問也，疾之爲言速，恒常也，不死，不爲之主也。言六五居至尊之位，卜問以速合四未竟之功爲尙，五不爲眾主，眾樂樂而已亦樂樂，普天之下無向隅之人，人人皆主也。六五之豫，心廣体胖矣，雖無建侯，行師之文，而一天下人之樂，等天下後世，齊百代之聖王也。孟夫子不喜梁襄王，故以望之不似人君，就之不覺所畏焉而病其猝然之問，南宋張狀元九成謂：襄王無訑訑之聲，不易簡夷。心存仁愛。其六五之謂耶？上六冥豫成有渝，无咎。且先容古今賢者之說：

冥豫：

象：冥豫在上，何可長也。

虞翻：應三、坤冥。

荀爽：陰性冥昧，居尊在上而猶豫，說故不可長。

王弼：處動，豫之極，盡樂，故至于冥豫。

孔穎達：晝作夜，不能休已，滅亡在近。

程頤：陰柔不正，耽肆於豫，昏迷不知反者也。

蘇子：冥、君子宜息，豫上之宜息矣，故曰冥豫。

朱熹：昏冥於豫之象。

項安世：豫極則昏，故曰冥豫。

朱震：上六沉冥於豫，坤爲冥昧，不恤性命之危而樂之者。

李衡引：古之太康色荒，禽荒，紂作長夜之樂是也。

梁寅：處豫極昏冥，不能反於善。

來知德：冥，幽暗，上六陰柔居豫極，昏冥象。

王夫之：陰暗居上，昧於豫者。

李光地：陰柔處豫終，湛溺，豫，至於昏冥。止於得咎。
毛奇齡：上自剝來，變渝，渝則冥，冥則不長。
李塨：上六陰柔，皆冥於豫者。沉溺於豫。
吳汝綸：冥昧而耽於樂。卦終有變義。
李富孫：釋文冥，鄭讀爲鳴，鳴冥聲相近。
丁壽昌：注疏以冥豫成，句。有渝，句。本義以成有渝爲句。惠定宇曰，冥，古瞑字，俗作眠，張目盱、閉目瞑。
曹爲霖引：樂不可極，樂極生哀，欲不可縱、縱則成災。勿荒酒色禽貨，此爲冥豫之戒者。
馬通伯引：悅豫過甚，情蕩性冥。
李郁：上六過於佚樂，必至昏冥。
胡樸安：冥，鄭玄讀爲鳴，上六鳴豫，檢閱軍隊之終。
高亨：冥，說文幽也。詩斯干鄭箋冥，夜也，謂暮夜厭倦而息也。
徐世大：上冥豫與初鳴豫相反。
屈萬里：冥，禮記冥煩，注言不能明其事。釋文馬融，冥昧，耽於樂也。
傅隸樸：冥豫成，即被豫沖昏了頭。樂極生悲。
徐芹庭：冥，幽也，暗也。乃極昏冥于豫者。

金景芳：冥豫，一直是豫。

沙少海：是說人處于末日晦暗時，荒淫享樂，怎能保持長久？

鄭衍通：冥豫，早暗也。夜深忽暗，蓋月落也。

上六爻辭句讀，可以是：一、冥豫，成有渝，无咎。二、冥豫成，有渝，无咎。三、冥豫成，有渝无咎。四、冥豫，成，有渝，无咎。要點字在冥之義宜先界定：

冥，在上，坤冥。陰性冥昧。盡樂故冥豫。晝作夜不能休。柔不正耽肆豫。冥息。昏冥。豫極則昏。沉冥於豫，不恤性命之危而樂者。如色荒、禽荒、作長夜飲。不能反善。幽暗，陰暗居上。冥不長，沉溺於豫。冥鳴聲近。俗作眠字，閉目也。情蕩性冥。冥夜也。與鳴豫相反。晦暗荒淫，一直是豫。冥豫是早暗。

冥之象已局限於一、坤，陰柔。二、昏昧。三、色荒，長夜樂。四、俗作眠，閉目也。五、冥夜。六、同鳴。七、一直是豫。八、早暗。

上卦震，上六坤体，坤爲冥，孟氏逸象也，指月無光、指暮夜，虞氏逸象同注月晦于坤。爲夜爲暑亦坤逸象。以色荒，長夜樂，沉溺情蕩性冥之豫，於上六言，似有不甚妥貼之，時至乎上，如人生之暮年，財力地位允許酒池肉林之糜，体力能無碍乎朝朝暮暮？心有餘力不足之年，縱欲於色情之所，正所以長淫邪於所愛，彼旁通他求，慾焰高張，不恨君老，恨妾未見君之年少耳。非養老之道也。

上六坤，陰柔，昏昧。亦未必全然，吾男子之定法，畫地於女子三從四德，經濟大權女子不得問，智識大柄女子無從操，閫外之事妾不問，如何不昧！孰使彼輩之愚魯？唯主中饋及祭祀，番衍子孫是賴。禮記大明生於東，月生於西，此陰陽之分，夫婦之位也。以日月，陰陽，天地方之夫婦對等成立，其實乃見主从，徒有對等之文，而無對等並立之實，故「婦」字古人給與之義爲服也，服事於人也，配己成德者也，服于家事事人者，从女持帚灑埽也，養姑者也。婦人之愚乃丈夫有意造成之實也，未始爲婦人本身之過，婦人不得如男子之入泮宮，遊學四方，若能，婦之不愚可論定矣！故以坤昧許上六，非天象，當然亦非爻意。同鳴字之義者不當，「早暗」無早之根，冥有暗義而無早字之文以冠其上，鄭衍通增字解經之不適亦可見。

豫之義，易家用力太深，而至於出乎至中而趨兩極，安步可以當車，豫也；無貪無求，何往而不適、豫也；知足常樂，豫也；粗茶淡飯，有朋自遠方來，豫也；菽水承歡，老萊采衣娛親，豫也；不忮不求，吟哦金經，調素琴，豫也；上六不知老之將至之豫，不爲酒池、肉林、美女、窮奢糜費之樂可知矣！況豫更有預備之義在，上六窮神之化，歷經人生之豫，既樂於人生歷程，亦悉老年戒得之義，老成凋謝乃自然之理，不能避，亦無所逃於天地之間，成之言終，其有渝無咎之文，上六豁達而愉快，樂夫天命復奚疑也！故冥豫，吾以惠定字之古瞑、俗眼字解豫之狀態，小憩當肉，安步當車，無憂爲樂，預亦在其中矣。繫辭云无咎者，善補過也。上六之眠豫，成，待其渝，是眞善補過矣！人生由燦爛復歸於平淡也。孰不於斯！

否泰輯真參攷書目

易傳評詁　民國七十二年十一月初版　文史哲出版社
乾坤傳識　民國七十八年十二月初版　文史哲出版社
孟子探微　民國六十七年二月初版、六十七年七月再版　文史哲出版社
重文彙集　民國六十一年初版、七十八年再版　文史哲出版社